존 듀이 교육학의 원류를 찾아서

-「나의 교육 신조」독해-

존 듀이 교육학의 원류를 찾아서

-「나의 교육 신조」 독해-

EDUCATION is not preparation for life EDUCATION is life itself

신창호 지음

공동연구: 김학재 나상원 박재영 변민재 양준영 우버들 위민성 이수정
이유정 이윤정 임용덕 장우재 정순희 조혜인 진상훈 한지윤

우물이 있는 집

머리말

존 듀이는 20세기 미국 교육철학의 대부이다. 철학을 교육의 이론으로 인식하고 교육을 철학의 실천으로 펼쳐내며 교육철학을 통해 민주주의를 지향하던 사상의 거목이다. 사후 60여년이 지났지만, 그의 사유는 한국교육학계에 다양한 영향력을 발휘하고 있다. 그 기초 가운데 하나가 「나의 교육 신조」이고 교육철학적 근거는 『민주주의와 교육』이다.

19세기 말, 30대 후반이던 듀이는 자신의 교육적 신념을 간략한 언표로 세상에 선보였다. 그것이 다름 아닌 『나의 교육 신조』이다. 나의 교육신조는 아주 간결한 문장이지만 당시 미국 교육의 지향을 간절하게 담고 있다. 형이상학처럼 고상한 담론을 언급하면서도 솔직한 자신의 신명으로 형이하의 차원을 충분히 담보할 수 있도록 교육학의 보고로 자리 매김된다. 「나의 교육 신조」에 담은 토대는 20년 뒤에 『민주주의와 교육』이라는 교육철학의 집을 짓는다. 『민주주의와 교육』에 관한 소개와 연구는 교육학 연구자들에게 너무나 익숙하기에 여기서는 더 이상 언급하지 않고, 본문에서 수시로 다루어질 것이다.

　이 책은 존 듀이의 교육에 관한 신념을 담은「나의 교육 신조」에 관한 탐구이다. 2018년도 1학기에 고려대학교 교육학과 대학원에 개설한 <교육의 역사철학적 연구> 강의에서 탐구한 집적물이다. 한 학기 동안 대학원 연구생들은 듀이의「나의 교육 신조」를 기본 텍스트로 하여 국내외 듀이의 교육 관련 연구 성과를 탐색했다. 그 과정에서 다양한 의견이 쏟아져 나왔고 논의가 펼쳐졌다. 조사한 내용을 읽으면서, 그 본질을 고민하는 동시에, 듀이와 2018년 현재 우리 사이에 지속과 단절의 텍스트가 100여년의 시차만큼, 바뀌어져 있을 사유의 틈새를 보았다. 그것은 이 시대정신에 비추어 새로운 시각으로 재해석하는 작업이었다. 듀이의 사유를 이해하는듯 하면서도 곱씹을수록 고민의 강도는 높아졌다. 이에 탐구한 내용을 한 곳에 모아 정돈하고, 듀이에 관심 있는 여러 동학들과 지식을 나누는 향연을 벌이고 싶어졌다.

　그 결과가 이 책이다. 탐구한 내용은 논리적 맥락을 갖추지 못했다.「나의 교육 신조」라는 짧은 글을 전반적으로 조사하다보니, 반복되는 내용도 많다. 이러한 여러 난점에도 불구하고「나의 교육 신조」의 순서에 따라 핵심 개념을 재조사하고 재해석하며 현대적 의미를 고려하는 차원에서 기존의 연구들을 점검하고 정돈하는 형식을 취하였다. 어떻게 보면「나의 교육 신조」의 사전적(辭典的) 해설이기도 하다.「나의 교육 신조」전체 내용에 대해 주요 개념을 중심으로 기존의 연구를 찾아 정리하고 편집한 일종의 듀이 학문의 토대를 마련한 작업이다.

　다양한 연구자의 논의를 수집하여 정돈했지만 여전히 부족한 부분이 많을 것이다. 오류가 있을 수도 있다. 그렇더라도 듀이의 사유와 교육학을 공부하는 여러 학인들에게 조금이나마 도움이 될 수 있다고 판단하고 그렇게 되기를 소망한다. 자료 수집과 논의에 참여한 대학원생들에게 고마움을 표하며, 공동연구 및 집필자로 함께 등록하여 연구의 보람을 찾고 싶다.

2018. 07 초복(初伏) 절에

신창호 씀

공동연구: 김학재·나상원·박재영·변민재·양준영·우버들·위민성·이수정
이유정·이윤정·임용덕·장우재·정순희·조혜인·진상훈·한지윤

차례

프롤로그

존 듀이라는 교육철학이 여전히 한국교육의 여기저기를 파고들고 있다. 듀이가 생존하고 있던 1945년 해방 직후, 특히 미 군정기를 기점으로 한국교육학계는 듀이의 철학을 기초로 하는 진보주의 교육이론을 적극적으로 받아들였다. 그리고 그가 세상을 떠난 지 반세기가 훌쩍 지났음에도 불구하고 그의 학문적 성과는 지속적으로 존숭된다. 듀이의 저작을 번역하는 작업을 비롯하여 박사학위 논문은 물론이고, 심심찮게 다양한 주제를 다룬 연구 논문들이 학술지를 통해 발표된다. 왜 그럴까? 무슨 보물단지가 감추어져 있기에 그런 현상이 발생하는가?

미국의 경우도 유사한 현상이 표출되는 모양이다. 아래에 소개하는, 교육학과 정치학 분야의 연구 경향이 그것을 증명한다. 이런 점에서 한국이건 미국이건 듀이에 관한 관심은 아직도 듀이 철학이 학계의 연구 주제에서 '블루오션'에 해당하며, 듀이의 철학적 사유와 실천이 현재 진행형으로 존재함을 일러준다.

두 연구 성과 가운데 하나는 팔라스(Thomas Fallace)의 연구이고, 다른 하나는 샌델(Michael Sandel)의 연구이다. 꼭 일치하는 것은 아니지만 팔라스의 연구는 교육철학의 영역으로 분류하여 이해할 수 있고, 샌델의 연구는 정치철학의 영역에서 이해하면 쉽게 다가갈 수 있다.

팔라스는 듀이 교육철학의 핵심 저작으로 볼 수 있는 『민주주의와 교육』에 주목한다. 1916년에 출판된 『민주주의와 교육』은 그 내용의 대부분이 1890년대 중후반에서 1900년대 초반에 이루어진 작업이다. 때문에 당시의 '문화나 이데올로기적 조건들'의 흔적이 『민주주의와 교육』에 반영되었다. 팔라스는 그 이론적 근거로 다음의 4가지를 들었다(Fallace, 2017: 473-475).

첫째, 이 세상의 모든 사회 형태들은 '원시인(savagery)-미개인(barbarianism)-문명(civilization)'이라는 세 단계를 지나는데, 이는 단일하고 보편적인 사회적(sociological) 선상에 놓여 있다.

둘째, 이 세상 모든 개인들 또한 특정한 심리적(psychological) 단계를 지나는 단일한 선상에 위치시킬 수 있다.

셋째, 사회적 단계들은 심리적 단계들과 거의 상응한다.

넷째, 아프리카인들, 아프리카계 미국인들, 미국 인디언들, 오스트레일리아 원주민들과 같이 백인이 아닌 사람들의 삶은, 이전부터 그들이 겪어온 '심리-사회적 발달 단계'에 갇혀 있다.

팔라스는 이런 이유를 통해 듀이의 사유 전개 과정을 분석한다. 팔라스에 의하면, 1894년부터 1904년까지 듀이가 시카고대학에서 진행한 '실험학교(the University of Chicago Laboratory school)'에서 인류의 사회적 발달 단계가 개인의 심리 발달과 유사한 방식으로 진행된다는 신념에 기초하여 교육과정을 구축하였다고 주장한다. 예를 들면 교사의 도움을 통해, 아동이 의식주가 갖춰져 있지 않았던 시절에 살았던 사람들이 무엇을 해야만 했는지를 알아내는 시간을 갖도록 하는 교수과정을 진행하였다는 것이다(Fallace, 2017: 476). 이는 아동이 '행함을 통해 배우도록(learning by doing)'할 때, 그 행위를 한 이들의 정신적·신체적 경험을 겪게 된다는 믿음에 기초한 것이었다. 다시 말해, 당시 듀이 학교에서 아동은 원시 사회에서 문명 단계로 이어지는 인류의 사회적 진보를 역사적으로 답습하고 있었다.『나의 교육 신조』가 1897년에 쓰인 점을 고려할 때, 듀이가 말하는 '종족의 사회적 의식에 대한 개인의 참여'로서 교육은 결국 실험학교에서의 교육과정처럼 인류가 겪은 경험을 직접 체험해보는 과정으로 볼 수 있다.

다만, 이때 '역사적 답습'은 인류 역사에 대한 앎의 기회를 제공한다는 교육적 가치는 있을지라도, 그 외의 문화적 가치는 없다((Fallace, 2017: 478). 왜냐하면 듀이에게 문화는 모든 발달 단계에서 향유할 수 있는 산물이라기보다 최고로 고도화한 문명이 소유한 지식이기 때문이다. 당시 듀이의 사상에 따르면 문화적 가치를 지닌 교육이란 결국 백인 사회가 향유하는 '축적된 자원'이다. 팔라스는 1916년에 출판된『민주주의와 교육』(특히, 7장)에서 문화다원주의를 피력하는 듀이의 모습을 발견했다. 이후 듀이는 앞서 살펴본 단계 이론을 철회하고 경험적 사실로서 다원주의를 제시하기도 했다(Dewey, 1917: Fallace, 2017: 482 재인용).

팔라스는 교육사가(教育史家)의 입장에서, 듀이의 교육사상, 나아가 진보주의 교육운동을 19세기말부터 20세기 초의 학계 풍토에 비추어 재조명한다(Fallace, 2011; 2015). 당시 학계의 사조는 '역사주의(historicism)'

가 팽배한 시기였다. 역사주의는 인류의 사회적 발달 과정과 개인의 심리적 발달 과정이 어느 정도 상응한다는 입장이다. 다시 말하면, 집단 간의 발달상 위계와 개인 간의 발달상 위계를 인정하는 사조이다. 문제는 많은 학자들이 이를 생물학적 위계, 즉 인종 간의 위계를 의미하는 것으로 받아들여, 인종차별주의가 하나의 사실로 여겨지는 분위기가 형성되었다는 점이다.

듀이의 경우, 생물학적 위계를 인정하지는 않았다. 하지만 문화의 발달 차원에서 볼 때, 듀이는 백인 사회가 가장 진보한 인류의 상태라고 생각하였다. 이것이 듀이에 대한 팔라스의 평가이다. 때문에 듀이는 자신이 세운 실험학교에서 아동들에게 원시인(the savage)과 미개인(the primitive)이 직면했던 '문제 상황'에 놓이게 하여, 그 사람들이 어떻게 삶을 해쳐 나갔는지, 그 해법의 의미를 '행함을 통해 배우도록(learning by doing)' 하였다. 그 다음에 '백인 사회의 문화'를 배우는 단계로 나아갔다. 이렇게 문제 상황이 닥쳤을 때, 인류의 발달 과정과 어느 정도 상응하는 심리적 발달 과정을 거치는 아동은 그들이 직면했던 상황과 유사한 상황에 놓였을 때, 과거의 유산을 사용함으로써 그 의미를 알아간다. 이런 맥락이 『나의 교육 신조』의 첫 문장에서 말하는 교육이다. 즉 교육은 "종족의 사회적 의식에 대한 개인의 참여"라거나 교육은 "개인의 심리적 측면과 사회적 측면이 유기적으로 연결되어 있다"라는 등 듀이의 「나의 교육 신조」가 일러주는 언표라고 볼 수 있다.

팔라스의 이러한 관점은 국내외 듀이 연구자나 교육학자들에게 새로운 연구 주제를 제시한다. 앞에서 언급한 것처럼, 팔라스의 연구는 듀이의 사상뿐 아니라 진보주의 교육운동을 다룰 때, 긍정적이건 부정적이건 당시 사조의 양식인 역사주의에 반응할 수밖에 없었다. 팔라스의 연구를 바탕으로 한 걸음 더 연구를 진척하다보면, 역사주의의 기저에 진화론이 자리하고 있음을 발견하게 될 것이다. 따라서 듀이의 사유는 필연적으로 진화론과 연관되어 논쟁할 수밖에 없다. 한 사례로, 이건(Kieran Egan)은 듀이의 사상이 그 자체로 오류투성이인 스펜서의 철학에 기반을 둔 결과, 왜곡된 교육관을 가지게 되었다고 비판한다(Egan, 2002). 이런 이건의 비판에 대해 지브로스키(Robin Zebrowski)는 스펜서와 듀이가 각각 라마르크와 다윈의 진화론에 기반을 둔 사실을 간과하여, 둘 사이의 근본적 차이를 보지 못하였다고 반박한다(Zebrowski, 2008). 이러한 팔라스의 연구는 여러 측면에서 시사점을 던진다. 역사주의에 대한 인류학, 심리학, 사회학, 그리고 나아가 진화론에 대한 논의까지 동반되어야 보다 온전한 듀이 사상에 대한 연구를 할 수 있다.

한편, 샌델의 연구는 정치철학의 측면에서 볼 때, 오늘날의 민주주의를 구가하는데 듀이의 사유와 실천이 우리의 현실과 깊은 관련이 있음을 보여준다(Sandel, 2005). 샌델에 의하면, 듀이는 미국인의 삶을 안내했던 인도자이자 멘토였으며, 미국의 양심으로 평가받았다. 그러나 듀이의 사후 학계에서는 그의 철학을 점차 테크니컬하게 인식하게 되었고, 그의 폭넓은 성찰을 모호하고 구시대적인 것으로 간주하였다. 그의 영향력이 지속되었던 교육 현장을 제외하고, 도덕철학 분야에서나 정치철학 영역에서조차도 공리주의적 윤리와 칸트적 윤리 사이의 논쟁에 휩쓸려, 듀이에게 관심을 기울이지 않았다. 하지만 21세기 들어 듀이의 철학 세계는 새롭게 주목받고 있다.

그렇다면, 듀이의 사상이나 교육, 정치 영역에서의 실천을 성찰하고 그것을 부활하는 작업이 진정 현대의 철학과 정치학에 희망을 안겨주는가?

앨런 라이언(Alan Ryan)의 저술인『존 듀이와 미국 자유주의의 절정 (John Dewey and the High Tide of American Liberalism, 1995)』에서 그에 관한 단서와 해답을 찾을 수 있다. 학자로서의 저술, 연설가, 혹은 저명인사로서 듀이의 존재감은 대중에게 호소했던 그의 활동에 비해 상대적으로 부족한 것처럼 보인다. 그의 활동이 상당히 인상적이고 매력적이었던 점을 고려하면 그런 평가는 듀이의 삶과 사상을 약간은 불가사의한 것처럼 보이게 한다. 특히, 대중들의 정치적 입장과 반대의 입장에 섰던 듀이의 행적은 그의 사상을 재고하는데 난해함을 더해 준다.

라이언에 의하면, 이러한 인식을 하게 되는 이유는, 듀이의 철학이 갖는 영향 때문이다. 상당수의 미국인들은 듀이의 철학을 현대 사회에서도 안심하고 받아들인다. 듀이의 철학은 20세기 초 미국인들이 당면한 과학과 종교, 개인주의와 공동체, 민주주의와 특정한 전문적 정치체제 사이의 양자택일의 문제를 완화시키는데 기여하였다. 대부분의 사람들에게 익숙한 이분법적 경계선을 흐릿하게 만들어준 것이다.

듀이는 강하게 주장했다.

"민주주의는 단순하게 합리와 불합리를 불문하고 다수결을 따르는 문제가 아니다! 시민들이 전문가답게 판단할 수 있도록 교육시키는 하나의 생활방식이다!"

듀이의 사상을 평가하는 사람들은, "교육이 바로 삶이고, 성장이 바로 교육이다"라는 선언을 비롯하여 듀이가 실천하려는 사유를 골칫거리로 여겼다. 교육이건 삶이건, 정치건 종교건, 과학이건, 인간 삶의 여러 영역의 문제에 대해 명확한 구별을 피하는 듀이의 철학 성향은 그의 사상에서 중요한 두 가지 입장을 반영한다. 그것은 '실용주의(實用主義, Pragmatism)'와 '자유주의(自由主義, Liberalism)'이다.

　일반적으로 실용주의는 도덕적 원칙에 의해 지배되지 않는 일에 대한 단순한 편의주의식 접근법을 말하는데 사용된다. 하지만 퍼어스(C.S. Peirce)와 제임스(W. James)를 거쳐 듀이에게서 완성되는 미국의 실용주의는 철학자들이 진리 탐구에 관해 이해하던 방식에 대한 도전을 의미한다.

　고대 그리스 시대 이래로 철학자들은 진리의 추구란 우리의 인식이나 믿음과는 관계없이 궁극적 실재 혹은 형이상학적 질서에 관한 지식을 추구하는 작업으로 이해했다. 철학자들은 기본적으로 진리의 척도가 세상에 대한 인간의 생각과 있는 그대로의 세상 사이의 일치라는 가설을 지니고 있었다. 그러나 듀이는 이런 가설을 거부했다.

　듀이의 실용주의에서 중심 문제는, 특정 진술이나 믿음에 관한 진리의 여부가 경험을 이해하거나 행위를 인도할 때, 그 유용성에 달려 있다는 개념이었다. 때문에 듀이는 다음과 같이 주장한다. "철학은 궁극적 실재와 특별히 관계가 있다는 모든 허식을 버려야 한다! 그리고 실재에 대한 그 어떤 일반이론도 가능하거나 필요하지 않다는 실용주의적 개념을 받아들여야 한다!"

　이러한 듀이의 주장이 옳다면, 철학에서 그 특유의 주체가 빠진다면, 믿음의 정당성이 경험을 통한 시험에 의해서만 결정될 수 있다면, 사유와 행위, 인식과 실천의 전통적 구별은 재고되어야만 한다. 듀이에 의하면, 인식의 과정은 외부로부터 동떨어진 채 무언가를 정확하게 파악하는 데 있는 것이 아니다. 목적을 가지고 지성적으로 사전에 참여하는 작업을 수

반한다. 따라서 철학자들은 보편적 인식 조건에 관한 탐구를 포기하고, 일상에서 발생하는 특정 문제들을 사유와 행위의 대상으로 다루어야 한다. 듀이는 재삼 강조한다. "철학은 철학자들의 문제를 다루는 도구가 되는 것을 멈추고 보통 사람들의 문제를 다루는 방법이 되어야 한다! 그것이 다시 철학자들에 의해 계발될 때, 비로소 진정한 인간의 삶과 철학의 본질, 역할이 회복될 것이다!"

듀이가 강조한 것처럼, 철학을 실천적이며 실험적일 수밖에 없는 활동으로 보는 사유는 철학자들이 관련 시민으로서뿐 아니라 철학자로서 그 시대의 사건에 반응해야만 함을 시사한다. 이는 철학과 민주주의의 사이의 관계 또한 대부분의 철학자들이 받아들이는 것보다 훨씬 밀접함을 암시한다. 이에 라이언은 다음과 같이 평가한다. "듀이는 철학의 모든 영역에서 각각의 측면이 바로 현대 민주주의 사회에 대한 이해의 한 측면이라고 생각하였다." 철학과 민주주의 사이의 밀접한 연계는 우리에게 익숙한 기존의 입장과 상반된다. 대부분의 학자들은 철학을 진리의 추구로 이해하고 민주주의는 견해와 이해관계를 대표하는 방식으로 인식하며 이 둘을 대조해 왔다. 그러나 듀이는 이런 이분법적 대조가 상정하는 문제보다 덜 고립적이고 덜 초연한 것으로 철학의 가치를 부여했고, 민주주의는 더 숭고한 것으로 보았다. 듀이에게 민주주의는 다수결의 원칙을 따르는 체계를 넘어서는 삶의 방식이었다. 즉 시민들 사이에 의사소통(意思疏通, communication)과 숙의(熟議)를 촉진하여 지성적 집단행동을 위한 협의를 이끌어내는 양식이었다.

이러한 실용주의는 듀이의 자유주의와 필연적으로 연관된다. 독특하면서도 어떤 측면에서는 생소한 특질을 제공한다. 대부분의 자유주의 정치

이론들, 예컨대, 로크의 천부적 권리론, 칸트의 정언명령, 밀의 공리주의 등은 듀이의 실용주의와 상충하는 도덕 형이상학의 가정에 기초를 둔다. 듀이는 이런 성격을 지니는 모든 형태의 자유주의를 거부했다. 왜냐하면 그런 자유주의는 모두가 도덕 형이상학의 토대에 기초를 두고, 그것이 정치와 경험에 우선한다고 주장했기 때문이다. 고전적 자유주의자들이나 동시대의 많은 자유주의 이론가들과 달리, 듀이는 정치이론의 기반을 근본적 권리나 사회 계약의 차원에 두지 않았다. 그는 시민적 자유를 선호했지만, 다수결의 원칙을 제한하는 권리를 정의하는데 특별한 관심을 두지 않았다. 또한 사회의 기본 구조를 지배하는 정의의 원칙을 도출하거나 정부의 침해로부터 자유로운 사적 영역을 밝히기 위해 노력하지도 않았다.

듀이의 자유주의에서 중심이 되는 사안은 자유에 대한 정의와 개념규정을 보면 알 수 있다. 듀이가 규정하는 자유는 '개인들이 저마다의 역량을 실현하며 공동생활에 참여하는 데 존재한다!' 자유의 문제는 개인의 권리와 공동체의 요구 사이에서 어떻게 균형을 찾는가의 문제가 아니다. 듀이가 말했듯이, "개인의 내적 삶은 물론 외적 삶에 이르기까지 양육하고 지도하는 정신적 권위를 보유한 전체적인 사회질서를 어떻게 확립하는가의 문제"이다. 시민적 자유는 그러한 사회에 필수불가결하다. 그것이 개인에게 나름의 존재 이유를 추구하도록 해주기 때문이 아니라, 민주적 삶이 필요로 하는 사회적 의사소통, 즉 자유로운 탐구와 토론을 가능하게 해주기 때문이다.

듀이에게서 민주주의의 최고 가치는 모든 사람의 권리를 동등하게 평가하는 메커니즘을 제공하는 데 있는 것이 아니다. "삶의 모든 영역에서 그 삶의 방식으로 확장되는 사회적 조직의 형태를 제공하여 개인이 지닌 최

대한의 힘이 길러지고 유지되며 관리되도록 하는 데 있다. 듀이가 생각한 자유주의의 첫 번째 목표는 정의나 권리가 아니라 '교육'이었다. 함께 공유하는 공동생활의 상호 책임 문제에 시민들이 적합해지도록, 마음과 성격을 습관화하고 지적·도덕적 유형을 생산하는 과제였다. 이러한 부류의 민주주의 교육이 학교 교육의 근본 문제일 뿐 아니라 자유주의적 사회기관 및 정치기관의 필수적 책무이다. 따라서 학교는 민주적 공공생활에 참여하도록 학생들을 준비시키는 작은 공동체가 되어야 한다. 민주적 공공생활은 공동선(共同善)을 증진시키도록 시민들을 교육해야 한다는 의미이다.

이러한 의미를 인식했기 때문인지, 다른 요인이 있는지 정확하게 파악할 수는 없지만, 한국에서 교육철학 연구는 다른 교육 철학자에 비해 듀이의 사유와 실천에 관해 연구한 것이 압도적이다. 교육철학 연구의 핵심은 교육사상가 연구인데, 그 중에서도 듀이에 대한 연구는 1945년 해방 직후부터 2000년까지 가장 활발하게 이루어졌다(오인탁 외, 2001). 이후에도 마찬가지였다. 2005년부터 2010년까지 약 5년간 한국교육철학학회의 『교육철학연구』에 발표된 184편의 논문 가운데 67편이 사상가 연구였는데, 그 중에서 30%에 가까운 18편이 듀이와 관련한 논문이었다(우정길, 2011). 이런 점에서 해방 이후 현재에 이르기까지 한국의 교육철학 연구에서 듀이는 독보적 교육사상가이자 연구대상으로 존재한다.

그럼에도 불구하고 듀이 사상 연구는 상당히 제한적이다. 아동이나 성장, 경험, 생활, 학교와 같은 주요 개념이나 성격 등을 논의한 것이 대부분이다. 앞에서 언급한 팔라스의 연구처럼 '종족[인류]'이라는 개념까지 포괄하는 체계적인 듀이 사상의 탐구나 해석, 진화론과 듀이 사상의 관련성

등을 심도 있게 다룬 연구물을 찾아보기 힘들다. 예컨대, 진화론과 관련하여, 듀이의 사상적 배경이 되는 세 가지 요소, 즉 헤겔, 진화론, 프라그머티즘을 간략하게 설명하는 수준에서 다뤄지는 경우가 많다. 물론 조경민(2011)의 경우, 다윈과 듀이의 저작 등을 참고하여 진화론적 관점을 이입하여 검토하기도 했고, 정현철(2011)의 경우, 듀이의 진화론 수용이 '상호주관성'이라는 윤리학적 개념에 끼친 영향을 검토한 바 있다. 그러나 전반적으로 볼 때, 듀이 사상의 전모를 교육철학적으로 규명한 연구는 미흡하다고 판단된다.

「나의 교육 신조」 독해

제1장 교육이란 무엇인가

　'교육'을 의미하는 문자적 의미는 무엇일까? 서양에서 교육을 의미하는 페다고지(pedagogy)의 어원은 파이데이아(paideia)로 그리스어 파이스(pais, 어린이)와 에우오(euo, 함께 있다)가 합해져 '어린이와 함께 있는' 말이다. 이것이 발전하여 '어린이를 양육하다', '어린이를 지도하다'라는 '교육'의 뜻으로 사용되었다. 동양에서 교육(敎育)의 문자적 의미를 보면, 교(敎)는 '효(爻)+자(子)+복(攴)'으로 이루어진다. '효(爻)'는 인간의 교제와 같은 관계형성의 어울림의 모습을 나타내고 '자(子)'는 어린 아동이 우주의 상황, 세계상을 접촉하면서 느끼는 만남의 체계로 이해할 수 있다. 그리고 '복(攴)'은 스승이 깨우침을 주는 관계망으로 해석할 수 있어, '교(敎)'라는 글자에는 '세계-학습자-교수자'의 상호관계성이 드러난다. 또한 육(育)은 '엄마 뱃속에서 길러져 아이를 출산하다'는 의미가 포함되어 있는데, 『설문해자』에서는 "자녀를 길러 훌륭하게 만들다"라는 뜻으로 풀이되었다(신창호, 2005: 326).

동서고금을 막론하고 교육에 관한 정의는 다양하다. 듀이는 교육을 사회적 측면과 심리적 측면에서 균형 있게 보려고 했다. 듀이는 "교육은 가장 넓은 의미에서 말하면, 삶의 사회적 연속성을 유지하는 수단이다. 현대의 도시나 원시 부족 사회를 막론하고, 사회 집단을 구성하는 요소로서의 개인은 태어날 때 미숙하고 무력한 상태로 태어나며, 언어도, 신념도, 개념도, 사회적 기준도 갖추지 않은 채 태어난다. 개인은 각자 자기 집단의 생활경험을 짊어지고 가는 단위이다. 이러한 단위로서의 개인은 시간이 지나가면 사라지지만, 집단의 삶은 계속 이어져 나간다(Dewey, 2007: 41)."

이처럼 듀이는 교육받는 개인을 사회적 개인으로 규정하며 교육을 사회적 측면에서 논의한다. 동시에 그는 사회를 개인의 유기적 통합체로 보고 개인의 심리적 측면에서도 교육을 정의하며 그 상호관계를 강조한다. 듀이는 심리적 측면에서 교육은 아동의 응얼거림과 같이 출생 때부터 지니고 나온 개인의 내적 힘을 사회적 상황의 요구에 의해 자극하는 데서 나온다고 보았다. 이 요구를 통해 아동은 한 단위체의 구성원으로 행동하도록, 원래 자기가 지니고 있던 좁은 행위와 정서에서 벗어나 그가 속한 집단의 관점에서 자신을 파악하도록 자극 받는다. 따라서 모든 교육은 심리적 측면[개인]과 사회적 측면[종족의 의식] 사이에서 균형을 갖추어야 한다.

1

나는 모든 교육이 인류의 사회적 의식에 대한 개인의 참여로 이뤄진다고 믿는다. 이 과정은 거의 태어나는 순간부터 무의식적으로 시작되며, 계속해서 개인의 능력을 다듬고, 의식을 물들이며, 습관을 형성하고, 사유를 단련하며, 감정과 정서를 고취시킨다. 이 무의식적 교육을 통해 개인은 인류가 축적할 수 있었던 지적·도덕적 자원을 점차 공유하게 된다. 개인은 문명이라는 축적된 자산의 상속자가 된다. 이 세상 가장 체계적이고 전문적인 교육도 이 일반적 과정을 도외시 할 수는 없다. 기껏해야 어떤 특정한 방향으로 조직하거나 세분할 수 있을 뿐이다.

■ **인류의 사회적 의식:** '인류의 사회적 의식'은 학습자가 소속되어 살고 있는 '사회'의 공동체 '문화'라 할 수 있다. 비고츠키(Lev Vygotsky)에 따르면 아동은 타인과의 관계에서 영향을 받으며 성장하는 사회적 존재이고, 인간에 대한 이해에서 사회, 문화, 역사적 측면을 제시한다(임규혁, 2004: 46). 여기에서 사회 문화는 광범위한 영역을 포괄한다. 부모, 교사, 친구와 같은 주위 사람들과의 사회적이고 일상적인 상호작용, 대화, 교육 활동 등 인간사회에서 일어나는 모든 행위를 포함한다(심우엽, 2003: 2). 인간의 정신은 독립적 활동이 아니라 사회적 학습의 결과이며, 일상에서 과제 해결은 어른이나 뛰어난 동료와의 대화로부터 영향을 받는다. 인간 발달이 다른 동물과 근본적으로 차이나는 점은 인간은 도구와 상징을 사용하고, 그 결과로 문화를 창조하기 때문이다. 다른 발달 이론과 달리 비고츠키의 이론은 사회 환경을 고려하지 않으면 개체의 발달을 결코 이해

할 수 없다고 주장한다. 인간의 정신은 사회 문화적 환경에 의해 결정된다. 이에 그의 학문을 문화 역사적 이론(文化 歷史的 理論)이라 부른다(권대훈, 2007: 82).

■ **참여**: 민주주의는 단순한 정치의 형태로만 존재하는 것이 아니다. 보다 근본적으로 공동생활의 형식이자 경험을 전달하고 공유하는 양식이다. 민주주의의 구현을 통해 동일한 관심사에 참여하는 개인들의 수가 점점 넓은 지역으로 확대되고 각 개인이 자신의 행동을 다른 사람들의 행동에 관련지으며 다른 사람들의 행동을 고려하고 자신의 행동 목적이나 방향을 결정한다. 이는 계급, 인종, 국적 등 우리 자신의 행동에서 완전한 의미를 파악하지 못하도록 가로막는 장애가 철폐된다는 의미이다. 사람들 사이에 접촉이 많고 그 종류가 다양하다는 것은 개인이 반응해야 할 자극이 다양하다는 뜻이며, 결과적으로 그것은 개인의 행동을 다양하게 촉진한다(Dewey, 2007: 155).

■ **의식**: 의식은 활동을 의도적으로 살피면서 계획 하에 진행한다는 뜻을 나타낸다. 그러기에 의식은 우리 주위의 광경을 안일하게 관조할 때 우리가 가지고 있는 그 무엇이 아니다. 사물이 도장 찍듯이 인상을 남겨 생기는 것도 아니다. 의식은 활동이 목적을 지닌 성격, 다시 말하면, 활동이 목적에 의해 방향 지어진다는 사실을 가리켜 부르는 이름이다. 그것은 생각을 가지고 행동하며, 그 생각에 비추어 사물의 의미를 파악한다(Dewey, 2007: 176).

■ **무의식**: 듀이는 환경으로부터 무의식적으로 영향을 받는 대표적 사례로 사회생활의 필요에 의해 습득되는 '언어 습관(특히 모국어)', 사회적 모방으로 형성되는 '예절이나 태도', 또한 가치 판단에서 심층의 기준이 되는 '취향과 심미적 감상력' 등을 든다.

듀이가 말하는 '무의식적 교육'은 루소(Jean Jacques Rousseau, 1712~1778)의 교육관을 통해 이해할 수 있다. 루소는 인간다운 인간이 되는 교육을 그 누구보다 강조한 사상가이다. 루소는 『에밀』에서 강조한다. 아동이 오로지 자신의 최초의 교사인 손, 발, 눈 등의 감각 기관에 의지하여 자기와 자신을 둘러싼 세계를 이해하고 아무것도 가르치지 않는 일이 아동에게 필요한 모든 것을 가르치는 일이다(구리나, 2015: 80). 루소는 자율적으로 사고하는 능력과 양심을 가진 인간을 자연의 특징이라고 생각하였고, 이를 교육의 목적으로 삼았다(임현식, 1996: 193). 여기서 자연은 아동의 선천적이고 내면적인 자연성을 말한다. 생리적, 신체적, 정신적 발달 기관이 그것이다. 아동 자신이 선천적으로 지니고 있는 발달 기관은 아동 스스로를 교육시킨다. 이것이 '자연의 교육'이다(강준모, 1993: 153).

무의식과 연관해 볼 때, 루소의 자연 사상은 교육과 관련하여 다음과 같은 두 가지 의미를 갖는다. 하나는 '자연을 관찰하라! 그리고 자연이 제시하는 길을 따르라!'이고, 다른 하나는 '자연에 일치하는 습관을 형성하는 일이 교육이다!'라는 것이다. 전자는 인간의 어떤 인위적 힘도 배제시킨 가운데 감각 기관을 통해 경험할 수 있는 물리적 세계의 법칙에 단순히 순응하는 것이 바로 자연이라는 사실을 암시한다. 이는 자연의 인간을 의미하는 말이다. 후자는 훈련을 통해 형성되는 어떠한 습관도 자연의 개념에 포함될 수 있음을 의미한다. "아동의 감각적 경험은 그들에게 지식의 최고 재료이다.”라는 언표에서 아동기의 인지 발달은 감각적 경험을 바탕으로 이루어진다는 교육관을 확인할 수 있다. 이런 교육관은 피아제(Piaget)가 2세까지의 시기를 ‘감각동작기’로 구분하여 이 시기의 감각 경험이 인지 발달에 중요한 영향을 미친다는 이론과 유사하다(황옥자, 1993: 302~307).

■ **습관**: 습관에 들어있는 지적 요소는 습관을 다양하고 탄력성 있는 용도에 연결시켜 줌으로써 계속적 성장을 가능하게 한다. 습관을 지니게 되는 것은 원래 우리의 천성에 들어있는 가소성(可塑性), 즉 가장 적절하고 효율적인 행동 방식이 나올 때까지 반응을 여러 가지로 바꾸는 능력 때문에 가능하다(Dewey, 2007: 103~104). 따라서 교육의 목적은 교육을 받을 특정한 개인의 내재적 활동과 필요에 기초를 두어야 한다. 여기에는 생득적 본능과 후천적 습관이 모두 포함된다(Dewey, 2007: 182).

일상적 용법에서 습관은 ‘반복적으로 나타나는 행위, 융통성 없이 고정되거나 고착되어 있는 행위, 지성적 반성의 과정 없이 즉각적으로 나타나는 행위, 개인의 고립적 행위 방식’과 같은 의미가 함축되어 있다. 따라서 습관은 기계적이고 외적 행동과 관련시켜 생각하거나 부정적이거나 나쁜 의미를 덧붙여 사용하는 경향이 강하다.

이에 반해 듀이는 습관을 부정적 의미로부터 긍정적 의미에 이르기까지 매우 폭넓은 의미를 함유하고 있는 ‘복합 개념’으로 이해했다. 듀이에 의하면, 인간은 이성이나 본능이 아닌 습관의 창조물이며, 교육은 환경에 대한 개인의 적응을 가능하도록 습관을 형성하는 일이다. 듀이는 습관을 효율적이고 능동적인 행동 양식일 뿐만 아니라 지적·정서적 성향으로 인간의 성장을 촉진하는 능동적 행위라고 정의했다. 습관은 유기체가 유사한 환경적 자극을 반복적으로 접하게 될 경우, 그 환경에 대해 대응하는 능력을 만드는 작업이다. 이때 효율적이고 지속적 추진력을 통해 활력적인 상황을 조성한다. 이에 습관은 능동적이고 무의식 내의 상황에 대한 이해와 지식을 동반하기 때문에, 지적이고 개인의 태도를 반영하며 정서적이다 (이주한, 2008: 190~198).

습관은 '타성으로서 습관'과 '성장의 표현으로 설명되는 습관'으로 나누어 이해할 수 있다. 이는 경험자가 그 습관을 체화하고 반복하는 동안, 습관에 내재된 목적을 어느 정도 어떻게 의식하는가에 따라 구분된다. 타성으로서 습관은 화석과 같은 목적의 실현을 위해 무의식적으로 움직인다. 성장의 표현으로서 습관은 성장이라는 말 자체에 충실하게 살아 있는 목적의 실현을 위해 의식적으로 움직인다. 일반적으로 자동화 단계에 접어든 습관은 타성으로서 습관으로 이해되며 타성으로서 습관은 좁고 부정적 의미의 습관으로 간주된다. 그러나 부정적 의미의 습관과 긍정적 의미의 습관은 습관에 내재된 목적의 크기와 가치에 의해 구분될 수 있다. 예를 들어, 도둑이 열쇠를 따는 습관은 그 목적에 따라 부정적 의미를 지니고, 열쇠 수리공이 열쇠를 따는 습관은 긍정적 의미를 지닌다. 그러므로 타성으로서 습관이 반드시 부정적 습관만은 아니다.

하나의 습관을 '개인의 삶의 차원에서 보느냐? 사회 문화적 삶의 차원에서 보느냐?'에 따라 습관을 이해하는 시선이 달라진다. 타성으로서 습관은 성장의 표현으로 설명되는 습관의 다른 이름으로 이해할 수도 있다. 개인이 직업 생활을 하는 동안, 자신의 일과 관련하여 체화하는 일련의 직업적 습관은 그 사람이 속한 사회 문화적 삶의 차원에서 보면 사회 문화적 성장의 산물이 될 수 있다. 습관의 교육의 의미와 가치가 풍부하게 드러날 때, 개인의 삶은 그의 습관 때문에 육체적 삶을 넘어선 사회 문화적 삶을 계속하여 이어갈 수도 있다(편경희, 2008: 225~234).

■ **지적 자원**: 인간의 삶에서 어떤 목적을 지닌 활동은 지적 자원에 의해 통제되도록 하는 데 그 의의가 있다. 구체적으로 말하면, 목적은 어떤 주 어진 사태에서 여러 가지 다른 방식으로 행동했을 때 나타날 여러 가지 가 능한 결과를 예견하고 그 예견된 바를 활용하여 관찰과 실험을 이끌어나 가는 것을 뜻하기 때문이다(Dewey, 2007: 186).

■ **도덕적 자원**: 도덕은 다른 사람과의 관계에 대한 행동 전체를 포괄한 다. 인간이 지니고 있는 인격 특성 가운데 어떤 것은 대인 관계와 명백한 관련을 지니기 때문에, 그런 것을 우리는 특별히 도덕이라고 강조한다. 예 를 들면, 성실, 정직, 절개, 의리, 우애 등과 같은 양식이 그런 자원이다. 나 아가 도야나 교양, 사회적 효율성, 개인적 세련, 인격의 향상과 같은 것들 을 주고받는 일이 삶의 균형을 이루고, 그런 경험에 고귀하게 참여하는 능 력이 점차 성장해 나가는 과정의 여러 측면을 가리킨다. 교육은 단순히 그 러한 삶을 사는 수단이 아니다. 교육은 바로 그 삶이다. 그러한 교육의 능 력을 계속 간직하는 일, 그것이 도덕의 본질이다. 인간의 삶에서 교육, 도 덕은 의식적으로 생활하는 가운데 언제나 새롭게 시작한다(Dewey, 2007: 505~508).

■ **교육의 정의**: 교육은 사회적 인식에 개개인이 참여하는 과정이다. 여

기에서 눈여겨 볼 부분은 교육의 시작 지점이다. 교육의 시작 지점을 태어나면서부터 이해하는 것은 두 가지 함의가 있다.

하나는 교육이 비언어적인, 심지어 무의식적인 영역에서 시작된다는 점이다. 일반적으로 교육은 언어나 기호를 통해 가르치고, 인간 사유의 결과물을 지식이라는 이름으로 내놓는다. 그런데 듀이의 경우 이러한 언어적 소통이 불가능한 신생아, 혹은 옹알이 단계의 아동들에게도 교육의 세계가 존재함을 지적하고 있다. 보통 사람을 다른 동물과 구분하여 인간 고유의 인간다움으로 볼 수 있는 근거가 인간이 언어를 사용한다는 사유·이성적 특징이었다고 한다면, 듀이는 이러한 전통을 넘어 인간의 비언어적 단계부터 교육의 영역으로 포용하고 있다. 인간다운 경험이자 삶 그 자체를 교육으로 직결시키고 있다는 점에서 유럽 전통의 교육 지평을 넓힌 것으로 평가된다. 언어적·이성적 사유 중심의 교육 영역을 해체하거나 탈피할 수 있었던 듀이의 시각이, 이성뿐만 아니라 감성까지도 포괄하는 자신의 의식을 적시고, 습관을 형성하고, 사고를 훈련하고, 감성과 감정을 일깨운다. 이런 성찰이 지성과 도덕성의 통합을 기반으로 한 휴머니티를 강조할 수 있는 토대가 되었고, 이성적 합리성을 과도하게 중시하는 사람들에 의해 조성된 세상이나 교육[삶]을 돌아보고 교정해 나갈 좌표가 될 수 있다.

다른 하나는, 태어나면서 교육이 시작된다는 언표로 볼 때, 교육이 부모의 품에서 시작된다는 점을 시사한다. 세상의 모든 관계가 상호작용을 하지만, 교육적 측면에서 부모와 자식들의 관계 또한 그러하다. 부모 품에 있는 자식들은 부모의 됨됨이를 그대로 비춰주는 거울과도 같다. 자식[아이: 아동]에게 노출된 부모의 행동이나 언어 습관 등은 상당히 유사한 형태로 아동이 모방하고 학습하고 습관을 형성하는데 영향을 미친다. 때문에 부모도 아동의 모습에 비춰진 자신을 모습으로 성찰하기 쉽다. 논리적 능력이나 수리적 능력 같은 합리성은 성인이 아동에 비해 숙련되었다고 할 수 있겠지만, 동정심이나 호기심, 편견 없는 감수성, 마음의 개방성 등의 측면은 오히려 성인이 아동의 상태로 성장해야 한다(신창호, 2016: 21). 이런 차원에서 보면, 인간은 누구도 쉽게 어른이 되지는 않는 듯하다. 태어나는 순간부터 인간은 세상이라는 텍스트(Text)에 기투 되어 있는 존재이다. 이에 듀이는 자신의 교육 신조를 구상하는 단계에서, '평생을 통해 교학상장(敎學相長)하며 삶을 대하라!'는 교육적 금언(金言)을 담았던 것으로 판단된다.

1-2

2

    나는 진정한 교육의 유일한 형태는 아동이 직면하는 사회적 상황의 요구에 의해 아동의 능력이 자극될 때 가능하다고 믿는다. 이 요구에 의해 아동은 통합체[공동체]의 구성원으로 행동하고, 자신이 지닌 본래의 협소한 행위와 감각을 넘어서며, 자신이 속한 집단의 안녕이라는 관점에서 자신을 인식하도록 자극받는다. 아동은 자신의 활동에 대한 타인의 반응을 통해 자신의 활동이 사회적으로 무엇을 의미하는지 알게 된다. 아동의 활동에서 찾을 수 있는 가치는 아동 내부로 반사된다. 가령, 본능적인 옹알이에 대한 반응을 통해 아동은 옹알이가 무엇을 의미하는지 알 수 있다. 옹알이가 명확한 언어로 탈바꿈되면서 아동은 이제 언어 안에 집약된, 인류가 축적한 풍부한 생각과 감정을 마주한다.

■ **사회적 상황의 요구**: 교육에 대한 사회적 요구는 사회 구성원 또는 사회 집단의 가치를 반영한다. 타일러(Tyler)에 의하면, 교육의 목표는 선택의 문제이며, 학교를 책임지고 있는 사람들의 가치판단 문제이다. 교육에 대한 사회적 요구 조건은 사회적 보편성, 유용성, 중요성 또는 중핵성을 지녀야 한다. 즉 사회 공동의 선에 부합해야 한다(백경선, 2010). 이는 경험을 끌어주는 교사의 역할과 학습자와의 긴밀한 관계, 능동적 참여를 중시하는 교육의 의미에도 내포되어 있다.

사회적 상황의 요구는 사회적 성장과 맥락이 맞닿아 있다. 성장은 육체적일 뿐만 아니라 지적·도덕적으로 발전한다. 한 가지에 대한 성장 자체가 중요한 것이 아니라 다방면으로 성장해가는 과정이 중요하다. 때문에 성장 과정을 지도하고 방향을 제시하는 역할이 필요하다. 이러한 역할은 충분한 경험을 통해 가능한데, 이를 위해 듀이는 경험의 '계속성'과 '상호작용'의 원리를 제시한다(Dewey, 1938a) 두 가지 경험의 원리는 어떤 경험이 교육적으로 중요하고 가치가 있는지 평가하는 척도에 해당한다. 두 가지 원리는 각각 경험의 종적 측면과 횡적 측면을 담당하면서 성장을 가능케 한다. 객관적 조건과 내적 조건의 결합, 조화, 유지를 통해 성장이 이루어진다.

이러한 성장이 사회적 성장으로 나아간다. 듀이에 의하면, 바람직한 성장은 더 많은 성장을 허용한다. 어떤 영역의 성장은 이후 결과로 향하는 행동의 축적 운동으로 보면서 사회적 성장으로 나아가려고 한다. 이러한 흐름은 성장의 개념 속에 들어 있는 다윈의 '진화' 개념이나 헤겔의 '변증법적 발달' 개념을 넘어선다. 오히려 미드(George Herbert Mead)가 말한 사회적 자아 개념으로부터 사회적 통제를 통한 사회적 성장에 가깝다(서용선, 2013: 63).

■ **자극:** 자극은 인간이 겪는 일련의 경험을 말한다. 인간 본성에 기반을 둔 경험이었든 아니면 환경과 약간의 상호작용의 결과로 얻은 경험이었든, 그 지점에서 성장으로 이끌기 위해서는 '도덕성'을 갖추어야 한다. 경험의 차원에서 볼 때, 아동의 신체적 미성숙은 놀라운 능력을 발휘하게 한다. 처음에는 눈의 감각과 손의 운동을 함께 조절하지 못하여 거리를 분별하는 시각 작용도, 움직여 붙잡는 운동 기능도 실패를 거듭한다. 그러면서도 계속하여 눈으로 다시 새롭게 보려 하고 손의 부분적 운동의 조합을 달리 해보고, 유연하게 다양한 변화를 시도해봄으로써 물건을 정확히 쥐는 법을 익힌다. 이런 방식으로 갓난아이 시기부터 신체 기관의 사용법을 하나씩 실험적으로 익혀가면서 발달하는 능동적 창의적 활동 능력이 유연한 적응력에 내포된 한 가지 의미이다(이태영, 양은주, 2015: 121).

경험이 도덕성이라는 특징을 갖도록 자극하는 기제는 무엇인가? '반성적 사고(reflective thinking)'이다. 이는 '신념(belief)의 결과'로서 사유는 반성적 사고로 이어지는 중요성을 갖는다. 반성적 사고는 우연적인 것이 아니라 경험과 반성을 통해 어느 정도 일관성을 갖추고 있는 상태를 의미한다. 예컨대 한 사람이 선하다고 믿는 것은 다른 인간에게 자신의 믿음대로 행동하도록 처방하는 경향이 있는데, 그것은 사람들이 자신의 믿음의 근거나 이유, 논리적 결과를 살펴보기 때문이다. 이런 점에서 반성적 사고는 어떤 믿음이나 지식의 형태에 대해 지지하는 근거와 가져올 결과에 비춰 적극적이고 지속적이며 세심하게 숙고하는 작업이다(장혜진, 2017a: 154~155).

반성적 사고를 통해 표출되는 지성은 독립적 존재로서 개인의 소유물이 아니라 사회적인 것이다. 왜냐하면 지성은 각 개인을 둘러싸고 있는 환경 속에서 다른 사람들과의 지속적 의사소통과 상호작용을 통해 형성되고 발전해왔기 때문이다. 다시 말하면, 지성은 사회 구성원들 간의 의사소통과 상호작용을 통해 발전되고, 발전된 지성은 다시 그들의 의사소통과 상호작용을 더욱 발전시키는 상호보완적 관계를 갖게 된다(이주한, 2000: 82~83). 이런 점에서 교육의 올바른 원리는 간단하다. 학생들에게 사회에서 생겨난, 또 사회에 유용한 활동에 능동적으로 참여하게 하는 작업이다. 학생들에게 유용한 것과 관련된 자료와 법칙에 대해 과학적 통찰을 가지도록 하는 것이다. 그리고 학생들이 가진 것보다 많은 경험을 가진 사람들이 전달해주는 아이디어와 사실을 학생들이 배우고, 자신의 직접적이고 일상적인 경험 속에 그것들 동화하도록 도와주는 일이다(신창호, 2016: 176~177).

■ **통합체:** 교육의 역할은 교육의 사회적 책임(social responsibilities)을 반영한다. 그러므로 교육은 공동으로 어울려 사는 인간의 문제를 다루는 상황(situation), 관찰과 정보가 사회적 통찰과 관심을 일으키도록 계획된 그런 상황을 제시해야 한다. 교육은 사회적 책임을 반영하는 만큼 그 가치는 그것이 어느 정도로 사회적 정신(social spirit)을 띠고 있는가에 따라 판단된다(예철해, 2004: 17~18).

19세기 후반에서 20세기 초중반에 걸쳐 있는 듀이의 시대는, 자본주의 경제 체제의 눈부신 발달과 심각한 모순이 동시에 노정되던 시기이다. 자본주의는 한편으로는 뛰어난 생산성으로 인해 인류의 생활을 보다 풍요롭게 해주었지만, 한편으로는 지나친 부의 편중으로 인한 사회적 혼란을 초래하기도 했다. 듀이는 이러한 사회적 혼란을 겪으면서 그에 대한 대안적 사회·경제 체제인 '사회적 민주주의'를 주창하였다. 사회적 민주주의는 기회가 폭넓고 다양하게 분배되고, 사회적 이동과 지위 및 신분이 충분히 변화될 수 있고, 경험과 아이디어가 교환되며, 공동의 이익과 목적이 구성원들에게 폭넓게 받아들여지고, 사회·정치 조직이 그 구성원들에게 유익하여 열렬하고 지속적 지지를 받을 수 있는 사회적 생활 상태를 의미한다 (이주한, 2000: 73). 이러한 단위체에서 구성원으로 행동하도록 인도하기 위한 과정이 교육이다. 개인은 특정 사회에 속하여 살아가게 마련이고, 그 사회의 사회적·문화적·역사적 배경에 영향을 받게 된다. 따라서 개인은 본인의 특정한 사회적 경험과 배경을 바탕으로 자신의 개인적·인지적 작용을 가하면서, 주어진 사회적 요소와 역할을 인지하게 된다.

■ **능력**: 능력은 인간의 삶과 교육을 통해 볼 때, 매우 의미 있는 상징적 언어이다. 능력[힘; power]은 14세기에는 '행동하거나 행동하는 능력'이라고 사용되었고, 영국의 철학자인 베이컨(Francis Bacon, 1561~1626)의 묘비명에는 "아는 것이 힘이다!(scientia est potentia)"라는 문구가 새겨져 있다고 한다. 여기에서 힘을 뜻하는 라틴어[potentia]는 '병속에 담겨있는 존재물들[pot+entia]'을 뜻한다. 힘의 존재를 그 속에 담길 수 있는 가능성을 지닌 대상으로 생각했던 것이다. 또한 힘[power]의 프랑스어[pouvoir]는 '~할 수 있다'라는 의미로 또한 가능성을 내포한다. 그 말이 타동사인 점으로 미루어 볼 때, 아동이 지닌 힘은 누군가[공동체]에 의해 발현되고 그것을 통해 스스로를 찾아내는 것으로 이해된다. 이런 의미에서 유추할

때, 듀이는 통합체[공동체] 사이에서의 여러 가지 중요성을 고려하여 아동이 지닌 가능성을 강조한 것으로 생각된다.

■ **집단의 관점**: 듀이는 개인도 중요하지만 집단의 관점이나 시선을 중시한다. 감정이 섞인 경험은 우연적으로 기록되고, 그것은 이야기와 몸짓을 통해 살아남는다. 그러나 매우 빈번하게 재발하는 어떤 경험들은 집단 전체와 관계를 맺으며, 그런 경험들은 사회적으로 일반화 과정을 거치고 나아가 부족의 정서적 삶을 대표하는 전형적인 것이 될 때까지 중축된다. 사회적으로 통용되는 전통 규범은 집단의 기억으로 고정되어 체계화를 거치고, 공동체 특유의 신념으로 수용되어 사회적 규범으로 자리 잡는다 (Dewey, 2010: 55). 사회적 구성주의를 강조하는 교육에서 사회적 상호작용은 그 지식이 적용되거나 강화되는 과정의 필수 요소이며 개인의 지식 구성에서 토대를 형성한다. 학습자는 학습 내용을 이해하고 스스로 구성해야 하며, 교사는 학습자의 근접 발달 영역의 가능성을 활용한 교육과 학습자에게 의미 있는 맥락을 제공하여, 학교에서의 학습 경험이 학교 밖의 경험과 관련되도록 해야 한다.

■ **반사**: 프링(Pring)에 의하면, 교육받은 사람은 실제적 측면에서도 교육받은 사람, 즉 인간다운 삶을 살아갈 수 있는 사람이 되어야 한다. 예컨대 사회적으로 살아가는 법, 사람들과의 관계를 즐기는 법, 협동적으로 일하는 법, 도덕적으로 행동하는 법, 정치적 행위를 하는 법, 실제적 문제를 해결하는 법 등도 학교 교육을 통해 배워야 한다. 학교 교육에 대한 역량 중심적 접근은 자유교육이 주목하지 않은 실제의 세계에 관심을 둔다. 이

는 '무엇을 아느냐?'가 아니라 특정 맥락의 수행과 관련하여 '무엇을 할 수 있느냐?'를 강조한다(소경희, 2007). 교육은 바로 실제의 세계로 돌릴 수 있는 반사할 수 있는 힘을 고민한다.

■ 언어: 언어는 인간의 삶을 표출하고 대변하는 역할을 한다. 소쉬르(Ferdinand de Saussure, 1857~1913)는 언어활동에서 빠롤(parole)을 통해 언어는 우연하고 개인적으로 행위 되지만, 랑그(langue)는 인간 언어활동의 체계적이고 사회적인 면으로 기호의 공시(共時) 체계임을 밝혔다. 언어기호의 가치는 다른 모든 기호들과의 차이와 유사성의 망에서 생겨난다. 언어 현상은 언제나 이 두 가지 면을 보여주고, 이 둘은 상대편 존재에 의해서만 각자의 가치가 있게 된다(Saussure, 2007: 13~25).

듀이에게서 언어는 인간의 활동, 즉 경험에서 비롯된다. 따라서 경험으로서의 언어는 경험을 넘어선 초월적 견해나 우연의 산물로 보는 견해, 확고부동한 이름이나 명제를 바탕으로 하는 언어적 본질주의나 토대주의 혹은 단순히 관념을 전달하는 매개 수단으로 보는 입장과 개인적인 것으로 보는 입장을 모두 거부한다. 따라서 듀이는 경험에서 비롯된 기호 행위를 통해 사회적 의사소통과 삶의 맥락을 중심으로 전개되어 온 언어적 진화의 과정에 우리의 관심과 주의를 환기시킨다. 이러한 점에서 경험으로서의 언어는 객관주의적 언어관과 상대주의적 언어관 사이의 갈등을 해소할 수 있는 가능성을 선취하고 있다. 또한 경험으로서의 언어는 객관주의와 상대주의적 언어관의 한계와 문제점을 지적하고, 동시에 다원화된 사회에서 우리의 언어에 대한 새로운 해명의 가능성을 열어준다(송광일, 2010: 182~183).

■ **언어에 집약된 생각과 감정**: 언어가 상징하는 것은 단순한 의미전달 뿐만 아니라 공동체 성원간의 일종의 계약에 의해 존재하며, 관념을 나타내는 기호 체계이자, 단순한 명칭이 아닌 정신적 흔적이다(Saussure, 2007: 91~95). 비고츠키의 경우, 인간과 환경의 교류에서 조정(mediation)이라는 개념을 도구뿐만 아니라 기호(sign)의 사용에 접목시켰다. 언어나 글 또는 수 체계와 같은 기호 체계(sign system)는 인류 역사의 과정에서 성립하였으며, 사회 형태 및 그 사회의 문화적 발달 수준의 변화 과정과 더불어 만들어졌다. 그러기에 문화적으로 발생한 기호 체계를 내면화하는 일은 행동의 변형을 가져오고, 개인의 초기와 후기의 발달 형태를 연결시키는 통로이다. 요컨대, 개인의 발달과 변화는 사회와 문화에 기초한다.

듀이는 교육의 주체를 개인으로 보았지만, 동시에 교육에는 개인의 차원을 뛰어넘는 사회적 의미가 있다고 믿었다. 그는 좋은 교육은 좋은 사회 구성원을 길러내야 하고, 이를 위해 교사는 학생에게 유용한 지식을 전달할 뿐 아니라 협동심을 키우고 예의 바르게 살도록 교육해야 한다고 믿었다. 듀이는 처음부터 교육을 통해 경제발전을 이루기보다 잠재력이 발휘된 인간, 사회성을 갖춘 인간을 키울 생각이었기에, 그의 교육은 인생 전체에 걸쳐 나타나는 성과를 놓고 판단해야 한다(김성원, 2011: 55~56).

프래그머티즘은 현실 문제 해결에서 우리의 지성을 사용하려는 이론이며, 그런 점에서 대화와 연대를 중시하는 다원적이고 평등한 민주사회의 실천 철학이다. 때문에 듀이는 자신의 프래그머티즘을 '도구주의' 또는 '실험주의'라고 불렀다. 이는 다윈의 진화론적 관점에서, 지식, 이론, 학문은 모두 인간이 환경에 적응하기 위해 만들어낸 도구라고 보는 견해이다. 듀이는 사회적 문제 상황에서 출발하여 사회적 문제가 해결되는 상태를 탐구의 종착점으로 보았다. 민주주의는 공통의 문제를 해결하려는 개인들이 모여 지성적 방식으로 해결책을 찾고 조정해가는 과정을 제도화한 것이다. 듀이는 실용주의적 문제 해결 방식을 통해 민주주의라는 미국의 프로젝트가 완성될 수 있기를 희망했다(이유선, 2009: 232~238).

듀이는 이원론적으로 세계를 구분하고 초월적 절대 세계를 지향하는 철학자들의 사유를 다음과 같이 진단한다. '그들 철학자들이 살았던 당대의 현실 삶의 실제적 사회적 문제 해결 과정에서 무력감에 대응하여 일종의 자기위안을 그런 방식으로 찾았다!' 따라서 철학은 이원론적 대립의 경계를 허물고, 보다 상위의 실재에 대한 지식을 위해 과학과 경쟁하지 않아야 한다. 대신, 인간 경험 안에서 실현된 '좋음'의 의미와 가치를 밝히고, 새로운 이상을 구성함으로써 좋은 삶을 향한 철학의 고유한 목적을 회복시킬 필요가 있다(양은주, 2008: 50-51).

1-3

3

나는 이 교육적 과정이 심리적이고 사회적인 두 측면을 갖는다고 믿는다. 그리고 이 두 측면은 서로 해악을 미치지 않은 상황에서는 다른 한 측면에 종속될 수 없다고 믿는다. 두 측면 가운데, 심리적 측면이 기초가 된다. 아동 자신의 본능과 능력은 모든 교육의 자료이자 시작점이다. 교육자와 상관없이 아동이 스스로 시작하고 이끌어가는 활동과 교육자의 노력이 연결되는 경우를 제외하고, 모든 교육은 외부로부터의 압력이라는 차원으로 격하된다. 그것이 실제로 어떤 외적 결과를 가져온다할지라도, 진정으로 교육적이라 할 수는 없다. 그러므로 개인의 심리적 구조와 활동에 대한 통찰

없는 교육적 과정은 무계획적이고 임의적이다. 교육적 과정이 우연히도 아동의 활동과 부합하면 그 교육이 쉽게 이루어질 수 있겠지만, 그렇지 않으면 마찰이 생기거나 와해되고, 나아가 아동의 본성을 억제한다.

■ **심리적·사회적 측면**: 앞에서 살펴본 것처럼, 「나의 교육 신조」 1-1과 1-2에서 듀이가 강조하는 교육은 개인과 종족, 아동과 아동이 살고 있는 사회적 상황의 요구 사이에서 이루어지는 과정이다. 교육은 웅얼거림 등 출생 시부터 지니고 나온 개인의 힘[심리적 측면]을 사회적 상황의 요구에 의해 자극[사회적 측면]하는 데서 나온다. 이런 요구를 통해 아동은 한 단위체의 구성원으로서 행동하도록, 원래 자기가 지니고 있던 좁은 행위와 정서에서 벗어나 그가 속한 집단의 복지라는 관점에서 자신을 파악하도록 자극 받는다. 그러므로 모든 교육은 이러한 개인의 심리적 측면과 종족의 의식인 사회적 측면 사이에 이루어진다.

아동은 능동적이고 자기 표현적 존재로, 정상적인 경우라면, 아동의 지식과 감정은 활동에 종속되고, 활동으로부터 자라나 활동으로 돌아간다(Dewey, 1895: 226). 아동은 사회적 존재로서 가족 활동을 통해 최초의 사회적 경험을 한다. 성장과 더불어 타인과 관련을 맺는 활동에 참여하고, 점차 그 활동의 범위를 넓혀간다. 활동은 사회적 표현을 학습하는 현장이다. 아동이 이 활동에 자신의 전 존재를 동원하여 참여할 때, 비로소 아동의 관심이 생겨난다. 이때의 관심은 단순하게 흥미롭거나 재미있는 일과 구분되는 것으로, 이후 아동이 추상적 교과를 학습하도록 견인하는 역할을 한다. 관심은 학습에 참여하는 심리적 부담감을 사전에 차단하고 완화하여, 아동이 궁극적으로 추상적 교과와 아이디어를 학습하는 데 도움을 준다. 이러한 조치는 아동의 심리적 부담을 경감시키기 위한 조치로, 듀이가 수행했던 실험학교의 심리적 기초이다(이승은, 2010: 321).

심리적 측면은 아동의 내적 조건에 관한 것이고, 사회적 측면은 교육을 통해 습득해야 할 인류의 문화유산에 관한 것이다. 듀이는 전통적 교육이 지나치게 성인이나 이론 교과 중심의 이른 바 주입식 교육 일변도에 치우쳐 있었다는 점을 지적하고, 이에 대한 반작용으로 학습자 내부의 중요성을 각성시키려고 하였다. 결국 듀이가 진정으로 의도한 교육은 학습의 외적 조건으로서 '성인·교재'와 내적 조건으로서 '아동·학생' 사이에 균형을 이루려고 한 것이다(송도선, 2004b: 176~177).

교육 이론의 역사를 볼 때, 두 가지 견해가 있다. 하나는 자연적으로 부여받은 선천적 자질에 기초하여 이루어지는 일을 교육으로 보는 견해이고, 다른 하나는 선천적으로 타고난 성향을 지양하고 외부의 압력으로 습득된 습관이 그 자리를 대신 하도록 만드는 과정이 교육이라는 견해이다. 이 두 이론이 교육의 전체 역사를 통해 대립해 왔다(Dewey, 2001a: 19). 듀이는 아동의 내적 조건과 외적 환경을 가르는 기존의 이원론적 교육관을 모두 비판하였다. 그것은 교육 문제의 해결을 위해 이성[정신-영혼]과 경험[물질]을 분리한 전통적 경험론이 아니라, 삶 속에서 교육적 경험을 계속적으로 재구성해야 한다는 새로운 경험론을 낳았다(박준영, 1995: 69~91).

교육적 과정을 형성하는 근본 요소로는 첫째, 미성숙하고 발달이 이루어지지 않은 존재, 둘째, 성인의 성숙한 경험 속에 구현되어 있는 특정한 사회의 목표, 가치, 의미 등이다. 교육적 과정은 이러한 요소들이 적절하게 상호작용 한다. 따라서 이 요소들이 분리되어 있다고 가정한다든가 두 요소 가운데 하나의 조건만을 강조하게 될 때, 학습자와 교육 과정의 대립이 발생한다(예철해, 2004: 23~24).

듀이는 실험학교를 세울 때, 모든 교육의 궁극적 문제는 사회적 요소[사회 문화]와 심리적 요소[아동]를 조화시켜 기능하도록 만드는 작업이라고 강조했다. 이 두 측면은 학교에서 학생이 경험할 내용을 문명화 과정을 거친 인류의 경험인 사회 문화 수준과 아동 개인의 성장 발달에 따른 심리적 수준으로 나누어 생각하게 한다. 교육 내용에서 심리적 측면과 사회적 측면의 통합은 아동을 현재의 관심에서 현대 사회의 지적·문화적 수준으로 이끌어가야 함을 말한다. 그 과정을 촉진시킬 수 있도록 교육의 내용을 선정하는 것이 중요하다. 심리적 측면과 사회적 측면의 통합은 아동 생활의 터전인 가정에서의 활동과 학교 교육을 관련시킬 때 적절하게 이루어질 수 있다. 19세기 말에서 20세기 초반의 미국 사회의 경우, 그 방법은 가정 생활에서 중심이 되는 활동인 재봉이나 요리, 목공 등을 실제로 실행해 볼 수 있는 기회를 학교에서 제공하는 일이었다. 아동은 생활에 기본이 되는 활동에 참여하면서 학교 교과의 사회적 기원을 이해하고 경험할 수 있는 기회를 갖게 된다(이지영, 1993: 2~25).

■ **아동의 본능과 능력:** 이 말의 의미는『민주주의와 교육』(9장)에서 듀이가 루소의 교육목적관을 비판하는 부분에서 잘 드러난다. 듀이에 의하면, 루소가 생각하는 인간의 진정한 목적은 타고난 능력과 성향[자연]을 추구하는 일이고, 생득적 활동의 자연적 발달이 모든 학습의 표준과 규범이 되는데 있다. 루소의 주장은 신체 기관의 구조와 활동이 일체의 교육에 '조건'을 부여한다는 점에서는 옳다. 하지만 그러한 구조와 활동이 발달의

'목적'까지도 제시한다는 점에서는 그릇되었다! '자발적'인 것으로서 본능적 활동은 어떤 활동을 하는 데 생리적 기관이 강한 기초가 되므로 그것을 거역할 수는 없으나 그러한 활동이 자발적으로 정상적 발전을 이루지는 않는다.

「나의 교육 신조」(1-2)에서 듀이가 표명한 것처럼, 생득적 활동은 아무렇게나 되는대로 펼쳐지는 것이 아니라 그 활동이 어디엔가 사용되면서 이루어진다. 생득적 활동은 심리적 측면이고 어디엔가 사용되어지는 일은 사회적 측면이다. 아동이 지니고 있는 능력은 사회적 환경에 의해 최선으로 사용되도록 이끌어짐으로써 성장을 이룬다. 그러므로 자연적 또는 생득적 힘은 모든 교육에서 활동을 출발시키거나 제약하는 작용을 하지만, 교육의 결과나 목적까지 구체적으로 제시하는 것은 아니다. 따라서 듀이는 인간 본성의 자연적 발달이라는 루소의 주장을 '신체 기관의 중요성, 몸을 움직이는 것에 대한 인정, 아동의 개인차 존중 및 아동의 기호와 관심이 어디에서 생기며, 어떻게 성장하고 소멸하는가에 주의를 기울여야 한다.'는 뜻으로 해석한다. 이는 「나의 교육 신조」(1-3)에서 표명한, 교육이 아동의 활동 자체에 합치되는 방향으로 이루어져야 한다는 사유의 연장이다. 이것이 바로 '본능과 능력이 모든 교육의 자료이자 출발점'이라는 듀이의 교육 신조이다.

서양의 교육의 역사에서 볼 때, 전통 교육의 핵심에는 라틴어가 자리하고 있었다. 때문에 라틴어는 교육의 주된 수단일 뿐만 아니라 주요 내용이 되고, 그것을 연마하는 엄격한 훈련과 연습이 주요 학습 방법이 되었으며, 기성 사회나 성인, 혹은 교육주체에 의해 선정된 내용이 아동이나 학생에게 일방적으로 전달되었다. 이런 전통에 익숙한 교육은 언어주의(言語主

義), 형식주의(形式主義), 혹은 주지주의(主知主義)를 추구하였다. 특히, 서양의 중세와 근대의 마디 역할을 하는 르네상스 운동은 사고의 중심이 '신(神: God)'에서 '인간(人間: Humanities)'중심으로 전환되는데 결정적 역할을 하였다. 그러나 이 시기의 교육은 인간의 활동과 경험보다는 이성을 훈련하는 데 목적을 두었기 때문에 전통 교육의 연장선에서 성인 중심의 교육이라는 한계를 벗어나지 못했다.

그런 가운데 전통의 교육 방식은 여러 사상가의 전면적 도전을 받게 된다. 『대교수학(Didactica magna)』, 『범교육학(Pampaedia)』, 『세계도해(Orbis sensualium pictus)』 등을 통해, 근대교육의 서막을 연 코메니우스(John Amos Comenius, 1592~1671)는 아동의 자연적 발달에 따른 교육을 내세웠다. 이에 영향을 받아 루소(Jean Jacques Rousseau, 1712~1778)는 아동은 성인의 축소판이 아니라 그들 나름의 세계가 있다고 생각하고 아동의 생득적 잠재능력을 높이 평가하였다. 이후에도 아동의 본성에 내재된 소질을 개발하는 것을 교육으로 본 페스탈로치(Johann Heinrich Pestalozzi, 1746~1827), 인간의 능동적 활동과 관심[흥미]을 교육의 핵심 방법으로 간주한 헤르바르트(Johann Friedrich Herbart, 1776~1841), 아동 내부의 통합과 조화의 원리를 교육에 구체적으로 적용하려고 시도한 프뢰벨(Friedrich Wilhelm August Frobel, 1782~1852)은 아동의 내재적 가치를 중시하고, 그들을 교육과 학습의 주체로 부각하려는 노력을 기울였다(송도선, 2004b: 172).

■ 아동: 아동의 개념은 시대 상황과 이해의 관점에 따라 다양한 의미로 해석된다. 그러나 일반적으로 성인이라는 말에 대응하여 사용된다. 인

간의 생물학적 특성으로 볼 때, 아동은 심신이 성장하고 발달하는 시기에 있는 자, 다시 말해 한 사람이 성인이 될 때까지 미성숙하고 미완전한 상태에 있는 자로 정의된다. 아동은 '어린이', '아이', '유아', '청소년', '미성년' 등의 용어와 함께 혼용되기도 하면서 때로는 다르게 인식되기도 한다. 듀이의 저서에도 아동의 개념이나 정의에 관한 설명은 구체적이지 않고, 그 범위를 정한 객관적 기준도 없는 듯하다. 따라서 듀이의 교육 사상을 고려할 때 아동에 대한 일반적 인식은 유치원생이나 초등학교 저학년 학생을 중심으로 하되, 학습자를 이해하기 위한 과정에서 조금 더 나아가면, 중학생을 비롯한 청소년 단계의 중등 학생을 아동으로 간주할 수도 있겠다(신창호, 2016: 57).

■ **본능:** 생물학적으로 볼 때, 본능은 학습이나 경험에 의하지 않고 동물이 세상에 태어나면서 갖추고 있는 행동 양식이나 능력을 말한다. 심리적으로는 사람이나 동물이 선천적으로 지니고 있는 억제할 수 없는 충동이나 감정을 일컫는다. 듀이는 정신의 본능적 기능을 아동이 지니고 있는 네 가지 '충동'으로 설명한다. 이때 '충동'은 인간의 본성을 설명하는 하나의 개념이다. 네 가지 충동은 아동의 실제 성장을 위한 경험을 구성하는 자연적 자원이며 아동이 일반화 과정을 거치는 일이다.

하나, 충동은 일종의 사회적 본능으로 언어를 사용하여 자신의 경험을 타인과 공유하려는 데서 나타난다.

둘, 충동은 일종의 구성적 본능으로 무엇인가를 만들고 놀이와 사물의 제작을 통해 자신을 표현하려는 욕구를 포함한다.

셋, 충동은 일종의 탐구적 본능으로 환경을 조사하고 환경과의 경험을 하는데 관심을 나타낸다.

넷, 충동은 일종의 표현적 본능으로 예술적으로 의사소통 하고 구성을 하려는 특징을 지닌다

사회적·구성적·탐구적·표현적 차원의 네 가지 충동을 보편적으로 지닌 아동은, 수동적 존재가 아니라 활동적 존재로 강조된다(이지영, 1993: 30~31).

■ **교육자의 노력**: 듀이의 성장 원리에 기반을 둔 교육자[특히, 초등교사]는 성장의 보조자 역할을 수행해야 한다. 지속적 관찰을 통해 변화하는 아동을 충실히 이해하고, 보다 적극적으로는 성장의 상황을 자극 환경으로 조성하여, 충동의 적극적 해석자로, 아동이 활동하는 내용의 재조직자로 움직여야 한다. 뿐만 아니라 이런 활동을 가능하도록 교사 스스로도 성장하는 사람이어야 한다. 요컨대 교육자는 아동의 성장을 비롯한 교육 과정 전반에 대해 지속적으로 연구 활동을 추구하는 사람이어야 한다. 동시에 교사 자신의 문제 해결 과정에서 능동적 의미를 추구하는 자기 성장의 모델이 되어야 한다(최석민, 2005: 120).

■ **활동**: 인간의 활동을 통해 달성하려는 목적은 시야나 염두에 두고 바라볼 수 있을 때 긍정적이다. 이는 삶의 활동이 계속되고 하나하나의 과정을 완성하도록 기능하는 작업으로 규정된다. 때문에 듀이는 무엇보다도 활동에 중요한 의미를 부여하고 그것을 부각시킨다(Dewey, 2007: 113). 구체적으로 추구하는 목적이 있을 때, 그 사람은 나태한 구경꾼이나 냉정하고 이지적인 관찰자로 머물러 있을 수 없다. 그의 행위와 노력에 대한

결과에 관심을 갖고 상황을 변화시키려 애쓰는 참여자로서 지적·정서적으로 깨어 의식적 행위를 한다. 고정된 목적 그 자체를 이념적으로 인식하는 작업과 바라는 목적이 이끄는 활동은 질적으로 다르다. 그것은 현재의 조건을 주의 깊게 관찰하고 가능한 대안을 헤아려 행위를 질서정연하게 선택해 나간다는 의미에서 지적 활동이다. 또한 그때 매 순간의 행위는 무엇을 위해, 무엇을 하려는 의도를 갖는 것이므로, 직접 와 닿는 질적 느낌을 풍부하게 만들 뿐 아니라 새로운 의미 지각을 가능케 한다(양은주, 2017: 115).

■ **외부로부터의 압력:** 교육 목적이 학습 상황 외부에서, 예컨대 '국가 경쟁력을 높인다'든지 '훌륭한 의사를 만든다'는 등의 방식으로, 다른 어떤 사회적 목적이나 부모가 원하는 목적을 달성하기 위한 수단으로 설정될 수 있다. 그런 교육을 통해 외부에서 주어진 목적을 달성할 수는 있다. 그런 목적 달성 자체를 성공이라고 한다면, 교육적 성공일 수도 있다. 그러나 한 인간의 발달이나 사회적 성장의 차원에서 이해한다면, 그런 수단적 목적의 성공이 반드시 성공한 교육을 이끌어 가는 것은 아니다. 부모나 교사 등 교육자가 그들 자신이 추구하려는 목적에 맞추어 아동[학생]의 생각과 관계없이 일방적으로 그것이 아동[학생]의 성장을 위한 올바른 목표라는 명목으로 둔갑시켜 교육의 목표로 삼는 것은, 농부가 농사의 조건과 무관하게 어떤 이상을 세우는 일처럼, 부당한 처사이다(송도선, 2004b: 125).

듀이는 객관적이고 명확한 방식으로 표명할 수 있는 구체적 교육 목적이나 목표는 바람직하지 않은 결과를 초래할 가능성이 크다고 본다. 그것은 아동이나 학습 당사자의 의지와는 무관하게 성인이나 사회에서 일방적으로 정하여 제시되는 목적이기 때문이다(송도선, 2005a: 154~155). 교육은 외부로부터 주어지는 강압적 목표나 목적이 아닌, 아동의 독립적이고 자발적인 노력으로 이루어져야 한다. 왜냐하면 학습의 주체는 아동[학생]이며, 아동 자신이 주체가 되고 중심이 되어 교육을 추동해 가야하기 때문이다.

이 지점에서 아동이 주체가 되고 중심이 되는 '아동 중심'의 의미를 고려할 필요가 있다. '아동 중심'의 의미는 다양하게 해석된다.

첫째, 아동이나 학생을 존중하라는 의미이다. 윤리적으로 볼 때, 아동은 성인과 마찬가지로 인격적 존재로 존중받아야 한다. 이는 인본주의적 교육관과 맥락을 같이 한다.

둘째, 아동이나 학생의 개인차를 고려하라는 의미이다. 심리적 측면에서 볼 때, 아동 개개인은 현재의 환경, 경험, 지능, 재능, 관심, 능력, 발달 정도 등에서 동일하지 않다. 그러므로 이런 상황을 고려하여 교육에서 개별화 학습을 실천해야 한다.

셋째, 아동이 일반적으로 지니는 성장 잠재력을 높이 평가하라는 의미로 이해할 수 있다.

이외에도 아동의 발달 단계에 따라 학습 내용이나 방법을 달리 해야 한다는 발달 심리적 의미로 해석할 수도 있다(송도선, 2004b: 174).

1-4

4

나는 사회적 조건에 대한 지식이나 문명의 현재 상태에 대한 인식이 아동의 능력을 올바로 이해하는 데 필수적이라고 믿는다. 아동은 자신만의 본능과 성향을 지니고 있지만, 우리가 그것을 인류 역사의 발달 조건에서 그와 상응하는 사안으로 이해하기 전까지 그것이 무엇을 의미하는지 알지 못한다. 우리는 그것을 사회적 과거의 순간으로 되돌리고 이전에 이루어진 인류 활동의 유산으로 볼 수 있어야만 한다. 또한 우리는 그것을 미래로 투영하여 그 결과와 목적이 무엇이 될지 볼 수 있어야만 한다. 방금 언급한 지점에서, 그것[어린이의 본능을 과거와 미래와 관련하여 보는 일은 그 본능을 올바른 방식으로 다루게끔 해주는 능력인 아동의 옹알이에서, 미래의 사회적 교섭과 대화의 조짐, 그리고 가능성을 보는 능력이다.

■ **사회적 조건과 아동의 능력**: 듀이는 경험의 질을 발전시키고 성장을 돕는 교육과정을 구성하는 기준으로, 심리적 원리와 사회적 원리를 강조한다. 아동의 개인적 본능과 능력에 관한 심리적 지식은 아동에게 가능한 것이 무엇인지 가르쳐 주고, 문명의 현 상태에 대한 사회적 지식은 아동의 본능과 능력이 현실적으로 무엇을 의미하는지 보여준다. 이 두 가지 원리는 교육내용의 선정과 구성에서 필수적으로 고려해야 할, 아동과 사회적 조건에 관련된 요소를 지니고 있다. 그러한 요소가 무엇인지는 각 상황을 고려하여 결정하고, 모든 사회 또는 학교, 아동[학생]에게 동일하게 적용되는 하나의 교육과정 체계는 존재할 수 없다(최한수, 2000: 114~115).

■ **본능과 성향**: 듀이는 아동을 일종의 결핍 상태로만 규정하는 것을 심각하게 경계하였다. 아동이 미성숙한 상황을 단지 부족한 것으로만 여길 때, 아동의 고유한 힘을 무시하고 성인의 환경을 기준으로 아동을 교육한다. 이런 교육은 아동이 본능적으로 타고난 능력을 간과하기 쉽다. 성인 중심의 잘못된 교육 환경에 노출될 때, 아동의 타고난 본능은 무시되거나

억압되고, 외부에서 주어진 어떤 교육 기준에 맞추어 나가야 하는 불쾌한 특성으로 간주된다. 때문에 아동이 타고난 고유한 개성은 무질서의 근원으로 여겨진다. 외부에서 주어진 기준에 일치하는 것은 획일성과 동일하고, 획일성 속에서 아동은 새롭고 신기한 것에 대한 관심 부족, 진보에 대한 혐오, 불확실 부분이나 알지 못하는 사안에 대한 두려움을 갖게 된다(Dewey, 2008a: 63~64).

■ **사회적 교섭과 대화:** 아동이 타고난 충동[본능]은 그가 태어난 집단, 또는 사회의 생활 습관과 일치하지 않으므로, 아동은 지도를 받아야 한다. 그러나 이러한 통제는 물리적 강제가 아니다. 기본적 통제는 아동이 관여하는 정황의 본질 안에 있다. 사회적 정황에서 아동은 자기의 행동 방식을 타인이 하는 일에 관련지어 적합하게 조절해가야만 한다. 이것이 그들의 행동을 공동의 결과로 향하게 하여 동료들과 공통으로 이해하도록 만드는 작업이다. 공통으로 이해하는 작업이야말로 사회 통제의 본질이다. 사회 통제는 인간의 성향에 내재적인 것이지 외적인 것이 아니다. 교육의 중요한 임무가 다름 아닌 관심이나 이해의 일치를 통해 이 내적 통제를 달성하는 일이다. 학교는 아동이 연대하여 참여하는 활동의 기회를 늘려, 아동이 자신의 힘이나 언어 등 스스로 사용한 재료의 사회적 의미를 배우도록 지도해야 한다(Dewey, 2008a: 53).

앞에서도 간략하게 언급하였지만, 아동은 고유한 본능을 갖고 있다. 중요한 점은 그것을 사회적 조건 속에서 바라보고 해석했을 때, 아동의 힘을 적절하게 설명할 수 있다. 맥락은 조금 다르지만 이와 유사한 설명이 1926년 듀이가 강연한 결과물인 『공공성과 그 문제들(*The Public and its*

Problem)』에도 등장한다. 여기에 담겨 있는 「공공성을 찾아서」라는 글에서 다음과 같은 언급은 주목할 만하다.

"그 유명한 군집성이든, 공감이든, 상호의존의 감각이든, 또는 지배나 굴종과 예속이든, 이런 본능은 기껏해야 두루뭉술한 일반적 설명일 뿐, 특수하고 세세한 부분에 대해서는 아무것도 말해주지 않는다. 거기에는 심각한 문제점이 있다. 그 문제점은 원인으로 제시된 추정된 본능과 자연적 소질이 그것이 설명한다고 생각되는 사회적 조건에 의해, 행위 및 기대의 습관으로 형성된 생리적 경향을 표현하고 있다는 사실이다. 무리 속에서 생활하는 사람들은 자신의 집단에 대한 애착을 발전시킨다. 의존적으로 생활한 아동들은 의존과 복종의 습관이 있는 사람이 된다. 열등감은 사회적으로 얻어지며 과시와 우월의 '본능'은 그것의 다른 얼굴이다. 새의 내부 신체 기관이 지저귐을 유발하듯이, 발성에서 생리적으로 드러나는 구조적 기관이 있다. 그러나 개가 짖거나 새가 지저귀는 짓은 타고난 성향이 언어를 만들어내는 것이 아니라는 점을 증명하기에 충분하다. 언어로 전환되려면 타고난 발성은 유기체로서 유기체의 외적 또는 환경 외재적 조건에 의해 변형되어야 한다. 그것은 단지 '자극'이 아닌 '형성'이다. 어린 아이[아기]의 울음은 순수하게 유기체적 측면에서 서술될 수 있지만, 그 울부짖음이 명사나 동사로 되는 것은 오로지 다른 사람의 반응적 행위를 불러내는 결과에 의해서이다. 이 반응적 행위는 양육과 보살핌의 형태를 취한다. 이는 다시 전통이나 관습, 그리고 사회적 패턴에 의존한다."(Dewey, 2014: 9~10).

여기에서 '어린 아이[아기]의 울음'이 언어로 전환되기 위해, 그것은 유기체의 외적 또는 환경 외재적 조건, 즉 '사회적 조건'의 측면에 의해 변형되어야 한다. 이는 간단히 '아동의 본능+사회적 조건=언어'로 도식화할 수 있다. 아동은 다른 사람들의 반응을 통해 자신의 본능적 재잘거림이 의미하는 바를 알게 된다. 이때 그 울부짖음이 명사나 동사[언어]로 되는 것은 오로지 다른 사람의 반응적 행위를 불러내는 결과이다. 아동에게 '다른 사람의 반응적 행위'는 바로 아동이 처한 '사회적 조건'이다. 아동의 재잘거림에 사회적 조건이 더해져 아동은 언어 능력을 형성하고 자신의 잠재력을 발휘할 수 있다.

1-5

5

나는 심리적 측면과 사회적 측면이 유기체처럼 연관되어 있다고 믿으며, 교육은 이 둘 사이의 타협 또는 어느 한 측면에 대한 다른 한 측면의 부과로 생각되어서는 안 된다고 믿는다. 교육에 대한 심리학적 정의는 메마르고 형식적이며, 모든 정신적 능력의 발달 과정에 대하여 하나의 관점을 줄 뿐, 그 능력의 쓰임새에 대해서는 어느 하나 알려주는 것이 없다고 여겨진다. 반면, 문명에 적응하는 양식으로서 교육에 대한 사회학적 정의는 교육을 어떤 강요된 과정, 즉 외적 과정으로 만들고, 결과적으로 개인의 자유를 기존의 사회적·정치적 지위에 종속시킨다는 점이 강조된다.

■ **교육:** 교육의 목적은 다양하지만 각각의 목적들은 상호관련성을 갖는다. 예를 들면 인격도야라는 목적은 사회개혁이라는 목적과 연관이 있다. 사람의 인격을 완성하기 위해서는 사회에 관한 문제의식을 갖추는 일이 불가결하고, 거꾸로 사회개혁은 하나하나의 성실한 인격에 의해 이루

어지기 때문이다(김정환·강선보, 1997: 38).

■ **교육의 사회적 측면:** 팝(Popp, 2015)에 의하면, 듀이는 1930년에 발표한 「절대주의에서 실험주의로」라는 논문에서 1916년에 출간한 『민주주의와 교육』이 더 이상 자신의 철학을 대표하지 않는다고 말하였다. 이를 근거로 1916년 이후, 듀이의 생각에서 표출되는 '사회'의 개념은 다른 양상으로 변화한다. 「나의 교육 신조」는 1916년 이전에 쓴 글이므로 『민주주의와 교육』에서 언급하는 '사회' 개념과 다를 수 있다. 팝은 이러한 변화를 '나-지향성(I-intentionality)'에서 '우리-지향성(we-intentionality)'에로의 전환이라고 부른다. 『민주주의와 교육』에서 듀이는 사회화로서의 교육이 성공하기 위해서는 개인이 다양한 관심사를 의식적으로 공유하고, 각기 다른 조직들 간에 상호작용이 자유로워야 한다고 주장한다. 이러한 관점은 '극단적 개인주의'를 배제하지 않기 때문에, 공동의 규칙을 손익 계산에 따라 언제든지 무시해도 된다는 생각을 허용하기 때문에, '나-지향적'이다(Popp, 2015: 50~58).

듀이는 아무리 많은 조직이 모일지라도 규범적(moral)인 공동체가 되는 것은 아니며, '우리(we)'와 '우리의(ours)'라는 의미는 공동의 행위가 의식적으로 추구될 때, '나(I)'와 '나의(my)'처럼 욕구와 노력의 대상이 된다고 주장한다(Dewey, 1927: 49). 듀이가 강조하는 공동체는 무엇일까? 인골드(Ingold, 1998/2011: 138~139)에 의하면, 17세기까지 '사회'라는 용어는 '우정'과 '친밀감'을 내포하는 '공동체'라는 말과 동의어로 쓰였다. 그러나 18세기 전통적 계층에 입각한 절대주의 국가의 반대급부로 '각자가 언제든 서로의 이익을 위해 다른 개인과 계약을 맺음으로써 개인의 사적 이익을 추구할 권리를 부여받은 자유롭고 평등한 시민들의 연합'을 의미하는 '시민 사회'의 등장과 함께, '사회'라는 용어는 '개인과 개인 사이의 계약 집단'이라는 개념으로 변모하게 된다. 18세기에서 19세기를 거치면서 '사회'라는 용어는 일종의 '따스한' 정서가 지속적으로 배제되고, 1887년 『공동체와 사회(*Gemeinschaft und Gesellschaft*)』에 이르면, 공동체와 사회를 대립되는 개념으로 표현하게 되었다. 이러한 논의는 「나의 교육 신조」에서 언급되는 공동체와 사회, 그 동질성과 이질성의 차이에 따라, 듀이의 교육적 사유를 이해하는 하나의 열쇠가 된다.

이러한 주장은 『윤리학』(Dewey, 1932)에서 "자신과 타인에 대한 고려는 우리가 일부를 구성하는 사회적 집단의 안녕과 권위에 대한 고려라는 일반적이고 완전한 관심의 이차적 국면들"(Ingold, 1998/2011: 48에서 재인용)이라는 언표를 통해 구체적으로 확인할 수 있다. 사회 집단에 관한 사유의 확장은 보다 명시적으로 개인 간의 모임을 초월한 사회라는 존재에 입각한 생각과 행동을 강조하는 것으로 나아간다. 여기서 주의할 점이 있다. '개인을 초월한 사회'와 '어떤 재판장의 대통령 파면' 사례는 개인 이전부터 개인과 독립적으로 존재해온 '사회'라는 실체가 있고, 개인이 그러한 사회에 의해 규제받는 이미지를 떠올리게 한다. 특히 대통령에 대해 '대통령 역할을 수행하는 개인으로서의 배우'라는 표현을 쓰면, 개인의 일방적 수용, 즉 개인의 수동성을 매우 강조한 것으로 보인다. 하지만 인골드(Ingold, 1986)가 지적한 것처럼, 개인에 대한 사회의 규제는 사회의 일방적 통제라는 의미 이외에, 사회의 규칙, 이른 바 '문화'가 개인들 간의 집단적 산물이기 때문에, 언제든 개인들에 의해 바뀔 수 있으며, 이러한 규칙에 의한 규제는 일방적 통제가 아니라, 오히려 개인의 형성

(constitution)에 일조한다는 의미를 지닌다. 인골드는 전자를 사회에 대한 규제적(the regulative) 관점, 후자를 형성적(the constitutive) 관점이라고 부른다. 형성적 관점에서 사회를 이해할 때 듀이의 교육적 사유를 파악하는데 도움이 될 것으로 보인다. 이런 생각과 행동이 개입할 때, '우리-지향적' 또는 '집단-지향적'(collective-intentionality)이라 한다. 이런 행동의 한 사례가 앞에서 언급한 재판장의 대통령 파면이다. 재판장이 대통령의 파면을 주문했을 때, '재판장'이라는 역할(role)은 '대통령'이라는 역할을 수행하는 행위자(actor)를 특정한 조건 하에서 '파면'할 수 있는 권한이 있음을 서로가 인지한다. 동시에 그것을 인정하며 그것에 입각하여 행동한다. 요컨대, 언제든지 손익계산에 따라 깨질 수 있는 '사회'는 위에서 언급한 교육의 조건으로 부적절하다. 듀이는 '사회' 개념의 전환을 통해 이러한 문제를 해결하려고 했다.

■ **심리적 측면과 사회적 측면 사이의 타협:** 교육 이론의 역사는 '이것이냐, 저것이냐(Either-Or)'라는 극한 대립을 통해 발전해 왔다. 그 발전 과정은 두 극단 중의 한 이론이 교대로 나타나는 양상으로 전개되었다. 그 결과, 교육 이론이 전개되어온 역사는 '내부로부터의 발달이냐?', '외부로부터의 형성이냐?'라는 교육을 보는 두 가지 견해 사이의 대립으로 점철되어 왔다. 즉 교육 이론의 역사는, 교육이 자연적으로 부여받은 선천적 자질에 기초하여 이루어지는 것이라는 견해와 선천적으로 타고난 성향보다는 외부의 압력으로 인하여 습득된 습관이 그 자리를 대신 차지하도록 만드는 과정이라는 견해가 대립한 역사였다(Dewey, 1963: 17). 심한 경우에는 대립되는 두 이론이 일관성 없이 적당히 타협하는 경우도 있었다

(Dewey, 1956: 14). 듀이는 이러한 극단적 대립을 극복하고 실제 경험과 교육 사이에는 본질적이고 필연적 관계가 존재한다는 아이디어를 가지고 통일된 교육 이론을 제시하려고 했다(이효현, 2010: 26). 그것은 듀이가 일생을 통해 궁극적으로 극복하려고 했던 근대성과 연관된다. 즉 데카르트(René Descartes, 1596~1650)의 영향을 받아 서구 사상에 고착된 이원론적 시각으로 현대과학을 규정함으로 인해 발생하는 현대 문명의 위기이다(박승배, 2009: 77).

그러나 심리적 측면과 사회적 측면 사이의 타협을 빌미로 하는 혼합론자[타협론자]들의 연구방식, 예를 들면, 실험연구와 문화기술지의 대등한 혼합, 실험연구를 위주로 하면서 문화기술지를 약간 가미하는 방식, 또는 그 반대와 같은 것은 듀이가 제안한 바람직한 교육(학) 연구 방법이라고 보기 힘들다. 듀이의 프래그머티즘을 이론적 토대로 삼아, '물리학 선망의식'에 그 뿌리를 두고 있는 전통적 양적 연구를 교조적으로 따르면서, 동시에 질적 연구를 적절히 혼합하는 식의 연구는 연구방법론을 둘러싼 갈등을 완화시킬 있는 현실적 타협책이 될 수는 있으나, 교육학 연구를 새로운 국면으로 이끌 연구 방법에서 결코 제3의 물결은 될 수 없다. 오히려 양적 연구자들의 눈치를 보며 그들의 눈 밖으로 벗어나지 않는 범위 내에서 질적 연구와 악수하려는 어정쩡한 태도를 버릴 때, 혼합론자들은 새로운 통찰을 얻게 될지도 모른다. 혼합론자들이 자신들의 논리를 뒷받침하기 위해, 듀이에게 원조를 요청하면서 동시에 경청해야 할 것이 있다면, 그것은 '물리학을 모방한 연구를 통해서는 결코 교육학 연구의 발전을 가져오기 힘들다'는 그의 주장이다(박승배, 2009: 76).

듀이는 전통적으로 내려온 여러 이분법적 개념들의 구분들 사이에 연속성이 있음을 강조한다. 그러나 각각의 성향을 나타내고 통찰을 제공하는 구분은 기꺼이 환영한다. 이러한 구분은 유연하면서도 일시적 도구로 간주된다. 듀이의 비판은 구분하는 데 있는 것이 아니라, 그 구분이 자연적 원리인 것처럼 받아들이는 사실을 거부하는데 있다. 이원론적 개념들이 있다는 사안이 문제가 아니라, 그 개념들 간에 필연적이고 메울 수 없는 간극이 있다는 점을 거부한다. 왜냐하면 구체적 경험 속에서는 구분하는 요소들이 깊고 풍부하게 연결되어 있거나 연결할 수 있기 때문이다(박연숙, 2016: 258~259). 교육이 심리적 측면과 사회적 측면의 타협으로 규정되어서는 안 된다고 했을 때, '타협'은 두 가지 측면이 연결되어 통합된 것이 아니라 '일관성 없이 적당히' 합쳐진 것이다.

■ **교육의 심리학적 정의:** 심리학의 교육적 차원을 논의하는 '형식 도야 이론'은 능력 심리학과 밀접한 관련이 있다. 언행이 들뜨고 거친 '부소(浮疏) 능력'을 훈련하기 위한 능력 심리학은 형식 도야 이론의 심리적 기초를 제공한다. 듀이는 이런 관점을 비판하는 입장에서 다음과 같이 교육을 심리적으로 정의한다.

"마음은 태어날 때부터 지각, 기억, 의지, 판단, 일반화, 주의집중 등 정신적 능력을 지니고 있다. 이는 영향력 있는 심리학 이론을 형성한다. 교육은 반복적 연습에 의하여 이들 능력을 훈련하는 일이라는 것이 이 심리학 이론의 교육관이다. 이런 교육관도 어느 정도 결함을 가지고 있다. 이유는 간단하다. 교과를 비교적 외적인 것으로 보거나 삶과 무관한 것으로 취급하기 때문이다. 교과의 가치는 단순히 아동의 마음이 지닌 일반적 능력을 연습할 기회를 제공하는 데 있다고 본다. 이 심리 이론에 대한 비판의 핵심은, 거기서 가정하는 능력들이 상호 간에, 또 그 적용 대상인 자료와 유리되어 있다는 점에 있다. 실제적으로 볼 때, 이 이론에서 나타나는 결과는 좁은 측면의 전문 기술을 훈련하는 데 지나친 강조점을 두었다. 대신 자발성, 독창성, 융통성, 특수한 활동들 간의 폭넓고 계속적인 상호작용에서 생길 수 있는 특성들은 도외시 하게 된다(Dewey, 2010: 129~130).

현대 심리학에 바탕을 두는 교육심리학은 본능적이고 충동적인 경향이 복잡하게 얽혀 있다는 새로운 이론을 내놓고 있다. 교실 수업의 경험은, 아동들이 그 자연적 충동을 활용하는 신체적 활동을 할 기회를 갖게 될 때, 학교에 다니는 것은 기쁨이고 학습은 보다 쉬워지며 학생들의 행동 관리 부담도 줄어든다는 것을 보여주었다(Dewey, 2010: 303).

교과에서 심리화의 문제는 표면상으로 추상적·이론적·상징적 성격의 교과를 구체적·실제적·경험적 성격의 아동에게 내면화하기 위한 방안을 담고 있다. 하지만 심리화의 성격은 그것이 극복의 대상으로 삼고 있는 '분리'의 성격에 따라 방향이 달라질 수밖에 없다. '아동과 교과의 분리'에 관한 분석을 해 보면, '분리'는 단일한 성격을 갖는 것이 아니라 복합적 성격을 갖는다. 그 각각은 심리적, 실제적, 상황적 수준의 분리로 구분된다. 심리적 수준의 경우, '아동과 교과의 분리'는 관람자의 활동에 대한 태도와 참여자의 활동의 태도에 차이가 있음을 출발점으로 삼는다. 이어서 관람자와 참여자의 태도 차이가 '관심'의 차이로부터 유래한다는 점, 관심은 순전히 간헐적이고, 충동적이고, 정서적이고, 즉각적인 것만을 가리키는 것이 아니라, 주체와 대상이 떨어져 있는 거나 아동과 교과가 분리되어 있는 정도에 따라 달라진다는 점이 심리적 수준을 규정한다. 또한, 아동과 교과라는 두 가지 다른 성격의 경험이 관심[흥미]의 결여를 낳으며,

관심의 결여는 아동과 교과 간의 심리적 수준의 분리로 이어진다(이승은, 2017: 167).

■ **능력의 쓰임새:** 능력의 쓰임새는 능력의 발현과도 상통한다. 발현은 한쪽 손으로 하려는 일을 다른 쪽 손으로 못하게 한다는 의미이다. 왜냐하면 발현의 교육관에서 발달은 계속적 성장을 뜻하는 것이 아니라, 내재해 있는 힘이 고정된 목표를 향해 전개되어 나가는 과정을 뜻하기 때문이다. 이 목표에 도달하기까지의 삶은 어느 단계에 있든 그 목표로 향해 나아가는 과정에 지나지 않는다. 능력의 쓰임에서 발현설을 주장하는 사람들은 인간의 성장은 완성된 상태를 향해 나아가는 과정에 불과하며, 최종적 이상은 고정 불변의 것으로 생각한다. 추상적이고 불확실한 미래가 현재의 힘과 기회를 통제하며, 이 과정에서 현재는 그다지 중요하지 않은 것으로 간주된다(Dewey, 2007: 113~114).

■ **교육의 사회학적 기능:** 기능 이론은 사회를 유기체에 비유한다. 예를 들면, 인간의 신체[인체]는 손, 발, 코, 귀, 위, 폐 등 여러 기관으로 구성되어 있으며, 이를 각기 담당하고 있는 기능이 있어 각각의 기능을 순조롭게 수행함으로써 인체의 생존과 활동을 가능하게 만든다. 각 기관은 인체, 즉 전체로부터 떨어져 생존할 수 없으며, 어느 한 기관이라도 결핍되면 인체도 완벽한 활동을 할 수 없다. 유기체와 마찬가지로 사회는 각기 다른 여러 부분으로 구성되어 있으며, 각 부분은 전체의 존속을 위해 필요한 각각의 기능을 수행한다.

기능 이론은 파슨스(Talcott Parsons, 1902~1979)가 체계화 하였는데,

그의 이론은 흔히 구조 기능주의에 입각한 사회 체제(social system) 이론으로 불린다. 기능이론은 이념의 갈등, 이해관계를 둘러싼 집단 간의 이견과 대립을 과소평가하며, 현실을 주어진 것으로 인정하는 현상 유지의 입장을 지지한다. 즉 질서 유지를 내세우는 체제 유지 우선의 논리를 뒷받침하는 것이다. 기능 이론의 현상 유지 지향성은 뒤르켐(Emile Durkheim´, 1858~1917)의 사회학에 잘 나타나 있다. 그의 주요 관심사는 '사회가 어떻게 해서 해체되지 않고 지속되는가?'였다. 체제나 질서의 현상적 유지 차원으로 사회를 이해한 뒤르켐은 교육을 다음과 같이 정의하였다. "교육은 사회생활을 위한 준비를 아직 갖추지 못한 어린 세대에 대한 성인 세대의 영향력이다. 그 목적은 전체로서의 정치 사회와 아동이 장차 소속하게 되어 있는 특수 환경의 두 측면이 요구하는 지적, 도덕적, 신체적 여러 특성을 아동에게 육성·계발하는 데 있다." 이러한 정의는 교육을 사회화와 동일시한 것이다. 사람은 태어날 때 '비사회적(非社會的)' 존재이므로 이를 '사회적(社會的)' 존재로 길러야 한다. 교육은 바로 이 기능을 수행한다(김신일, 2003: 70~73).

개인의 발달이나 양육이 현존하는 제도의 정신을 고분고분하게 받아들이는 것을 의미하는 경우가 있다. 이때 교육은 '변형(變形)'이 아닌 '동화(同化)'가 본질이다. 역사가 보여주는 바와 같이, 제도가 변하는 것은 사실이지만, 이 제도의 변화는 국가의 홍망과 마찬가지로, '세계정신'의 작용이다. 헤겔(Hegel, Georg Wilhelm Friedrich, 1770~1831)에 의하면, 개인은, 세계정신의 선택된 수족인 몇몇 위대한 '영웅들'을 제외하고, 세계정신의 작용에 어떤 역할도 수행하지 않는다(Dewey, 2007: 118).

교육의 사회학적 기능이나 정의는 학교와 사회의 관련 문제를 인식하는 작업이다. 학교는 모든 중요한 측면에서 지역 사회와 동일한 모습을 띠어야 한다. 사회적 지각과 관심은 진정한 사회적 분위기, 공동의 경험을 구축하기 위해 자유로운 교환이 있는 그런 분위기에서만 발달할 수 있다. 사물에 관한 정보는 말을 배울 정도의 사회적 교섭을 한 사람이라면 누구나 단편적으로 전해들을 수 있다. 교육은 계속적으로 건설적 활동을 통해 이루어져야 한다! 이 주장은 그러한 활동이 사회적 분위기를 조성해 준다는 데에 의미를 둔다. 삶의 장면과는 유리된, 단순히 교과를 공부하는 장소로서의 학교가 아니라, 공부와 성장이 현재 공유되고 있는 경험의 한 부분이 되는, 사회 집단의 축소판으로서의 학교가 되어야 한다. 운동장, 공작실, 작업실, 실험실은 학생들의 자연적·능동적 경향을 지도할 뿐만 아니라, 상호교섭, 의사교환, 협동을 가능하게 하며, 사회정신의 핵심인 관련의 지각이 확장되는 것은 이 모든 것들을 통해서이다. 학교에서의 학습은 학교 밖의 학습과 연속성을 가져야 한다. 이 양자의 학습 사이에는 자유로운 상호교류가 있어야 한다. 이것이 가능하게 되려면 반드시 한쪽의 사회적 관심과 다른 쪽의 사회적 관심 사이에 많은 접촉점이 있어야 한다(Dewey, 2010: 506~507).

학교를 사회와 관련짓고 연속선상에 놓게 하는 방법은 다양하다. 그것은 특히, 시민성 교육으로 강조되는데, 몇 가지 이론을 바탕으로 제기되는 방안을 정돈하면 다음과 같다.

첫 번째는 경험 이론에서 도출된 질적 직접성으로서의 시민성 교육이다. 여기에서는 경험이 갖는 '질적 차이'와 '다양성'이 강조된다.

두 번째는 탐구 이론에서 도출된 사회적 지성으로서의 시민성 교육이다. 여기에서는 경험 속에 나타난 사회적 문제 상황에 대해 시민들 간의

'의사소통'과 '탐구공동체'가 강조된다.

세 번째는 민주주의 이론에서 도출된 정치적 창조성으로서의 시민성 교육이다. 여기에서는 '생활의 자유'와 '사회 변혁'이 강조된다. 일상생활에서 시민이 스스로의 문제를 반성적으로 검토하고, 새로운 대안을 만들어나가는 모습이다. 이는 창조성의 모티브로서 '자아실현'과 '적극적 자유'를 통해 생활의 자유를 누리면서 사회를 변화시킨다(서용선, 2010: 169~170).

1-6

6

나는 위의 각각의 반론이, 한 측면이 다른 한 측면으로부터 유리된 상태에서 제기된 경우에는 옳다고 믿는다. 어떤 능력이 실제로 무엇인지 알려면, 그것의 목적, 용도, 또는 기능이 무엇인지 알아야만 한다. 그리고 이에 대해 개인이 사회적 관계 속에서 능동적이라 인식하지 않고서는 알 수 없다. 하지만 다른 한 편으로, 현존하는 조건 속에서 아동에게 할 수 있는 유일한 조정 작업은 아동이 자신의 모든 능력을 완전히 갖추었을 때 일어나는 것뿐이다. 민주주의와 현대 산업화 조건의 출현으로 20년 후의 문명이 어떠할 지에 대해 구체적으로 예측하기는 불가능하다. 따라서 그 어떠한 정확한 일련의 조건들에도 아동을 대비시킬 수 없다. 아동을 미래의 삶에 대비시키는 일은 아동에게 그 자신에 대한 통제권을 부여한다는 의미이다. 이는 아동의 모든 능력을 완전하게, 그리고 즉각적으로 사용할 수 있도록 아동을 훈련시킨다는 뜻이다. 아동의 눈과 귀, 그리고 손을 즉각적으로 사용할 수 있는 도구임을, 아동의 판단이 자신이 그 속에서 작동해야 하는 조건을 이해할 수 있음을, 자기 삶에 대한 집행능력이 경제적으로 효율적으로 행동하기 위해 훈련되어야함을 의미한다.

■ **교육**: 모든 사람이 남과 더불어 생활함으로써 받는 교육과 계획적으로 아동을 교육하는 일 사이에는 뚜렷한 차이가 있다. 직접적이든, 놀이로써 간접적이든, 실제적 일에 참가한다는 것은 적어도 본인 자신이 행하는 생생한 행동이다. 반대로 제도적 가르침은 현실에서 동떨어진, 활기가 없는 것이 되기 쉽다. 흔한 말로 '추상적이고 문자적인 가르침이다. 제도적 차원의 교육에서 교재는 생활 경험의 주제에서 분리되어, 단지 학교에서 다루는 주제에 지나지 않는다. 제도적으로 짜여진 학교 교육에서 이런 위험은 항상 따라다닌다. 지속적으로 관심을 가져야할 사회 문제가 학생의 시야에서 사라지거나 상실되는 일로 전락하기 쉽다. 따라서 교육학이 다루어야 하는 가장 중요한 문제의 하나는, 교육의 존재 양식, 즉 비제도적인 것과 제도적인 것 사이의, 부수적인 것과 의도적인 것 사이에 올바른 균형을 유지하는 방법이다(Dewey, 2008a: 16~17).

■ **아동의 잠재능력과 능력**: 능력은 '할 수 있는 힘'을 의미한다. 잠재능력은 '바깥의 영향을 받아 무엇인가 다른 것으로 될 수 있는 힘'을 나타낸다. 그것은 사용할 수도 있고 그 자체로도 유능한 상태, 힘 있는 상태를 의미할 수도 있다(Dewey, 2007: 94).

■ **사회적 관계**: 경험의 기본 원리는 상호작용을 통하여 경험의 발달이 이루어진다는 것이다. 이 기본 원리는 교육이 본질적으로 사회적 과정임을 의미한다. 개인은 사회 집단의 구성원으로 존재한다는 점을 인식하는 만큼, 교육의 특징을 제대로 깨닫게 된다. 사회 구성원 사이에 서로 의견을 교환하고 지혜를 결집하는 과정을 통해, 결정되고 발전된다. 이것이 다

름 아닌 사회적 지력(social intelligence)의 과정이다. 모든 인간은 '진공속'에 사는 것이 아니라 '이 세상'에 살고 있다. 어떤 경험이 생기려면, 어떤 사람과 그 사람이 이루고 있는 환경 사이의 교변작용(交變作用)이 필요하다(Dewey, 2008b: 139~190).

사회적 환경은 일정한 충격을 일으키고, 강화한다. 또 일정한 목적을 가지고 일정한 결과가 수반되는 활동에 사람들을 종사시켜 그들 안에 지적·정서적 행동의 여러 경향을 형성한다. 우리의 관찰, 회상, 상상의 능력은 단독으로 작용하는 것이 아니라, 사회의 여러 업무에서 일어난 요구에 따라 발동된다. '환경으로부터의 무의식적 영향'은 성격이나 정신의 모든 조직에 작용할 정도로 침투력이 있다. 그 효과가 나타나는 네 가지 방면을 정돈하면 다음과 같다.

첫째, 언어의 습관이다. 말의 기본 양식이나 어휘의 대부분은 체계적 교수 방법에 의해서가 아니라 사회적으로 필요한 것으로 영위되는 일상생활의 교류에서 형성된다.

둘째, 예절이다. 모범은 훈계보다 낫다. 좋은 예절은 좋은 양육 그 자체이다. 양육은 지식을 전달하는 것에 의해서가 아니라 평소의 자극에 대한 반응으로 평소의 행동에 의해 획득된다.

셋째, 취미와 미적 감상을 할 수 있는 심미안이다. 우아한 형태나 색채가 조화된 대상을 항상 접하고 있으면, 취미의 기준은 자연스럽게 높아진다.

넷째, 심도 있는 가치판단의 기준이다. 무엇에 가치가 있고 가치가 없는지에 대한 의식적인 평가나 전혀 인식되지 않은 기준에 얼마나 의존하고 있는가의 평가 등은 무의식적으로 다른 사람들과 끊임없이 교류하는 가운데 형성된다(Dewey, 2008a: 23~30).

■ **미성숙과 성숙**: 아동이 현재 미성숙한 존재로 성장의 가능성이 있다고 할 때, 미성숙이라는 말은 나중에 나타날 힘이 현재 없다는 것이 아니라, 현재 '발달할 능력'이 있음을 가리킨다(Dewey, 2007: 94).

■ **대비**: 대비라는 것은 성인 생활의 책임과 특권에 대한 준비를 말한다. 아동은 아직 본격적 의미에서 사회 구성원이 아니며, 성인 후보생으로서 자기의 차례를 기다리는 단계에 있다. 이런 생각을 조금만 뒤로 연장하면 어른의 삶도 그 자체의 의미를 가지는 것이 아니라 '저 세상'을 위한 준비로서 대기 상태에 있다는 말이 된다. 이렇게 볼 때, 이런 생각은 성장을 소극적으로, 또는 '결핍'의 측면에서 파악하는 것과 동일하다. 교육은 당연히 현재의 가능성을 점차적으로 실현하도록 해주어야 한다. 따라서 개인에게 나중의 문제를 해결하는 데 보다 적합한 사람이 되도록 해야 한다. 성장은 예기치 않던 순간에 갑자기 완성되어 버리는 것이 아니라 끊임없이 미래로 이끌어가는 일이다. 학교 안이건 밖이건, 현재 미성숙한 인간의 역량을 적절하게 활용할 수 있는 환경 조건을 제공한다면, 현재의 연장인 미래는 저절로 해결된다. 잘못은 미래에 필요한 것을 위한 대비를 중요시하는데 있는 것이 아니라, 그것을 현재 노력의 주요 원천으로 삼는 데 있다(Dewey, 2007: 111~113).

■ **예측**: 어떤 상황에서건 배운 지식이나 기술은 다음에 오는 상황을 이해하고 효과적으로 다루는 데 중요한 수단이 된다. 삶과 배움이 계속되는

한, 이 과정은 지속된다. 교육은 현재 있는 상태에서 보다 바람직한 상태를 향해 나아가는 작업이다. 그러므로 경험이 교육에서 제대로 활용되려면, 또 하나의 경험 조건, 즉 교육 내용을 확대하고 조직화할 수 있도록 경험을 성장시켜 나가야 한다는 조건, 한마디로 말하면, '경험의 계속성 원리'를 고려해야 한다(Dewey, 2008b: 140~190). 이런 점에서 교육은 인생의 직접 경험과의 싸움을 준비하기 위한 일과 상통한다. 당면한 문제에 부딪혔을 때 필요한 사려와 적절한 행동으로 대처하는 준비이다. 자발성을 환기시키는 것에서 시작하고 자발성을 고무하는 교육이 아니라면, 그것은 실패작임이 틀림없다. 왜냐하면, 교육 전체의 목적은 '활동적 지혜'를 육성하는 것이기 때문이다(Whitehead, 2004: 106).

■ **능력과 취향의 훈련:** 우리의 시야를 아동들의 현재 표출 행위에만 고정하고, 현재를 완성된 상태로 고정하여 그릇되게 인식하면, 아동을 현재 상태에 고착화 시키게 된다. 아동의 경험은 완성된 것이 아니라 앞으로 성장하고 발달해 나갈 경향성을 보여주는 징후이다. 겉으로 보기에는 동일한 행동이라 할지라도 구체적 삶의 상황에 따라 파악되어야 한다. 개인의 가치관에 따라 서로 다른 의미와 가치를 갖는다.

'전통적 교육'에서 아동은 미성숙한 존재이기에 그것에서 가능한 빨리 벗어나야 하는 존재로 생각되었다. 그러나 '새 교육'에서 아동은 그의 현재 능력과 관심이 최종적인 것이며 그 자체가 가치 있는 것이다. 이 둘은 모두 실제 아동의 삶의 모습을 파악하지 못한다는 문제가 있다. 실제 아동의 지식이나 성취는 고정된 것이 아니라 나날이 시시각각으로 변화하고 발전해 나간다. 아동의 관심[흥미]은 성취물이 아닌 앞으로의 행동 경향을 시사한다. 어느 시점에서 한 개인이 갖고 있는 관심은 보다 높은 수준으로 나아가는 추진력이 된다는 점에서 가치가 있다.

이런 점에서 교사는 아동의 계속적 성장을 위해 아동의 마음에 어떠한 일이 일어나고 있는가를 아동 개인의 입장에서 이해할 수 있어야 한다. 교과에서 심리적 차원을 고려한다면, 아동[학생]은 학습 동기와 분명한 목적 의식을 가지며, 목적을 달성하기 위한 수단을 강구하기 위해 능동적이며 자율적으로 노력하게 될 것이다. 경험은 외적이고 객관적인 요소와 내적이고 주관적인 요소가 함께 상호작용하는 상황이다. 하지만 전통적 교육은 외적 조건을 강조하며 상호작용의 원리를 상대적으로 무시하는 교육이었다(Dewey, 2008b).

듀이는 '교육적 인간학'이나 '인간학적 교육학' 특별하게 언급하지는 않았다. 그러나 '생활 중심'을 강조하는 그의 교육은 너무도 인간적 가치 실현에 절실하게 접근해 있다. 듀이는 1921년 중국의 베이징대학(北京大學)에서 교육학 강연을 했다. 거기에서 그는 교육의 삼방면(三方面)을 제시했는데, 그것은 '아동-사회-학교[학과]'로 이어지는 세 방면이었다. 학습의 주체로서 아동은 성장을 지향하며, '성장' 이외에 다른 목적이 없다. 개인인 아동이 의지하는 마당이자 생활 터전으로서 사회는 생활에 가치를 부여하는 풍부한 자원의 보고이다. 사회의 목적과 이상을 이해하고 이에 참여하고 적응하여 다시 새롭게 사회를 형성함으로써 사회 개혁을 수행하는 것은 교육의 정당한 과정이다. 이 과정에서 학교는 사회의 축소이며, 학과는 생활의 내용이다. 그러기에 교육은 전인적이고 통일적이며 탐구적이다. 나아가 '가치적 생활인'을 목표로 한다(김재만, 1981: 70).

듀이에게 아동 '중심' 교육은 인생과 경험과 학습의 주체인 학습자를 위해 모든 교육적 장치를 재구성하는 것을 의미한다. 그만큼 교사의 사려 깊은 지도가 요청된다. 교육 목적은 아동 자신의 성장을 위해 '내발적(內發的) 과정'에서 도출되어야 하며, 아동의 관심[흥미]을 중시하는 교육 방법론을 고찰하였다(송도선, 2005a: 147).

인간의 교육적 성장은 사회적 상호작용을 통해 '어른다움에로 자라나가기'와 '아동다움에로 낮아지기'를 동반하는 쌍방향적 과정이다. 아동에게 풍부한 의뢰심, 유연성, 놀이성향, 호기심 등은 교육적으로 중요한 '아동다움'의 가치 특성이다. 의뢰심은 사회·도덕적 관계 능력이고, 유연성은 신체·활동적 조절력이며, 놀이성향은 창조·예술적 상상력이고, 호기심은 탐구·과학적 사고력으로 성장할 동력이다. 이는 평생에 걸쳐 아동들과의 교감을 통해 갱신해가야 할 '인간다움'의 근원적 샘에 해당한다. 때문에 교사는 진정으로 아동을 중심에 두고 아동다움을 일깨우는 교육을 실천해야 한다(이태영, 양은주, 2015: 107).

1-7

7

요약하면, 나는 교육에서 개인은 사회적 개인이며 사회는 개인의 유기체적 연합이라고 믿는다. 아동으로부터 사회적 요소를 제거하면 그저 하나의 추상만이 남는다. 사회로부터 개인적 요소를 제거하면 그저 무기력하고 생기 없는 덩어리만 남는다. 그러므로 교육은 아동의 능력, 관심사, 그리고 습관에 대한 심리학적 통찰로 시작해야만 한다. 교육은 매 순간 이와 똑같은 고려 사항들을 염두에 두고 통제되어야 한다. 이 능력, 관심사, 그리고 습관은 계속 해석되어야 한다. 우리는 그것들이 무엇을 의미하는

지 알아야 한다. 아동의 능력, 관심사, 습관은 사회적 대응[효용]으로 해석되어야만 한다. 그것들이 무엇을 할 수 있는지, 사회적 기여[봉사]의 차원에서 해석되어야만 한다.

■ **사회는 개인의 유기체적 연합**: '사회는 개인의 유기체적 연합'은 듀이 저작 전체에 걸쳐 등장하는 매우 중요한 개념이다. 그의 주저인『민주주의와 교육』(제2장)「사회적 기능으로서의 교육」에서 듀이는 학교라는 특별한 환경에 대해 설명하는 가운데, 학교를 '사회적 기관(social organ)'이라 기술한다. 기관은 생물학 용어로, 소화기관, 순환기관 등 신체의 기관을 나타낸다. 학교를 '사회적 기관'이라고 한 것은, 사회를 하나의 유기체로 본다는 뜻을 은연중에 풍기는 말이다(Dewey, 2007: 63).

1894년 듀이가 시카고 대학에 재직하는 동안, 철학과 교육 분야에서 그의 사유의 핵심을 형성하는 연구를 진행했다. 듀이가 '유기체적 통합'을 강조하게 된 시기도 이때였다. 그는 '사실/가치', '마음/몸', '개인/사회'라는 이원론을 부정하고 사회를 유기체적 전체로 파악했다. 사회적 유기체에 대한 강조는 1888년에 쓴『민주주의의 윤리』에서도 드러난다. 여기에서 듀이는 개인 상호간의 관계뿐 아니라 지식과 앎, 존재와 생성과 같은 상응하는 개념의 관계도 강조했다(Dewey, 2011a).

사회와 개인은 서로에 대해 진정으로 유기체적 관계를 맺고 있으며, 개인은 응집된 사회이다. 개인은 단순히 사회의 이미지나 거울이 아니다. 개인은 사회적 삶의 '지역화' 된 표현이다. 실제로 그런 일이 일어나듯이, 사회가 아직 전체적으로 통일된 하나의 의지를 갖추지 못하고 또 부분적으로 수많은 단편적이고 대립적인 의지를 지니고 있다 하더라도 사회가 공통의 목적과 정신을 가지는 한, 각 개인은 의지의 총합을 비례적으로 나누어 가지고 있는 대표가 아니라, 사회적 의지의 생생한 구현체이다. 이것이 바로 가끔 거칠게 표현되기는 하지만, 그럼에도 불구하고 본질적으로 올바른, '모든 시민이 주권자'라고 하는 미국의 이론이다(Menand, 2001: 277).

「폴 허스트의 '사회적 실제'와 존 듀이의 '기본적 삶의 활동'개념 비교」라는 논문에 의하면, 허스트와 듀이는 모두 개인을 사회적 존재로 인식한다. 그러나 허스트는 구체적이고 실제적 개인을 교육의 대상으로 상정하는데 비해, 듀이는 일반적이고 추상적 의미의 아동을 교육의 대상으로 생각한다. 허스트에게 개인은 실제적 개인이므로 이상적 교육은 개인마다 잘사는 삶을 추구하는 일이며, 이런 교육을 통해 형성되는 인간은 개성 있는 인간이다. 이에 비해 듀이는 일반적 의미의 아동을 대상으로 하고, 개인과 사회의 조화로운 삶을 지향하므로 개인 간의 공통성, 사회적 유대, 공감대의 형성을 강조한다. 허스트는 인간은 사회적으로 구성되고, 각 개인에 대해 잘사는 삶은 사회에서 가능한 합리적 실제에 의존적이라고 본다. 그리하여 합리적인 사회적 실제는 개인들이 잘사는 삶을 구성하기 위해 비판적 성찰을 통해 기존의 실제를 발전시키고 새롭고 대안적 실제를 모색한 결과로 이루어진다. 합리적 사회는 교육을 통해 직접적으로 접근되는 것이 아니라 개인들이 자신의 잘사는 삶을 추구하는 과정에서 간접적으로 구축된다. 듀이의 경우, 사회는 개인들의 유기적 통합체라고 보고 교육을 통해 개인과 사회의 통합을 모색한다. 개인이 자유롭게 경험을 주고받으며 다른 사람과 긴밀한 관계를 맺으면서 살지 않는 한, 그리고 다른 사람과 경험을 공유하는 과정에서 행복과 성장을 발견하지 않는 한, 개인과 사회의 통합은 불가능하다(최원형, 2008: 112~116).

■ **관심사:** 관심사는 듀이 교육철학의 핵심 용어이자 개념 가운데 하나이다. 듀이는 관심사를 심리적 측면에서 세 가지로 구분하여 설명하였다.

첫째, 관심사는 능동적이고 역동적이다. 어떤 대상에 관심을 가진다는 것은 그 대상에 적극적으로 마음이 간다는 뜻이다. 한 대상에 대한 단순한 느낌은 정적이고 무기력하지만 관심은 역동적이다. 이러한 측면은 충동적이거나 행동의 자발적 경향성과 유사하다. 따라서 관심이 행동으로 나타날 때는 자발적 경향성이나 방향성을 가지게 된다.

둘째, 관심사에는 대상이 있다. 어떤 대상에 주의를 기울이고 몰두하는 사람에 대해, 그 사람은 '무엇 무엇에 관심을 가지고 있다'라고 한다. 예컨대 화가는 캔버스나 붓, 물감에 관심이 있을 것이고, 사업가는 경기 변동과 상품의 수요 공급, 시장의 변동 등에 관심을 가질 것이다. 화가나 캔버스나 붓, 물감에 관심을 갖는 이유는 그 도구들이 화가의 예술적 잠재력을 발견하고 발전시키는데 도움이 되기 때문이다.

셋째, 관심사는 주관적이다. 관심은 직접적 관심사를 의미하며, 당면한 일을 인식하는 것이다. 따라서 그 일의 결과는 개인에게 중요한 의미를 지닌다. 관심이 주관적이라는 것은 개인에 따라 느끼는 가치, 정서가 다르다는 말이다. 이러한 차원에서 이해하면, 관심은 자기표현 활동이다. 아울러 객관 대상이 가지고 있는 개인의 정서적 표현이다. 심리적 측면에서 관심의 근본적 의미는, 개인이 어떤 활동이 가치 있다고 생각하여 완전히 몰두한 상태이다(신창호, 2016: 130~131).

■ **습관:** 습관은 스스로 타고난 힘들의 조직과 경향성이다. 그런데 이 타고난 힘은 불완전하다. 왜냐하면 습관의 선천적 요소는 어떤 본능 또는 충

동이기 때문이다. 따라서 내적 충동과 경향성들을 적절하게 조직하고 형성하는 작업이 필요하다. 성장하기 위해 후천적 습관 형성이 요청되는 것이다. 이런 맥락에서 습관은 성장의 표현이다. 성장은 계속적 성장을 목적으로 하고, 습관은 새로운 상황에 대응하여 활동을 재조정하는 능동적 형태를 취한다. 이것이 성장 과정을 촉진시키는 역할을 한다는 의미이다. 요컨대 습관은 우리의 불완전한 내적 힘을 성장시키는 과정이자 결과이다 (정지은·강기수, 2016: 214).

습관은 일정한 기술, 즉 어떤 목적을 달성시키는 수단으로서 자연적 조건을 사용하는 능력이다. 그것은 행동 기관의 통제를 통한 환경의 능동적 제어를 포함한다. 이는 단순히 신체를 통제하는 것 이상을 의미한다. 따라서 신체를 둘러싼 환경의 변화를 가져오는 능력을 포함한다. 예를 들어, 인간이 걸을 때, 우리는 근육과 신체를 어떤 특정한 모양으로 움직일 뿐만 아니라 한 장소에서 다른 장소로 이동하며, 우리의 환경을 바꾼다. 이리하여 습관의 발달은 개인과 환경의 적응을 조장한다. 이는 이른 바 '일치시킴'이나 '길들임'과 같은 피동적 종류의 '적응'이 아니라, 우리의 행동을 환경에 적응시키는 작업 못지않게 우리의 행동에 환경을 적응시키는 부류의 적응이다. 습관은 행동을 보다 용이하게 만들고 그 능률을 증진시킬 뿐만 아니라 정서적이며 지적인 성향을 형성한다. 습관은 일종의 경향성으로, 습관을 실천하는데 부여된 조건들 가운데 어느 것을 우선적으로 좋아하고 선택하는 경향이다. 습관에 대해 갖게 되는 일반적 위험은 경향성이나 지성과 유리된 기계적 행동 방식으로서만 습관을 생각하는 것이다. 상습적인 습관, 즉 우리의 소유가 아니라 우리를 소유하는 습관은, 가소성(可塑性)을 파괴한다. 학교가 외적 습관과 운동 기술을 발전시키기 위해 기계적이고 상습적인 행동과 숙련에 의존할 때, 참된 성장의 기회는 파괴되고 만다(김성수, 1898: 128~129).

■ **사회적 대응과 사회적 기여**: 듀이가 생각하는 교육의 사회적 대응은 교육이 개인을 사회 통제에 적응시키는 일이 아니다. 개인의 자연적 힘을 사회의 규칙에 종속시키는 일을 담당해야 한다는 의미가 아니라는 말이다. 그것은 소극적 억제에 의해서가 아니라 사회적으로 의미 있는 일에 개인의 타고난 능력을 적극적으로 활용하는 데서 얻어진다. 이러한 교육의 사회적 대응은 두 가지의 구체적 목적으로 다음과 같이 표현된다.

첫째, 교육의 사회적 대응은 산업적 능력의 중요성을 강조하여 생활의 경제적 문제를 해결하는 능력이자 유용한 방식으로 경제적 자원을 관리하는 능력을 의미한다. 그러나 이 목적은 현존하는 경제적 상황과 표준을 궁극적인 것으로 받아들여서는 안 된다. 현 사회의 산업 구조는 모든 면에서 불평등을 나타내고 있으므로 진보적 교육은 불공평한 특권이나 불공평한 손해를 영속시키지 않고, 그것을 바로잡는 일에 참여해야 한다.

둘째, 교육의 사회적 대응은 공민(公民)의 효율성 또는 시민으로서의 자질이라는 요소를 포함한다. 그것은 사람과 물건의 가치를 현명하게 판단하는 능력과 법률을 만들고 준수하는 데 결정적 역할을 하는 능력 등을 의미한다.

궁극적으로 사회적 대응은 경험을 주고받는 일에 참여하는 능력 이외의 아무 것도 아니다. 사회적 대응은 자신의 경험을 다른 사람에게 가치 있는 것으로 만드는 모든 것, 그리고 다른 사람의 가치 있는 경험에 보다 풍부하게 참여할 수 있도록 하는 모든 것을 가리킨다. 예술 작품을 제작하고 감상하는 능력, 오락을 즐기는 능력, 여가를 의미 있게 활용하는 능력 등은 공민으로서 시민적 자질에 중요한 요소가 된다. 그러므로 가장 넓은 의미에서 사회적 대응은 경험을 나누어 가질 수 있도록 사람들의 '마음'을 적극적으로 '사회화'하는 일이다. 그리고 사람들에게 다른 사람들의 이익과 관심을 둔감하게 만드는 사회 계층의 장벽을 허물어뜨리는 일이다. 왜냐하면 사회적 대응을 보장하는 가장 중요한 요소는 지적 공감과 선의이기 때문이다. 공감이란 인간이 공통으로 가지고 있는 것에 대한 세련된 상상력과 인간을 서로 불필요하게 갈라놓는 모든 것에 대한 항거를 의미한다. 다른 이의 이익에 선의를 갖는다는 말은 다른 사람들에게 스스로 찾고 스스로 이익 되는 일을 선택하게 만드는 것을 의미한다. 이처럼 사회적 효율성을 교육의 목적으로 삼는 듀이는 교육의 본령을 공동의 활동에 자유롭게 또 충만하게 참여하는 능력을 연마하는 작업으로 본다.

■ **사회와 개인의 관계성:** 사회와 개인은 어떤 대립적 속성이 아닌 양립 가능한 유기체적 구조에서 이해할 수 있다. 유기체라는 단어가 암시하듯이, 사회와 개인 사이에는 선후(先後), 또는 경중(輕重)이 있을 수 없다. 그러나 한편으로 보면, '사회적 개인', '사회는 개인의 유기체적 연합', '사회적 맥락', '사회적 기여' 라는 개념들이 섞인 구절 속에서 개인보다는 사회가 조금은 앞서고 중요한 자리를 차지한다고 생각할 수도 있다. 듀이의 본심이 어디에 있건, 그는 사회와 개인 사이에 '교육'을 상정하여 둘 사이의 유기체적 관계를 정립하려고 한다. 즉 교육을 통해 개인은 사회적 개인으로, 사회는 개인들의 유기체적 연합으로 거듭난다는 것이다.

이러한 듀이의 관점은 '결정론'과 '자유의지'의 양립가능성을 주장했던 아우구스티누스, 칸트 등과 같은 학자들의 전통적 철학과 매우 닮아 있다(문성학, 1995: 379). 예컨대 기독교 신학에서 하나님은 전지(全知)하며 지선(至善)한 존재이다. 인간은 하나님의 형상(Imago Dei)을 닮은 자유의지를 지닌 선한 존재로 창조되었다. 그러나 인간은 그 자유의지의 오용으로 말미암아 타락하였고, 심판 받을 존재로 전락하였다. 여기서 하나님과 인간 사이에 딜레마가 존재하게 된다. 왜냐하면 전지의 측면에서 볼 때, 하나님은 죄를 범한 인간 가운데 누가 구원 받을 자인지 혹은 유기(遺棄)될 자인지 미리 알 수 있다. 여기에 인간의 자유의지가 개입할 개연성은 없어진다. 구원 받을 자를 미리 정하였든[예정(豫定)], 미리 알고 정하였든[예지예정(豫知豫定)] 간에 그것은 신의 의지일 뿐, 인간의 의지와는 무관하기 때문이다. 또한 지선의 측면에서 볼 때 하나님에 의해 창조된 인간이 하나님의 속성을 일부분 공유하였기에 선한 피조물로 창조되었다면, 같은 의미로 죄의 기원은 결국 하나님 자신이 되어버리며, 그것은 하나님의 잘못이지 인간의 자유의지 때문이 아닌 것이 된다. 자유의지 또한 하나님이 인간에게 준 것이기 때문이다. 따라서 하나님의 전지함과 지선함을 인정하게 되면 인간의 자유의지를 포기해야만 하고, 인간의 자유의지를 인정하게 되면 신의 전지와 지선함을 포기해야만 한다(Berkhof, 2005: 340~351). 이 심각한 딜레마로부터 탈출하기 위해 아우구스티누스는 결정론과 자유의지론이 양립 가능함을 주장하였다.

아우구스티누스는 예지의 측면에서 고민한다. 인간이 어떤 일을 할 것인지 알고 있는 하나님이 예지가 인간에게 저항할 수 없는 어떤 힘의 강제를 받고 있는 듯이 생각하지는 않는다. 또한 자유의지에서 인간 본성이 타락하였을 때, 그 자유의지가 노예의지가 되어 죄에 대해 종노릇을 할 뿐이라고 하였다. 뿐만 아니라, 은혜의 도움을 받을 때는 선을 선택하며 은혜가 없을 때는 악을 선택하는 이성과 의지의 한 기능이라고 하였다(Calvin, 2003: 317~322). 인간의 자유의지가 노예의지로 전락하였을지라도 여전히 하나님의 은혜를 통해 자유의지가 이루어진다는 것이다. 달리 말하면, 심리적으로 인간은 여전히 자유로우나, 형이상학적으로 언표한다면 인간은 그 자신이 의식하지 못하는 힘의 강제 하에 놓여 있다(문성학, 1995: 382).

이러한 논점을 고려하면, 아동이 교육을 통해 사회에 봉사해야 한다는 사회적 요인은 필연적이고 결정론적이며 강제적 의미를 가지게 된다. 이는 형이상학적 관점이다. 반면, 아동의 능력이라는 개인적 요인은 자유의지를 지닌 자유성을 의미하며 이는 심리적 관점이다. 물론, 아동이 스스로 '사회에 어떤 봉사를 해야만 한다.'라는 저항할 수 없는 어떤 힘의 강박과 강제 속에 있는 것은 아니다. 심리적으로 아동은 여전히 자유롭다. 듀이의 교육은 바로 이 지점에서부터 시작된다. 그러나 형이상학적 관점에서 본다면 아동은 자신이 의식하지 못하는 힘에 강제당하고 있다.

이 둘의 관계에 대해서는 다음과 같이 설명할 수 있다. 아동에게 타고난 힘[능력]이 존재한다. 이 힘은 성장하는 씨앗과 같아 씨앗이 자랄 수 있는 환경이 갖추어지면, 아동은 각자 지닌 성향을 점차적으로 발현할 수 있다(신창호, 2016: 58). 즉 아동은 본성적으로 능력을 발휘할 힘을 가졌지만, 그 자신이 의식하든 의식하지 못하든 간에 사회로부터 교육을 통해 사회에 봉사할 수 있는 인간으로 성장하도록 필연적으로 요구받고 있다. 듀이는 이것을 위해 무엇보다 교육을 중요하게 여겼다. 어쩌면 아동에게 본성적으로 주어진 힘이라는 자유와 사회에 봉사하는 자가 되어야만 한다는 필연이 양립할 수 없는 것이라 할지라도, 그것은 교육을 통해 극복될 수 있다. 마치 아우구스티누스가 '은혜'를 통해 양자를 극복하려던 것과 마찬가지로 말이다.

듀이가 자신의 교육철학을 전개하기 전, 전통적 철학 문제인 결정론과 자유의지론의 양립 가능을 의식하였는지는 알 수 없다. 또한 기독교 교부의 인간관과 과학적이고 생물학적인 인간관이 동일한 인식을 공유하고 있다고도 볼 수 없다. 그러나 세계를 이분법적으로 나누지 않고, 현실 속에서 삶에 대해 씨름하고 고민하는 가운데, 한편에서는 은혜를 통해, 다른 한편에서는 교육을 통해, 타율적인 방식이 아닌 자율적 인간이 되려고 했던 노력은 동일한 가치를 공유한다.

제2장 학교란 무엇인가

학교는 교육의 핵심 마당(field: 場)이다. 그러나 학교의 양식이나 의미, 개념은 시대와 상황에 따라 다른 양상으로 드러난다. 듀이는 학교의 개념을 시기에 따라 다른 의미를 부여하여 인식하였다. 전기의 저술에서는 학교를 공동체적 삶의 터전이자 '사회 개혁의 토대'로 설명하였고, 중기 저술에서는 학교를 '사회적 센터'로 규정하였으며, 후기 저술에서는 학교를 '협동적 공동체'로 진술하였다. 전기와 중기 저술에서 주장한 학교의 개념, 즉 '사회 개혁의 토대'와 '사회적 센터'는 러시아를 방문하기 이전에 이루어진 듀이의 초기 학교론을 형성한 개념들이고, 후기 저술에서 주장한 학교의 개념인 '협동적 공동체'는 러시아를 방문하고 난 이후, 후기에 형성한 개념이다(최현주, 2018: 36~49).

초기에 듀이가 고려한 학교는 원래 '사회적 기관'이면서 '공동체적 삶의 형태'이다. 학교는 아동에게 실제적이고 절대적으로 필요한 삶을 보여줄 수 있는 사회적 기관이므로 그러한 실제적 삶을 지원해 줄 수 있는 공동체의 형태가 되어야 한다. 때문에 학교는 아동의 삶을 중심에 두고 그들의 삶을 성장시킴으로써 궁극적으로 사회적 삶을 잘 살아가도록 도와줄 수 있는 최적의 교육적 지원을 하는 곳이어야 한다. 이는 학교가 공동체적 형태일 때 가능하다. 이러한 의미에서 공동체적 삶의 형태인 학교는 교육의 근본적 원칙이고, 교육의 실패는 이런 원칙을 간과하는 데서 비롯된다.

듀이는 중기의 저작에서 기존의 학교가 아동의 삶과 단절되어 있음을 강하게 비판한다. 학교의 고립은 아동이 사회적 삶을 살아가는 데 적절한 도움을 줄 수 없다. 이는 '교육적 낭비'이다. 아동의 삶에 도움을 줄 수 없는 학교! 그 교육적 낭비를 막기 위해, 학교는 사회적 상황과 상호 연계 되는 관계에서 교육이 이루어지도록 해야 한다. 듀이는 아동의 삶을 위해 학교와 사회가 서로 연계됨으로써 아동의 삶이 전체적으로 완성되어야 한다는 사실을 중요하게 보았다. 특히, 산업혁명으로 인한 사회적 상황이 급변하고 있음을 듀이는 직시하면서 이러한 변화가 필연적으로 삶의 변화를 가져오기 때문에 이에 적응하기 위해 학교가 변해야 한다고 보았다. 듀이가 주장한 '사회적 센터'로서 학교는 단지 아동이 수업을 받기 위한 공간이 아니다. 사회 구성원들의 여가를 누릴 수 있는 삶의 장소로 제공되어야 하고, 개인들의 직접 접촉을 통해 개인이 소유한 지성을 공유할 수 있는 공유의 마당이 되어야 한다. 또한 아동들이 변화하는 사회와 변화하는 직업에 잘 적응할 수 있도록 돕기 위한 지속적이고 특성이 있는 교육을 시행하는 곳이어야 한다. 그 궁극에는 사회를 평등하고 민주적으로 개혁하는 능동적 수단으로서 기능해야 한다.

후기 저작에서 마지막으로 정의한 듀이의 이상적 학교는 잘 완비된 가정과 같은 공간을 의미한다. 학교에서 이루어지는 교육은 교사에 의해서가 아니라 연장자와 아동의 연합에 의해 일어난다. 어떤 경험을 가지고 있는 연장자가 교사가 되어 그들이 각자 선택한 방법에 따라 경험이 없는 학습자인 아동을 이끌어 자연스러운 접촉의 기회를 만든다. 그 가운데 연장자의 경험을 아동이 관찰하고 참여할 수 있는 기회를 주며 협동과 책임감을 받아들일 수 있도록 하여 아동의 능력과 태도를 발달시킨다. 듀이는 '학교(school)' 대신 '교육 센터(education center)'라는 용어를 사용했다. 그리하여 교육 센터의 목표가 무엇보다도 아동에게 그들 자신의 삶에 참여함으로써 자신의 삶이 가치 있도록 하는 일이었다. 교육 센터를 통해 그들이 원래 지니고 있던 힘을 발견하고 이끌어내어 실제 성장하고 발달하도록 돕는 데 있었다.

전기나 중기의 저작과 다르게, 이 시기에 듀이는 사회 제도적 문제, 특히 자본주의의 폐해를 심각하게 고민했다. 왜냐하면 자본주의의 가치가 자유와 사적 이익에 있다는 측면이 학교가 추구하려는 교육의 본질적 목적을 달성하는 데 심각한 장애가 될 수 있음을 인지했기 때문이다. 학교의 역할과 기능, 개념과 의미를 고려하면서, 듀이가 자본주의의 문제를 심각하게 고려한 이유는 당시 경제 대공황을 비롯한 여러 사회 경제적 문제를 통해 자본주의에 대해 다시 생각할 기회가 있었기 때문이다. 특히, 러시아를 방문하며 느낀 사회 제도나 체제가 보다 직접적 관련이 있는 것으로 보인다. 당시 사회주의 체제였던 러시아를 방문한 이후, 듀이는 자본주의 체제였던 미국의 학교가 협소한 개인주의적 측면으로 학생들에게 경쟁적 방법을 사용하도록 자극하고, 그 결과가 무의식적으로 작용하여 사회 체제를 파괴하는 결과를 낳을까 심각하게 염려했다. 뿐만 아니라 자본주의 사회의 개인주의적 습관과 사적 소유의 이상이 전체적인 교육 시스템에 영향을 미치기 때문에 모든 학교의 학습을 어떤 습득의 결과로 여길 뿐, 창조적 태도를 만들어 내지는 못한다고 보았다.

다시 정돈하면, 듀이는 학교를 다음과 같이 인식한다. 첫째, 학교는 가정 (home)에서 받은 도덕적 훈련을 통해 아동이 습득한 가치들을 심화하고, 가정에서의 활동과 유사한 활동을 계속하여, 점차적으로 활동을 달리 해 나가는 공간이다. 둘째, 학교는 단순한 양식의 '공동체적 삶의 형식(a form of community life)' 또는 '사회적 삶의 형식(a form of social life)'이다.

서구에서 18세기 시민 사회의 등장 이후, '사회'와 '공동체' 개념이 구별되어 쓰이다가 1887년 무렵인 19세기 말에 이르러, 이 두 용어가 대립되는 개념으로 쓰였다는 점을 고려할 때(Ingold, 1998/2011: 138~139), 사회와 공동체를 동의어로 이해한 듀이의 관점은 다소 낭만적이다. 이는 듀이가 유년기를 보낸 미국 뉴잉글랜드 지역의 특성에 기인하는 듯하다. 17세기 영국에서 건너온 이민자들은 배를 타고 이동할 수 있는 하천조차 없던 곳에서 종교적 결속력을 바탕으로 한 공동체를 이루며 살았다. 이 공동체에서의 삶은 정치적·경제적 삶과 매우 밀접하게 연결되어 있었다. 이러한 삶의 경험은 듀이의 교육사상에도 영향을 끼쳤음에 분명하다. 특히, 그 공동체에서 경험한 삶은 듀이가 말하는 '학습상황(learning situations)'의 진원지 역할을 한다. 일상적으로 사람 사이에 접촉이 이루어질 때 적절한 아이디어를 드러내는데, 이는 듀이가 겪은 유년기의 경험이 부분적으로나마 역할을 한 것으로 보인다. 듀이에게 문제 상황은 인간이 어떤 식으로든 해결책을 강구해야만 하는 상황이다(Curtis & Boultwood, 1975). 이때 문제를 해결하기 위한 대책을 강구하는 '탐구 과정'이 다름 아닌 '반성적 사고'이다(김무길, 2015: 139). 흥미롭게도 듀이는 「절대주의에서 실험주의」

(1930)라는 글에서 자신은 저술이 아니라 다른 사람들과 마주치는 상황들에서 영향을 받았다고 말한 바 있다(Dalton, 2002: 1).

이처럼 듀이가 말하는 공동체[사회]가 아이를 인류로부터 물려받은 자원을 공유하게끔 하는 데 가장 효과적인 모든 에이전시(agencies)들이 집중된 곳임을 고려할 때, 결국 학교는 가정으로부터 아이를 인류의 유산을 습득하게 해주려는 활동을 이어받는 곳이라고 할 수 있다.

팔라스(Fallace, 2017: 475)는 1916년 이전까지 듀이는 인류의 사회학적 발달 단계인 '원시인→미개인→문명인'의 과정을 개인의 심리학적 발달 단계와 어느 정도 상응한다고 지적한 바 있다. 듀이가 공유한 이런 생각은 19세기 후반에 유행하던 것으로, 스펜서(Spencer)가 주장한 반복설(recapitulation)의 특수한 형태이다(Egan, 1998: 56). 문제는 '무엇을 반복하는가?'이다. 스펜서의 반복설에서 반복하는 것은 지식의 내용이다. 이건(Egan)은 '아동이 이전에 경험했던 내용에 기초한 학습'을 강조하는 듀이의 교육적 신념과 관련하여, 듀이가 스펜서를 '반복'한다고 이해한다. 즉 듀이의 교육 사조를 스펜서의 철학에 기초한 진보주의로 규정한다. 물론 듀이가『민주주의와 교육』에서 스펜서식의 반복설에 대해 비판적 견해를 드러내지만, 이는 스펜서가 국가의 개입을 통한 보편적 교육을 경멸하는 사안을 비롯하여 여러 가지 정치적 견해가 맞지 않아서 그런 것일 뿐이다(Egan, 1998/2002). 그러면서 스펜서 철학의 근간이 잘못되었으므로-예를 들면 열역학 제2법칙은 스펜서 철학의 근간인 '모든 것은 동질적인 것에서 이질적인 것으로 나아간다'는 원리를 부정한다(Egan, 2002: 26)-듀이의 교육적 신념도 문제가 있다고 본다. 즉, 학교를 이해할 때, '가정으로부터 지속적으로 하던 활동을 반복한다.' 의미 부여가 틀렸다는 주장이다.

8

나는 학교가 일차적으로 하나의 사회적 제도라고 믿는다. 교육이 하나의 사회적 과정이라는 점에서, 학교는 간단히 말해, 아동이 인류의 축적된 자산을 공유하고, 자신의 능력을 사회적 목적에 쓰도록 만드는데, 가장 효과적인 주체들 모두가 집중되어 있는 공동체 삶의 형식이다.

9

그러므로 나는 교육이 살아가는 과정이지, 미래의 삶에 대비하는 과정이 아니라고 믿는다.

■ **사회적 제도**: 듀이는 『교육의 도덕적 원리』에서 사회적 제도로서의 학교를 다음과 같이 설명하였다. "학교 안의 삶을 위한 윤리적 원리와 학교 밖의 삶을 위한 윤리적 원리가 서로 다를 수 없다. 행위가 하나이기에 행위의 원리도 하나이다. 그런데도 학교가 하나의 독립된 기관인 것처럼 그 성격과 도덕을 논의하는 경향은 매우 불행한 일이다. 학교를 경영하는 도덕적 책임은 사회에 있다. 학교는 기본적으로 사회생활의 유지와 그 복리 증진이라는 특수 과업을 수행할 목적으로 사회가 만들어낸 제도이다. 현재의 상황과는 다르게 앞으로 학교는 그 자체가 하나의 활발한 사회 기관이 되지 않으면 안 된다. 학교 내에서 바깥 사회에서 이루어지는 삶의 전형적 조건을 재현하지 못한다면 학교는 바깥 사회의 삶에 대한 준비가 될 수 없다. 이런 점에서 아동을 비롯한 학습자에게 필요한 것은 사회적

지성, 사회적 실천력, 그리고 사회적 관심이다. 이를 위해 우리가 활용할 수 있는 자원은 그 자체가 하나의 사회 기관인 학교의 삶, 학습과 일하는 방법이 통일되는 학교의 교육과정이다"(Dewey, 2001b: 23~60).

듀이는 교육을 통해 좋은 사회를 추구한다. 좋은 사회란 민주 사회를 가리킨다. 민주 사회는 그 사회의 구성원들이 민주주의라는 삶의 양식과 방법을 공유하는 상태를 뜻한다. 듀이는 민주주의를 구현하기 위해, 공동체 생활을 위한 양식의 터득 과정에서 인간이 지적 능력을 사용하고, 학교에서 이 방법을 아동들에게 전달할 수 있다고 인식한다. 때문에 학교는 사회의 민주적 재건을 주도하는 기관이며, 사회의 공동 이익을 위해 자본주의의 무제한적 욕망을 다스리는 데 기여하는 제도이다.

사회 변화를 설명할 때, 듀이는 물질적 조건이나 제도보다 인간의 태도, 신념, 가치, 의식 등을 포함하는 정신적 습관(mental habit)을 중시한다. 이런 점을 고려하면, 학교는 사회발전의 중요한 촉진자이다. 그러나 듀이가 스스로 인정했듯이 현대 사회의 복잡한 이해관계에서 학교가 사회 개혁의 주도적 역할을 한다는 생각은 그다지 현실적이지 못하다. 그럼에도 불구하고 학교는 여전히 사회의 가치와 목적을 전파하는 정교한 기관임에 틀림없다. 듀이의 견해는 현실을 낭만적으로 보았다는 비판을 받을 수도 있지만, 민주주의라는 성취하기 어려운 목표를 택했기 때문에 혁명적 사회철학에 비해 나약해 보인다(이성호, 2003).

1928년 듀이가 러시아를 방문하기 이전에 주장했던 초기의 학교와 러시아 방문 이후에 주장했던 학교를 이해하는 방식 사이에 관점과 사고의 전환이 일어났다(최현주·이병승, 2017).

첫째, 학교와 사회 개혁에 관한 사고의 전환이다. 러시아 방문 이후, 듀이는 학교를 사회개혁의 토대에만 머무는 것이 아니라 사회 개혁을 적극적으로 이끌어가는 곳으로 인식했다.

둘째, 문제에 대한 시각의 전환이다. 러시아를 방문하기 전, 듀이는 학교의 기능과 역할을 아동이 개인의 문제 해결 능력을 기르도록 하는 데 초점을 맞춰야 한다고 여겼다. 그러나 러시아 방문 이후, 아동의 개인 문제를 넘어 사회나 지역 문제를 학교의 교육 과정으로 여기게 되었고, 학교에서 터득한 지성을 사회 문제를 해결하는데 바로 쓸 수 있어야 한다고 보았다.

셋째, 교사의 역할에 대한 인식의 전환이다. 러시아 방문 이전, 듀이는 교사의 역할을 단지 아동에게 도움을 주는 안내자로 이해했다. 그러나 러시아 방문 이후, 듀이는 교사의 역할에 훨씬 많은 기능을 부여한다. 교사는 사회 문제를 학교의 일로 선정하고, 그 문제를 해결하는데 학생과 함께 적극적으로 참여하는 공동체의 일원이 되어야 함을 강조하였다.

넷째, 학교의 원리에 전환을 가져왔다. 러시아 방문 이후, 듀이는 학교가 지식을 공유하고 협력하는 공동체의 장으로서만 기능할 것이 아니라, 공유된 지성을 활용하여 사회 문제를 해결함으로써 공적 이익을 도모하는 장으로서의 역할을 해야 한다고 강조하였다.

다섯째, 학교 내 자본주의 체제의 폐해에 대한 인식의 전환이다. 러시아를 방문한 후 듀이는 미국의 자본주의 체제가 학교에 미치는 부정적 영향을 깊게 인식하게 되었고, 미국의 학교를 개인의 사적 이익이 아닌 공동체의 이익을 위해 기여하도록 개혁하려고 고민하였다.

■ **사회적 과정**: 교육이 '사회적 과정(social process)'이라는 듀이의 인식은 다음과 같은 언급에서 잘 드러난다. 바깥 사회의 일원으로서 그 사회

의 삶을 살아가는 어른과 똑같이, 학교의 아동들도 같은 이유에서 바른 행위를 실천해야 하고, 같은 행동 표준에 의해 판단되어야만 한다. 아동은 단지 투표나 하고 법이나 준수할 사람이 아니다. 그는 가정의 한 구성원일 뿐 아니라 대부분이 그 자신이 미래에 자녀를 양육하고 교육할 책임을 지게 되어, 사회의 연속성을 담보해야할 사람이기도 하다. 다시 강조하면, 아동은 총체적으로 사회에 기여하는 습관을 필요로 한다(Dewey, 2001b: 25~33).

■ **사회적 목적**: 바깥 사회의 삶을 떠나있는 학교는 어떤 도덕적 목적도 가질 수 없다. 학교를 고립된 기관으로 보는 한, 교육 목적이 존재하지 않으므로 교육적으로 지도할 원리를 도출할 수 없다. 흔히, 교육의 목적은 개인이 지닌 모든 능력의 조화로운 발달에 있다고 한다. 이러한 진술에는 바깥 사회의 삶이나 그 구성원에 대한 어떤 언급도 담겨 있지 않다. 그런데도 많은 사람들은 이런 진술을 교육 목적에 정돈하여 일러주는 정의로 적절하고 충분하다고 생각한다. 이 진술을 사회와의 관계를 배제한 채 본다면, 여기에 사용된 용어의 어떤 것에 대해서도 우리는 그 뜻을 짐작할 수 없다. 우리는 '능력'이 무엇인지, '발달'이 무엇인지, '조화'가 무엇인지를 알지 못한다. 능력은 오직 그 용도와 관련하여, 그것이 봉사할 기능과 관련하여 능력이 된다(Dewey, 2001b: 28).

■ **공동체 삶**: 여기 한 사회의 '영웅'이 있다고 할 때, 그 영웅은 자기 삶의 배경을 이루는 공동체적 삶과 관련하여 다루어져야만 한다. 그렇지 않다면, 그 영웅은 단순하게 공동체적 삶의 대변인이자 지도자라는 단순히

재미있기만 한 역사의 이야기로 전락할 위험이 있다. 이런 경우, 영웅의 삶을 다루는 도덕 수업은 사회관계, 사회 이상 및 사회적 수단에 대한 아동들의 상상력을 확대하고 심화시키기보다 해당 인물의 삶으로부터 모종의 교훈을 얻어내는 것으로 축소되기 쉽다(Dewey, 2001b: 57).

■ **살아가는 과정**: 듀이에 의하면, 지식은 능동적 삶의 과정에서 형성되고 또 재구성된다. 이런 관점은 사회적 관계나 삶 속에서 개인의 인식에 따라 지식이 능동적으로 구성된다는 구성주의적 관점과 표면상으로 상당히 흡사해 보인다. 경험, 즉 살아가는 과정을 중시하는 듀이의 입장은 직접적 활동을 강조하는 체험주의와도 유사해 보일 수 있다.

프래그머티스트들은 기본적으로 플라톤이 말하는 형이상학적 본질에 대해 긍정하지 않는다. 현실과 동떨어진 저 멀리 어딘가에 있을 진리를 추구한다거나, 보장되지 않은 미래를 위한 준비로서 현재를 살아야 한다는 데 비판적이다. 그들은 과거나 미래보다 현재의 삶을 보다 의미 있고 가치 있게 만들기 위해 노력하는 것을 중시한다. 노력은 실패할 수도 있고, 실천과 경험의 과정에서 잘못된 것으로 결론날 수도 있지만, 이러한 태도는 현재 삶을 위한 최상의 대안을 찾는 과정의 하나임을 인정한다. 때문에 프래그머티스트들은 삶의 상황에서 부딪힌 문제에 한 가지의 정답만 있는 것이 아니라 다양한 답변과 해결방안이 있을 수 있다고 보는 다원주의적이고 개방적인 태도, 그리고 도전하고 노력하는 태도를 가치 있게 여긴다.

듀이는 관념론에 입각한 영원불변의 진리관을 거부했다. 이는 과거로부터 '진리'라 불리어 온 유용한 지식들을 무조건 반대하거나 부정했다는 의미가 아니다. 오래된 진리 또는 신념 등이 현재의 상황에서 일어나는 실제 경험을 통해 새롭게 발견되고 해석됨으로써 경험주체에게 변화를 일으키며 성장·발전하는 과정에 있다는 것을 강조하는 의미로 이해해야 한다. 변화 가능성을 염두에 둔 진리는 그 자체로 추구할 대상이 아니라 삶의 변화와 발전을 위한 도구가 된다. 반면, 진리는 삶의 변화와 발전을 위한 도구가 되므로 추구할만한 가치는 충분하다.

듀이는 철학이 현실의 문제를 떠나 형식적 사유에 머물러서는 안 된다고 생각한다. 이러한 관점을 교육과 사회에 연관시켜 구체적 실천방안을 모색하고 제시하기도 했다. 그런 특징은 프래그머티즘을 실용주의로 번역하는 계기가 되고, 실용주의는 도구주의나 실험주의로 명명되었다. 유럽의 전통 철학자들의 관심은 불변의 진리를 사유하고 인식하는 문제로 귀결되었다. 하지만 듀이는 진리라는 것이 사유 끝에 얻어지는 고정된 명제나 지식이 아니라고 생각했다. 명제나 지식이란 것은 현실적 삶의 문제에 대처하여 그것을 해결하고 발전시키는 데 필요한 것으로 도구와 같고, 유용하게 쓰일 때 진리로서 가치를 갖게 된다(권정선·김회용, 2016: 2~9).

2-10/11/12

10
나는 학교가 동네 또는 놀이터에서 노는 아동의 삶처럼, 아동에게 진정으로 와 닿는 중요한 삶의 표본이 되어야만 한다고 믿는다.

11
나는 그 자체로 살 가치가 있는 삶의 형식을 통해 일어나지 않은 교육은 언제나 진정한 현실의 어설픈 대체품이며, 그런 교육은 삶을 옥죄고 소멸시킨다고 믿는다.

12

나는 학교가 하나의 제도로서, 현존하는 사회적 삶을 단순화해야 한다고 믿는다. 이를테면 현존하는 사회적 삶을 배아와 같은 양식으로 단순화해야 한다. 현존하는 삶은 너무나 복잡하기 때문에, 아동이 혼란을 겪거나, 어찌할지 모르게 되지 않고는 그것을 대면하기가 불가능하다. 아동은 활동의 다양함에 압도당하여 적절하게 반응할 능력을 잃거나, 그 많은 활동에 자극받아 아직 설익은 능력을 쓰게 되어, 지나치게 전문화되거나 아니면 아예 아무 것도 하지 못한다.

■ **삶의 형식**: 학교가 아동이 현재 살고 있는 삶의 형식을 통해 재현되어야 한다는 듀이의 생각은, 교육이 미래의 삶을 위한 대비가 아니라는 바로 앞항의 주장에 이어 나오는 생각이다.『민주주의와 교육』에서 듀이는 교육의 의미가 당연히 아동의 현재 가능성을 점차적으로 실현하도록 해 주고, 그리기 위해 현재의 조건을 교육의 목적에 맞도록 최대한의 노력을 기울이는 데 있다고 말하고 있다(Dewey, 2007: 111~130). 듀이에게서 교육의 과정은 계속적 성장의 과정이며, 그 목적은 각각의 단계에서 성장의 능력을 더해 주는 데 있기 때문이다.

■ **삶의 형식들을 통하여 이루어지는 교육**: 교육은 삶의 형식들을 자주 벗어나는 모습을 보인다. 듀이가 보기에 이는 당시에도 널리 퍼져 있던, '미래를 대비하는 교육관'과 관련이 있다. 여기에서 대비라는 것은 성인으로서 생활의 책임과 특권에 대한 준비를 말하는 것으로, 아동은 아직 본격

적 사회 구성원이 아니며, 성인의 후보생으로서 차례를 기다리고 있는 '결핍'의 존재로 여겨진다.

교육을 미래의 대비로 인식하는 데서 생기는 폐단에 관하여, 듀이는 네 가지 결과를 염려한다.

첫째, 이런 교육관에 근거하면, 교육은 추진력을 잃어버린다. 단순하게 언급하는 미래라는 사태에는 긴박성과 구체성이 결여되어 있다. 무엇을 대비해야 할지, 왜 대비해야 하는지 모르는 상태에서, 무엇인가에 대해 준비하는 작업은, 막연하고 불확실한 것에서 동기를 찾는 일이 된다.

둘째, 미래의 대비를 나중의 일로 미루려는 욕망이 커져, 교육의 효과가 크지 않다.

셋째, 교육에 임하는 개인의 특수한 능력이 겨냥해야 할 표준을 평균적으로 기대하도록 하고, 그것을 교육이 요구하는 표준으로 대체하게 된다. 아동에게는 개인이 지닌 자질에 따라 강점과 약점이 있게 마련이다. 그런데 교육을 통해 길러야할 능력을 보통 아동들의 평균에 맞춰버리면 아동의 특별한 잠재능력을 엄밀하고 정확하게 판단하여 교육할 수 없다. 일반적으로 아동들이 평균적으로 무엇을 하게 되어 있는가에 대한 막연하고 불확실한 의견에 따라 교육을 하는 결과를 낳는다.

넷째, 미래를 대비한다는 교육 원리는 쾌락과 고통이라는 외적 동기에 의존할 수밖에 없도록 한다. 현재의 가능성과 단절된 미래는 교육을 자극할 수도, 지도할 수도 없다. 따라서 이 경우에 동원되는 방법이 상(賞)을 약속하고 벌(罰)로 위협하는 경우이다. 건전한 일이나 현재가 요구하는 바에 따라, 또 삶의 한 요소로서 하는 일은 그런 외적 동기에 의존하지 않는다. 이런 일에 대한 자극은 우리가 실제로 당면하는 사태 안에 놓여 있다.

교육이 인간 성장에 기여하는 일이라면, 그것은 당연히 현재의 가능성을 점차적으로 실현해 나갈 수 있게 해야 한다. 그리고 개인에게 미래의 문제를 해결하는 데도 적합한 사람이 되도록 해야 한다. 학교 안이건 밖이건, 환경이 현재 미성숙한 인간의 역량을 적절하게 활용하는 조건을 제공한다면, 현재의 연장인 미래는 저절로 해결될 수 있다. 끊임없이 발달하며 진보하는 삶을 위해 대비할 필요가 크면 클수록, 현재의 경험을 가능한 한 풍부하고 의미 있도록 노력을 경주하는 일이 절대적으로 필요하다. 이런 교육이 지속될 때, 현재는 어느 틈엔가 미래로 연결되며, 그에 따라 미래의 문제는 자연스럽게 해결된다.

■ **학교:** 듀이는 자신이 활동했던 당시의 학교 상황에 대한 진단을 통해, 기존의 학교가 민주적 삶을 반영하지 못하고 있다는 점을 강하게 비판하였다.

'학교가 하나의 기계처럼 체계화되어 왔고, 학습자인 아동보다는 교사의 통제를 위주로 이루어지고 있다! 교육내용이나 과정이 관료적 결정에 의해 만들어지고, 그것이 사람을 중심으로 구성되기보다는 특수한 분야를 중심으로 분절화 되어 있다! 학습자인 아동을 개인으로 이해하기보다는 하나의 집단으로 인식하고 있다!'

이러한 여러 가지 폐해가 당시 미국 교육의 비민주적 요소들이다. 듀이는 이와 같은 학교의 비민주적 상황을 비판하면서, 학교가 민주적 삶의 공간으로 새롭게 거듭나야 할 것을 강조하였다(최현주·이병승, 2015: 161~162). 학교란 단순히 수업의 내용을 듣고 지식을 축적하는 공간이 아니라, 살아있는 진정한 공동체적 삶을 영위하게 해 주는 장소이다. 학교는 단지 미래의 생활을 대비하는 곳이 아니며, 현재 아동의 삶과 관계를 맺고 생활을 통해 배우는 초보적 사회이다(Dewey, 1899/1976: 12).

듀이는 기존의 학교가 학습자의 삶과 단절되어 있음을 강하게 비판하였다. 특히, 학교의 사회적 고립은 학습자들에게 졸업 후의 사회적 삶을 당황스럽게 만든다고 하여, 이를 '교육적 낭비'라고 불렀다. 이러한 교육적 낭비를 막기 위해 학교는 사회적 상황과 단절되지 않고 상호 연계되는 관계 속에서 교육해야 한다(Dewey, 1899/1976: 46~58). 듀이는 그 당시 산업혁명으로 인해 사회적 상황이 급변하고 있음을 직시하면서, 이러한 변화는 필연적으로 삶의 변화를 가져올 것이라 보았고, 이에 적응하기 위해서는 학교가 변화해야 한다고 보았다(Dewey, 1899/1976: 19~20). 학교에서의 교육이 학생들이 살아가야 할 사회적 환경과 실제적으로 연관되도록 활용되어야 한다. 그러나 당시 전통적 학교 체제는 사회적 질서에 고정되어 있었다. 예를 들면, 학교에서 어떤 문제가 주어졌을 때, 학생들이 그 문제에 대한 활동과 탐구를 통해 답을 발견하는 작업 대신에 교재나 교사에 의해 맞는 답이 주어졌다(최현주·이병승, 2015: 163).

듀이는 제안한다. 참된 삶을 위해서는 중등학교의 교육이 인간의 전체적인 삶, 즉 사회적 삶 안에서 분절된 각 영역들과의 관계를 전체적으로 조직함으로써 하나의 원호(圓弧)를 완성해야 한다. 이를 실현하기 위해 학교는 사회의 여러 제도[기관]들과의 적절한 상호작용이 이루어지도록 해야 한다. 특히, 아동 개인이 학교 교육을 통해 사회적 의식을 공유하는 과정이 있어야만 사회 개혁이 가능하다고 보았고, 교육이야말로 사회 개혁 및 사회 진보의 근본적 방법이라고 믿었다(Dewey, 1899/1972: 295; 1899/1976: 287; 1897/1972a: 93).

■ **사회적 삶의 단순화:** 정신 활동에 관한 연구 결과가 명백히 보여주는 바와 같이, 탐색하고 도구와 자료를 조작하고 만들고 기쁜 감정을 표현해 보는 등의 생득적 경향성은 근본적인 가치를 가진다. 본능적 경향성에 의해 일어나는 활동이 정규 학교 공부의 한 부분이 될 때, 학생[아동]은 전인적으로 이에 전념하게 되고, 학교 안에서의 삶과 학교 밖에서의 삶 사이의 인위적 간극이 좁아진다. 교육적 효과를 가져다주는 온갖 자료와 과정에 주의가 집중되고, 정보와 지식에 사회적 의미를 부여하는 협동적 교섭이 가능하게 된다. 요컨대, 교육과정에서 놀이와 일에 결정적 지위를 부여하는 것은 잠정적 편의나 순간적 기분 전환을 위한 조치가 아니라, 지적·사회적 근거에 의해 당연히 취해져야 할 조치이다.

보다 구체적으로 말하면, 놀이와 일은 앎의 초기단계가 나타내는 특성 하나하나에 상응한다. 앎의 초기 단계는 무엇인가를 할 줄 알게 되는 것, 그리고 그 일을 하는 동안에 사물에 익숙하게 되고 일하는 과정을 터득하게 되는 그러한 단계이다. 플라톤은 지식으로 무엇인가를 설명할 때, 구두 수선공, 목수, 악기 연주자 등의 지식을 분석하면서, 그들의 기술이 목적의식, 자료나 내용에 대한 통달, 기구의 자유로운 구사, 그리고 확실한 절차 등으로 이루어져 있음을 지적하였다. 이 모든 것을 알고 있을 때 지적 기술이 있을 수 있다는 말이다(Dewey, 1916/2007: 304).

아래의 <그림1>은 저학년 아동들의 교과과정과 학습활동을 전제로 한 1층의 공간 구성 개념도이다. 1층에서의 중심 공간은 도서관으로 단순한 교과 학습만이 아닌 프로젝트의 학습에 따라 아동들의 자유로운 이동을 전제로 하고 있다. 듀이는『학교와 사회』(1915)에서, 이 도서관을 실제 작업에 실마리를 던져주고, 의미와 자유로운 교양의 중요성을 부여해 주는 모든 지적 자원들이 모여 있는 곳으로 설명하고 있다.

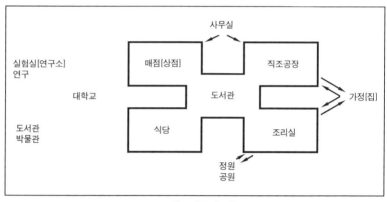

<그림1> 1층 공간 구성도

이 그림의 설명에서 듀이는, 기존의 요리 교육이 실제의 삶이나 과학과 관련이 없이 실행되는 것을 비판하고, 조리실로 들어오는 모든 재료는 정원에 기원을 두고 있으며, 그것들은 흙으로부터 왔으며, 빛과 물의 영양으로 자랐으며, 다양한 지역적 환경을 나타낸다고 설명하고 있다. 자세한 교육적 해설은 학교라는 사회가 학습 재료와 학습 방법, 학습 공간, 그리고 환경과 유기체적인 관계에 있음을 강조한 것으로 이해할 수 있다. 네 개의 실험실[교실]에 반쯤 걸치고, 도서관에 반쯤 걸친 실험실을 상상한다면, 문답 교실에 대한 새로운 아이디어를 얻을 수 있다. 아동이 스스로 발견한 경험, 문제, 질문, 특정한 사실을 가지고 와서, 그것에 대해 토론하고 새로운 관점을 발견하는 곳이다.

아래 <그림2>는 듀이가 제시한 이상적 학교의 2층 공간 구성도로서, 연령이 높은 아동들의 학습활동과 각 실과의 연계를 나타내고 있다.

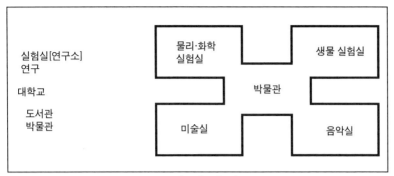

<그림2> 2층 공간 구성도

듀이의 학교 공간 구성 개념은 학교에서의 생활이 당시 미국 산업사회의 삶을 반영하는 활동이 되어야 함을 강조한다. 구성하고 만들고 표현하는 과정이 융합됨에 따라 학교 내의 여러 공간도 서로 유기적으로 연결되어 있어야 한다는 의미이다. 그래야만 학생[아동]들의 프로젝트 학습을 지원할 수 있다. 학교에서 가정과 사회의 일이나 삶을 반영한 과제 중심의 종합적 학습 활동이 이루어지려면, 학교 내의 산업 박물관과 도서실을 중심으로, 각 교실이나 실험실에 이르기까지 자연스럽고 유기체적 연결이 중요하다(류호섭, 2016).

2-13/14/15/16

13

나는 이와 같이 단순화를 거친 학교에서의 삶이 점차적으로 가정에서의 삶으로부터 자라 나와야 한다고 믿는다. 학교에서의 삶은 아동이 이미 가정에서 익숙히 해온 활동들을 이어 받고 계속 해나가야 한다고 믿는다.

14

나는 학교가 그 활동들을 아동에게 제시하고, 아동이 점차적으로 그 활동들의 의미를 배우고 그 활동들과의 관련을 통해 자신의 몫을 할 수 있는 방식으로 그 활동들을 재현해야 한다고 믿는다.

15

나는 그렇게 하는 것이 심리적으로 필수불가결하다고 믿는다. 왜냐하면 그렇게 하는 것이야말로 아동의 성장을 계속할 수 있는, 학교에서 주어진 새로운 생각에 과거의 경험이라는 배경을 부여할 수 있는 유일한 방법이기 때문이다.

16

나는 그렇게 하는 것이 사회적으로 필수불가결하다고 믿는다. 왜냐하면 가정은 아동이 양육되어 왔으며 그것과 관련하여 아동이 도덕 훈련을 받아온 사회적 삶의 형식이기 때문이다.

■ **가정에서의 삶**: 인간이 세상에 존재하는 순간, 이미 이 지구가 가지고 있는 다양한 요소들을 '모두 합한' 환경에 처해진다. 인간은 환경 '속에서' 태어나며, 태어나는 순간부터 환경과 상호작용하는 상태로 존재한다. 이 상호작용하는 경험 속에는, '인간은 환경을, 환경은 인간을' 재구성하면서 서로 변화시키는 특성이 있다. 주위에 있는 다른 것들과 단순히 상호작용하는 것을 넘어 상호의존적으로 영향을 주고받는다. 따라서 어떤 사물이 존재한다는 것 자체가 주위에 있는 다른 존재의 성격에 영향을 미치며, 그 주위에 있는 존재에 의해 영향을 받는다. 한마디로 인간과 자연은 교변

작용을 지속한다. 상호작용은 두 요소가 상호작용의 전후에 운동 상의 변화는 있으나 본질적 변화는 일어나지 않은 상태이다. 이에 반해, 교변작용은 경험에 관계하는 두 요소가 서로 작용을 주고받고 난 후, 쌍방 모두에게 상당히 의미 있는 변화가 일어난다(강영혜, 2004: 271~327; 박철홍, 2016: 56).

유아기가 장기간 지속된 일은 아동의 입장에서 뿐만 아니라 성인에게도 그 의미가 깊다. 부모를 비롯한 형제자매, 여러 사람들에게 의존적이고, 배울 수 있는 사람이 존재한다는 것은 상당한 양육과 애정의 자극이 부가된다. 끊임없이 돌보고 배려해야 하는 필요성은 일시적 동거를 영속적 혼인의 양상으로 전환하는 중요한 매개였을 수 있다. 유아기 때 경험한 애정 깊은 배려는 공동생활에 필요한 타인의 행복을 지향하는 건설적 관심을 형성하게 만든다. 유아기의 장기적 경험은 가소성, 즉 가변적이고 새로운 제어 양식을 획득하는 능력을 의미하며, 이 때문에 사회의 진보를 추진하는 힘으로 잠재한다(Dewey, 1916/2007: 58~59).

■ **가정-학교-사회**: 듀이가 보기에 가정과 사회는 삶의 실제 문제를 다루는 곳이라는 점에서 '활동'이 지배적인 공간이다. 반면, 학교는 추상화된 지식이나 '이론'이 지배적인 장소이다. 가정을 떠나 학교를 거쳐 사회로 진입해야 하는 아동의 입장에서 학교는 이제껏 접해 보지 못한 이질적 요소, 이른 바 추상적 이론들을 제공하여 삶의 흥미를 잃게 만드는 곳이다. 듀이는 기존의 학교가 '가정-학교-사회'로 이어지는 자연스러운 순환 고리에 단절을 제공하는 제도라고 보았다. 때문에 가정과 학교, 학교와 사회 사이의 분리를 극복하길 원했다. 그 실제적 구명을 시도한 것이 실험학교

였다(이승은, 2011: 172).

■ **자신의 몫을 할 수 있는 방식**: 아동[학습자]이 작은 사회의 경험으로서 자신의 '몫[역할]'을 수행한다는 것은 단순히 지식의 축적만으로 어렵다. 배움을 내면화시켜야만 역할을 제대로 수행할 수 있을 뿐 아니라, 그 역할의 경험이 다시 성장의 촉매제가 된다. 내면화란 들어오는 정보를 그냥 복사하는 것이 아니라, 개인의 특성과 갖고 있는 지식에 기초하여 정신적 구조를 변형하고 재조직하거나 변형하는 작업이다. 학교교육에서 진정한 지식교육이란 있는 그대로를 전달하여 흡수시키는 일이 아니라 학습자가 이전에 갖고 있던 경험이나 지식과 연계되어 나름대로 스키마나 지식을 확장하고 변화시켜가는 작업이다(조연순, 2013: 6).

■ **아동의 성장**: 경험을 통한 성장은 포괄적으로는 '습관'이 될 수 있다. 타인의 시각에서 어떤 사람의 됨됨이를 평가하는 경우에는 '인격'이 될 수도 있다. 자신이 그 본성이나 성향을 평가할 때는 '자아'가 되고, 인지적 능력 면에서는 '지식이나 지력'이 되며, 기능적 측면을 부각하면 '기술'이 되고, 정의적 측면에 초점을 두면 '정서'가 된다. 생활 현장을 문제 상황으로 간주할 때는 '문제해결력'이 되고, 그것을 활용하는 수단적 가치와 효력의 측면에서는 '도구'가 된다. 윤리적 기준에서 보면 '도덕성'이 되고, 심미적 측면에서 보면 '예술성'이 되며, 그것을 사회·역사적 관점으로 확대하면 '문화'의 형태가 될 수도 있다(송도선, 2014: 195).

아동의 삶 자체, 즉 생활이 성장이라는 차원을 이해하면, 우리는 아동을 줏대 없이 응석부리게 만드는 일에 빠지지 않게 된다. 겉으로 보이는 어리석은 행동은 장차 일어날 성장의 전조이며, 그것은 발달의 수단이자 힘을 향상시키는 도구로 삼아야지, 그것을 응석부리게 하거나 그것을 양성하면 안 된다. 표면적 현상을 지나치게 장려하거나 비난하며 주의를 기울이면, 이들을 고정화시킬 뿐만 아니라 발달을 저해하게 된다.

에머슨은 다음과 같이 말했다.

"아이를 존중하라! 지나치게 그의 부모가 되지 말라! 그가 혼자 있는 것을 방해하지 말라! 그러나 반대의 외침도 있다. 너는 정말로 공적·사적 훈육이라는 고삐를 포기하느냐! 너는 아동을 격정이나 방종에 맡겨 멋대로 달려가게 해서, 무질서가 아이의 천성이라고 말하려 하느냐! 나는 이렇게 답하리라-아이를 존중하라! 더욱이 동시에 당신 자신도 존중하라! 아이를 훈련시킬 때, 그의 천성을 유지하고, 그 이외의 모든 것을 단련을 통해 제거하는 것이다. 그의 천성은 유지하면서, 어리석은 행위나 난폭한 짓을 멈추게 할 것, 그의 천성을 유지하면서 그것이 향하는 방향의 지식으로 무장시키는 것이다."

이를 위해, 성인에게는, 시간, 실천, 통찰, 우연, 신의 모든 위대한 교훈이나 조력이 필요하다. 그것을 실천하려고 생각하는 일조차도, 훌륭한 인격과 심오한 식견 없이는 도저히 감당할 수 없다. 교육의 가치를 판단하는 기준은, '그것이 연속적 성장에 대한 욕망을 어느 정도 만들어내는가? 그리고 그 욕구를 실천에 옮기는 수단을 어느 정도까지 제공하느냐?' 달려 있다(Dewey, 1916/2007: 65~66).

■ **과거의 경험**: 경험은 일차적으로 '능동-수동', 즉 '해 보는 것[trying]-당하는 것[undergoing]'의 관계이다. 경험의 가치와 성과는 이 두 측면이

어떤 방식으로 연결되어 있는가에 따라 달라진다. 능동적 경험은 변화를 가져오지만 의식적으로 관련되지 않으면 무의미한 것에 불과하다. 행위에 의해 생긴 변화가 우리 내부의 변화에 반영되어 되돌아 갈 때만 의의를 지니며, 경험에 들어 있는 관계성, 경험에 연결되는 계속성의 지각 여부에 그 가치를 재는 척도가 있다(Dewey, 1916/2007: 227~228).

진정한 교육은 모두 경험을 통해 이루어지지만, 반드시 모든 경험이 진정한 교육적 경험이 되는 것은 아니다. 비교육적 경험, 예를 들면 인간의 성장을 방해하거나 성장 방향을 왜곡시키는 경험과 같은 것은 주어진 자극에 무감각하게 반응하여 풍성한 경험의 기회를 제한할 수도 있다. 기계적 습관으로 고착화시켜 경험의 범위가 줄어드는 결과를 초래할 수도 있다. 또한 고립된 경험은 산만하며 일관성 없는 태도와 습관을 조장한다. 경험에서 중요한 것은 아동[학생]들이 체험한 경험의 '질'이다.

경험의 질이란, 먼저 '지금의 경험으로부터 우리가 어떤 느낌을 갖게 되느냐?'이다. 이는 경험으로부터 무엇을, 예컨대 '상쾌하냐? 불쾌하냐?'와 같은 느낌을 받아 들이냐의 여부 문제이다. 다른 하나는 '다음에 올 경험들에 그것이 어떤 영향을 미치느냐?'이다. 이는 '경험의 계속성'의 원리와 관련된 부분이다. 아동[학습자]에게 교과는 경험의 심리적 측면에 해당한다. 교과는 과거에 이루어진 경험의 결과를 앞으로 잘 이용할 수 있는 형태로 정리해 놓은 것이며, 문제 활용에 좋은 자원이 된다. 교과를 구성하고 있는 교육내용들은 과거 경험의 산물로서 원리를 이룬다. 직접적 경험들로부터 추상화된 것이기 때문에 경험으로 되돌아갈 때 올바른 의미를 띠게 된다. 그런 측면에서 교육내용은 과거 경험의 산물이다(Dewey, 2008: 108~111).

■ **연속성 또는 계속성:** 삶의 과정의 연속되어 나가는 것은 반드시 한 개체의 생존을 연장함으로써만 보장되는 것이 아니다. 다른 생명체를 다시 만들어내는 과정이 끊임없는 연결을 이루어 계속되고 있는 것이다. 삶을 이어받고 계속해 나가는 연속성은 생명체의 필요에 환경을 끊임없이 재적응시켜 나가는 것을 뜻한다(Dewey, 1916/2007: 40).

■ **양육:** 칸트는 교육을 '자연적 교육'과 '실천적 교육'으로 구분한다. 그 가운데 양육을 최초의 교육으로 보았다. 교육의 개념은 성장 발달에 따라 구분된다. 유아기 때는 어린 아이를 먹이고 돌보고 키우는 양육(養育)이 중심이 되고, 아동기 때는 기율과 규율을 잡는 훈육(訓育), 청소년기에는 지식 내용과 교과를 가르치고 전수하는 지식교육이 이루어지며, 나아가 온전한 인격의 형성을 목표로 삼는 도덕교육을 실시한다.

양육은 부모가 자녀들에게 베푸는 보살핌과 주의를 의미하여, 자녀들이 자신들에게 해악이 되는 방식으로 그들의 능력을 사용하는 것을 방지하기 위해 실시한다. 또한 양육은 자연의 섭리 안에서 소극적으로 이루어져야 한다. 자연적 도구는 어린 아이의 두 손이며, 인위적 도구의 사용은 성장 발달을 저해시킨다. 따라서 인간은 자연적 목적에 따라 자기의 능력을 사용하는 방법을 배우기 위해 자유를 유지해야 한다.

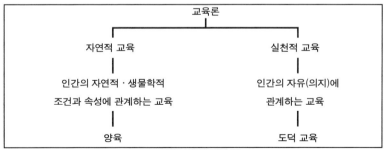

<그림3> 칸트의 교육 분류

2-17

17

나는 현재 이루어지고 있는 교육의 많은 부분이 공동체 삶의 형태로서 학교라는 근본적 원리를 간과하였기 때문에 실패하고 있다고 믿는다. 지금의 교육은 학교를 정보가 주어져야 하고 내용이 학습되어야 하며 습관이 형성되어야 하는 장소로 인식하고 있다. 이런 가치는 현실과 동떨어진 다소 먼 미래에 놓여 있는 것으로 인식된다. 아동은 자신이 해야 할 일 대신, 이런 교육을 해야만 한다. 그 결과 그런 교육내용은 아동의 삶에서 경험의 일부가 되지 않고, 따라서 진정으로 교육적이지도 않다.

■ **학교교육의 실패 원인**: 듀이는 20세기 초반에 학교교육이 실패하고 있다고 우려한다. 그 이유는 학교교육이 학생들 경험의 일부가 되지 못하기 때문이다. 학교는 과거의 단순한 지식 내용을 가르치는 데 그치는 공간이어서는 곤란하다. 학생은 실생활에 유의미한 것, 경험의 지평을 확장할 수 있는 것을 학습해야 한다. 그리하여 자신의 삶과 밀착된 사실적 진리에 친숙해져야 한다. 또한 학생의 일상생활과 직업선택, 또는 진로 결정과 연관되도록 주위의 환경이 자연스럽게 연결되어야 한다. 학교는 이 연결을 명확하고 자유롭게 하여, 학생이 그것을 의식하도록 하는 데 그 역할과 임무가 있다. 이런 차원에서 학교교육은 사회적 맥락 속에서 파악되어야 한다. 삶의 장면과 유리된 단순히 교과를 공부하는 장소로서의 학교보다는 학습과 성장이 현재 공유되고 있는 경험의 한 부분이 되는 사회의 축소판이 되어야 한다(신창호, 2016: 173~175).

■ **공동체 삶:** 교육은 사회적 삶을 살아가게 만드는 것에 다름 아니다. 사회는 공동체(community)를 의미한다. 이는 어떤 것을 공통을 소유하고 있다는 뜻이다. 공동체를 이루기 위해서는 의사소통(communication)을 포함해야 한다. 이 의사소통을 통해 사회 구성원들은 다른 부분에 대해 알아야만 하며, 또 어떤 방법으로든 자신의 목적이나 자신의 일을 남에게 알릴 수 있어야만 한다. 의견의 일치는 의사소통을 필수 요소로 포함하기 때문이다. 의사소통은 목적과 관심의 공유를 의미한다. 그러므로 진정한 의미에서 사회적 삶은 의사소통과 동일하다. 동시에 의사소통, 진정한 사회적 삶은 교육적이다. 사회적 삶은 그것의 영속을 위해 교육을 필요로 할 뿐만 아니라, 살아가는 과정 자체가 교육을 실천하는 작업이다(신창호, 2016: 87~89).

■ **학교의 근본적 원리:** 학교의 근본 원리는 그것이 공동체 생활의 한 형태라는 점이다. 미래의 사회적 삶을 위한 유일한 대비는 실제로 그런 삶을 사는 일로, 학교는 학교 안에 사회적 삶의 전형적 조건들을 재현해야 한다(Dewey, 2001b). 듀이가 보기에 당시 학교교육의 문제인 지적 훈련과 도덕적 훈련 사이의 괴리는, 학교가 공동체 생활의 한 형태라는 사실을 망각하고, 공동체 생활을 아동에게 충분히 제공하지 못하는 데 있었다.

학교가 공동체 삶의 원형이 되지 못할 때, 도덕적 훈련은 병적이고 형식적일 수밖에 없다. 그러므로 학교의 의무와 책임은 사회적 삶의 본질 자체에서 흘러나오는 것이어야 한다. 따라서 아동들은 사회의 일원으로서 그 사회의 삶을 살아가는 성인과 동일한 이유에서 바른 행위를 실천해야 하고, 동일한 행동 표준에 의해 판단되어야만 한다. 그러므로 모든 학교가 지향해야 할 도덕적 습관은 공동체의 복리에 대한 관심, 즉 사회의 질서와 진보를 가져오는 것이라면 무엇이라도 주목하고 실행하려는 관심에서 형성될 수 있다.

■ **진정한 교육**: 당시 미국 교육에 대해 듀이가 일관되게 비판하는 초점은 이른 바 '외부에서 부과되는 교육 목적'에 맞추어져 있다. 왜냐하면 진정한 목적은 모든 면에서 외부에서 행위 과정에 부과되는 목적과는 반대된다고 인식하기 때문이다. '외부에서 부과하는 목적'이 아동[학습자]에게 전달되기까지는 몇 가지 단계를 거친다. 교사들은 상부의 교육 당국으로부터 목적을 부여받고, 당국에서는 사회에서 통용되는 상식에서 그것을 받아들인다. 또 그것을 교사들이 아동들에게 부과하게 된다. 문제는 이런 과정에서 형성되는 목적이 지성적 경험 활동을 제약하는 데 있다.

외부에서 부과하는 목적은 고정되고 경직된 것으로, 주어진 상황에서 지성을 자극하는 것이 아니다. 이런 저런 일을 하라고 외부에서 강요하는 명령이다. 그것은 현재의 활동과 직접 관련되지 않고, 그것에 도달하는 데 필요한 수단에서 멀리 떨어져 분리되어 있는 목표이다. 또한 보다 자유롭고 균형 잡힌 활동을 열어주는 것이 아니라, 활동에 제약을 가한다.

아동의 성장하기 위한 목적이나 목표가 아동[학습자]의 현재 조건과 거리가 먼 외부에서 상명하달 식으로 설정되면, 교육은 외부 세력에 의존하는 결과를 초래한다. 그것은 다음과 같은 폐단을 가져온다. 첫째는 아동의 본능적이고 생득적인 잠재능력을 고려하지 못하게 되고, 둘째는 눈앞에 수시로 펼쳐지는 신기한 상황을 주도적으로 대처해 나가는 능력을 키워주지 못하며, 셋째로 직접적 지각은 도외시하고 자동적 기술을 키워주기 위한 훈련 등의 방책을 지나치게 강조하게 된다. 이러한 폐단은 모두가 성인의 교육환경이나 표준을 아동[학생]의 교육적 표준으로 만들어 부과하는 데서 초래되는 일이라 본다. 그렇게 되면 학생들은 이중삼중으로 겹겹이 둘러싸인 외적 강요에 의해, 그들의 목적을 부여받게 되고, 그들 자신의 현재 경험에 입각한 본래 목적과 그들이 복종하도록 하달 받은 목적 사이의 갈등으로 인해 끊임없이 혼란을 겪게 된다(송도선, 2005a: 155~156).

이런 점에서 듀이는 전통 교육을 비판한다. 외부에서 부과된 목적이 교육의 과정에 만연하고 있다. 이는 교육을 먼 장래를 위한 대비라는 데 강조를 두게 하여 교사와 학생의 과업을 기계적이고 노예적인 것으로 만들게 하였다. 그러한 목적이란 사실, 아동[학습자] 자신의 목적이 아니라, 궁극적으로는 타인의 목적이 반영된 것이다. 이러한 교육 형태는 관계가 균등한 평형을 이루지 못한 사회, 즉 비민주적 사회에서 나타나는 현상이다.

듀이는 학교가 생기게 된 이유와 역할에 대해 다음과 같이 설명한다.

첫째, 복잡한 문명은 무더기로 한꺼번에 전달하기에는 너무 복잡하다. 그것은 토막으로 만들어 조금씩 순서대로 전달할 수밖에 없다. 학교라고 부르는 사회적 제도의 첫째 과업은 '단순화' 과정을 거친 교육환경을 제공하는 일이다. 학교는 꽤 근본적인, 그러면서도 아동들의 반응을 일으킬 수 있는 교육환경을 선정한다. 그 다음에 학교는 점진적 순서를 세워, 먼저 학습된 요소를 수단으로 점점 복잡한 것에 대한 통찰을 얻도록 한다.

둘째, 학교 환경의 또 하나의 과업은 기존 환경의 무가치한 특성들을 될 수 있는 대로 제거하여 그것이 정신적 습관에 영향을 주지 못하도록 하는 일이다. 한 마디로 학교는 정화된 행동 환경을 확립한다. 교육내용의 선정은 단순화하는 데만 목적이 있는 것이 아니라, 바람직하지 못한 것을 솎아내는 데도 목적이 있다. 어느 사회에나 그것에 방해되는 시시한 것들, 과거의 낡아 빠진 유물, 적극적으로 해로운 사안들이 있게 마련이다. 학교는 환경으로부터 그런 것들을 제거하고, 그렇게 함으로써 일상 사회 환경에서 그런 것들이 주는 영향을 될 수 있는 대로 소멸시키는 임무를 가지고 있다. 최선의 교육내용을 선정하여 학교만의 전용물로 삼음으로써, 학교는 그 최선의 교육내용이 지닌 힘을 강화하려고 노력한다. 사회가 보다 개화됨에 따라, 학교는 기존의 업적 전체를 보존하고 전달하는 데 책임이 있는 것이 아니라, 그 중에서 장차 더 좋은 사회를 만들 수 있도록 하는 내용들을 보존하고 전달할 책임이 있다. 학교는 이 목적을 달성하는 가장 중요한 제도[기관]이다.

셋째, 또 다른 중요한 학교의 과업은 사회 환경의 여러 요소들 사이의 균형을 유지하고 아동에게 각자가 태어난 사회 집단의 제약에서 벗어나 보다 넓은 환경과 생생한 접촉을 가질 수 있도록 하는 데에 있다. 학교는 또한 각각의 아동이 속하고 있는 다양한 사회적 환경의 다양한 영향들을 아동의 성향 속에서 조정하는 기능을 가진다. 가정에서 통용되는 규범과 사회에서 통용되는 규범이 다르다. 이것은 또한 공장이나 가게, 종교 단체에서 통용되는 규범과도 다르다. 하나의 환경에서 다른 환경으로 넘어갈 때 사람은 상반되는 영향을 받는다. 따라서 서로 다른 상황이 요구하는 서로 다른 판단 기준과 정서를 가지는 존재로 분열되는 위험이 도사리고 있다. 이 위험을 방지하려면 학교가 그런 것들을 통합하고 조정하는 임무를 수행해야 한다(Dewey, 1916/2007: 63~55).

2-18

18

나는 도덕교육이 사회적 삶의 한 양식으로서 학교에 대한 인식의 중심이 되고, 가장 좋고 근본적인 도덕 훈련은 일과 사고의 통합체에서 타인과의 바람직한 관계를 맺을 때 갖게 된다고 믿는다. 지금의 교육 체제가 이 통합체를 와해하거나 간과하는 이상, 진정하고 규칙적인 어떠한 도덕 훈련도 어렵거나 불가능하다.

■ **도덕 교육과 도덕 훈련:** 도덕 교육은 도덕 교과목에서 배우는 도덕에 관한 지식이 아니라 학교의 모든 수업과 활동이 도덕적 교육의 시간이 되어야 한다. 듀이는 이를 위하여 세 가지 내용을 구체적으로 제안한다.

첫째, 학교와 지역 사회와의 관계를 고려할 때, 학교는 사회를 위해 설립되었기 때문에 진정하게 학교가 사회를 위하는 일은 그 자체가 하나의 이상적 사회가 되는 것이다. 학교 사회에서는 공동체적 자기 삶을 살아가면서 미래 사회생활을 위한 준비를 한다. 학교 사회가 하나의 이상적 사회가 되지 않고 시행되는 직접적 도덕 교육은 단지 형식적인 도덕 교과목에 불과하다. 사회의 보호를 받으며 살아가는 사람이 아닌, 스스로 사회에 기여하는 사람으로 만드는 교육, 그리고 나아가 그런 상황을 지도할 수 있는 인간 교육이야말로 사회에서 도덕적 책임을 다하는 교육이다.

둘째, 어떤 교과목이건, 학교에서 이뤄지는 수업은 받아들여 흡수하는 단순학습 중심이 아니라 '구성하여 내어놓는' 방법이어야 한다. 학교의 아동[학생]들 모두가 동일한 교과서로 동일한 수업을 하여 동일한 결과물을 내놓아야 한다면, 학교는 학생들에게 도덕성 발달을 시켜줄 수 없다. 똑같은 수업을 받고 누가 학습내용을 더 많이 알고 있는지만 평가하게 된다면, 서로 협력하거나 다른 학생들에게 도움을 전혀 주지 못하는 학교생활에서 사회성 발달은 이루어지지 않는다. 그리고 흡수 중심의 단순학습에서는 학생들에게 외적 동기가 제공되어야 하고, 이는 학생들이 이기주의, 또는 개인주의적 성향을 길러주기 쉽다. 뿐만 아니라, '흡수중심'의 학습은 미래를 위한 준비과정, 다른 무엇을 위한 수단으로만 가치를 지닌다는 생각을 가지게 한다. 이와 반대되는 '구성중심'의 학습방법은 어떤 방법이건, 아동의 능동적인 힘, 즉 구성하고 산출하며 창조하는 힘에 호소하는 방법은 윤리적 중심을 이기적인 흡수로부터 사회적인 봉사로 옮겨놓는 기회가 된다(Dewey, 1909).

셋째, 학교 교육의 내용은 철저하게 도덕적 발달에 기여하는 방향에서 채워져야 한다. 사회적 실천력을 강화시키는 것이 교육방법이라면, 교육내용은 사회적 이해를 강화시켜준다. 듀이는 교과란 아동들에게 활동의 사회적 맥락을 깨닫게 하는 수단으로 인식하였다. 때문에 모든 교과목의 내용은 아동의 도덕적 발달에 기여한다. 그리고 사회 도덕적 기여를 위해 아동은 능동적 추진력, 지적 판단력 및 정서적 감수성을 갖추어야 한다. 학생의 이런 발달을 위해 학교는 능동적 자기 활동과 상대적 가치를 판단하고 행동으로 실험할 수 있는 기회, 동아리 활동이나 수련, 심미적 환경, 예술교육 등을 통한 정서적 감수성을 키울 수 있는 기회를 마련해 줄 수 있어야 한다(김홍수, 2015: 173~175).

듀이의 도덕교육은 인간과 행위에 대한 실천적 교육, 즉 인간의 생활교육으로서 성장을 바탕으로 한다. 도덕의 본질은 인간성과 사회성에 있고, 그 목적은 성장에 있다는 말이다. 도덕의 본질이 인간성이라는 것은 도덕이 행위의 경험적 사실과 관계하고 있으며 동시에 환경에서 생성한 인간성과 관계가 있다. 도덕의 본질이 사회성이라는 의미는 행위에 대한 평가와 인정이 사회적인 것이고, 행위 자체의 내용도 사회적 성질을 보여주고 있기 때문이다. 이런 점에서 듀이의 도덕 교육이 지닌 목표는 경험을 토대로 하여 현재 생활을 건설적으로 재건해 나가는 과정을 중시한 현실주의이다.

듀이는『경험과 교육』에서 전통적 교육에서 도덕적 훈련은 과거에 축척된 지식과 기능을 토대로 규율과 표준에 맞도록 행동의 습관을 조성함으로써 학교 교육을 다른 사회적 조직체와는 전혀 다른 종류의 것으로 분리시킨다고 이해하였다. 때문에 전통적 교육의 결함을 지적하며 진보적 교육을 주장하였다. 듀이가 학교의 도덕 교육을 위해 구상한 방법은 교실 장면에서 소극적 수용이나 전통적 교육의 교수법이 가져오는 폐해를 지적하면서, 아동의 활동력이나 구성, 생산, 창조의 능력에 호소하는 것이다. 도덕적 의미를 지니는 대표적 방법으로 작업[일]을 사례로 든다. 일의 교육적 효과란 아동의 자발적 관심과 주의를 환기시키는데 있으며, 또한 아동에게 능동적 활동을 지속하는데 있다. 이를 통해 사회적 습관이 발달될 수 있다. 그러므로 학교는 목공, 편물, 재봉, 요리 등과 같은 작업 활동, 즉 일을 단지 특정한 교과목으로서가 아니라 생활과 학습의 방법으로 가르쳐야 한다.

학교에서의 도덕 훈련이 적극적인 사회 기여[봉사]의 습관을 형성하는 대신, 그릇되게 행동하는 것을 교정하는 데 중점을 둘 때, 훈련은 병리학적으로 된다. 다시 말해, 의사가 병에 걸린 사람을 진단하고 치료하는 것처럼 학교의 도덕 교육도 아동이 그릇된 행동에 대해 교정하고 치료하는 데만 주력하는 것이 될 때, 그 도덕 교육은 바람직하지 않다. 교사가 아동의 건전한 도덕적 성장보다 학교의 규칙이나 규율을 지키도록 하는 경고나 시정에 관심을 갖게 된다면, 그 또한 바람직한 도덕 교육이 될 수 없다. 이와 같이 학교에서 도덕 교육의 실패는 사회정신을 충만 시키는 조건을 학교에서 제공하지 못하는 데 있다. 그러므로 학교는 그 자체가 사회생활이 됨으로써 공동 경험을 통하여 아동의 사회적 의식이나 흥미를 발전시킬 수 있도록 해야 한다. 그것은 지식 획득과 인격 형성을 대립시키는 이원론적 도덕론을 극복하는 데 있다. 학교에서 획득하는 지식이 인격에 영향을 미치지 못한다면, 학교에서 실시하는 도덕 교육의 궁극적 목적은 무의미한 것이다(이길우, 2008: 43~63).

도덕 교육은 학교를 사회생활의 한 양식으로 보는 관점을 중심으로 전개된다. 학교가 사회생활의 한 형태라는 지점에서 도덕 교육을 논할 수 있는 것은, 사회 개혁에서 교육이 매우 중요한 역할을 수행해야 한다는 신념을 나타낸다. 즉 학교는 사회를 발전시키고 개혁시키기 위한 가장 효과적인 수단이 되고, 하나의 사회인 학교에서 생활하는 아동은 조그마한 사회를 직접적으로 경험할 뿐만 아니라, 더욱 나은 사회를 만들기 위한 지적이고도 도덕적인 미덕들을 개발할 수 있다(Bernstein, 1966/1995: 67; 이주한, 2005: 65에서 재인용).

여러 차례 강조했듯이, 듀이가 기본적으로 기대하는 교육은 아동이 성장을 이루게 하는 일이다. 삶은 성장이고, 성장은 교육이며, 교육은 경험의 재구성이 된다. 여기서 말하는 성장은 궁극적으로 도덕적 성장을 뜻한다. 이런 점에서, 교육의 목적과 도덕 교육의 목적은 동일하다(노희정, 2015: 126~127). 듀이는 교육의 하위 개념으로 도덕 교육을 상정하는 것이 아니라, 인간의 성장을 이끄는 교육 자체를 도덕 교육으로 간주한다. 따라서 모든 교육은 도덕적 관점에서 조명될 수 있고, 모든 교육 활동은 도덕 교육의 측면에서 인식될 수 있다(신원동, 2016: 234).

■ **사회적인 것과 도덕적인 것**: 듀이는 행위의 사회적 측면과 도덕적 측면은 동일하다고 인식한다(Dewey, 1916/2007: 26장). 따라서 사회생활에 효과적으로 참여하는 힘을 기르는 교육은 모두가 도덕 교육이라고 하면서, 사회적으로 필요한 구체적인 일을 하면서 성장에 필요불가결한 계속적 재조정, 즉, 삶의 모든 장면에서 배워가는 일을 해나가는 것 자체를 도덕성으로 보고 있다. 그러므로 학교는 아동에게 이러한 인격을 길러주기 위해 모든 중요한 측면에서 지역 사회와 동일한 모습을 띠어야 한다. 사회적 지각과 관심은 진정한 사회적 분위기, 공동의 경험을 구축하기 위해 자유로운 교환이 있는 분위기에서만 발달할 수 있다. 여기에는 다른 사람과 어울려 함께 일하고 노는 사회적 맥락이 필요하다. 교육에서 이러한 활동은 사회적 분위기를 조성해 준다는 데 있다. 삶의 장면과 유리된 단순히 교과를 공부하는 장소로서의 학교 대신, 공부와 성장이 현재 공유되고 있는 경험의 장으로 한 부분이 되는, 사회 집단의 축소판으로서의 학교가 되어야 한다. 운동장, 공작실, 작업실, 실험실은 아동들의 상호교섭, 의사교환, 협동을 가능하게 하고, 사회정신의 핵심인 관련되는 지각이 확장되는 일도 이 모든 것들을 통해서이다.

■ **사고**: 듀이의 사고 작용을 구명하기 위해서는 사고와 행위의 관계를 깊이 이해해야 한다. 그것은 '습관화'라는 사고의 핵심 개념을 인식하는

관건이기 때문이다. 서구 전통 철학의 심신이원론(心身二元論)에서는 신체 활동과 사고는 분리되는 것으로 생각하였다. 신체 활동은 겉으로 드러나는 행위를 중심으로 하고, 사고는 내면적 관점의 형성으로 이루어지는 것으로 이해하였다. 행위 중심의 신체 활동으로 인해 몸에 배어 있는 습관의 경우, 어떤 행위를 반복함으로써 사고를 필요로 하지 않는 행동, 즉 사고 없이도 자동적으로 하게 되는 행위를 가리켰다.

그러나 듀이는 행동뿐만 아니라 사고 또한 습관이 될 수 있는 것으로 본다. 심신이원론에서 벗어나면, 사고와 습관은 반성적 사고의 습관화라는 개념으로 연결될 수 있다. '반성적 사고'는 '성찰적 사고' 혹은 '반향적 사고' 등 번역 용어에 따라 약간의 뉘앙스 차이가 있다. 그 핵심은 사고의 양식이 단선적이고 직선적으로 끝나버리는 것이 아니라, 지속적인 성찰의 과정에서 끊임없이 제기되는 '문제 상황'이 역동적으로 살아 있다는 점이다. 그것은 이 세계가 하나의 유기체이자 생명체로서 생동감 있게 전개되고 있기에 언제 어디서나 살아 움직이는 사고를 유발하고 인도한다는 의미이다. 세상 자체가 사고의 역동성과 생명력, 변화를 담고 있다. 그것이 '반성적(reflective)'이라는 의미이자, 과거의 박제된 사고의 집적물인 쏘오트(thoughts)가 아니라 현실에서 구체적으로 진행되고 있는 사유의 유동성인 싱킹(thinking)이다(이주한, 2003: 200; 임현식, 1998: 67~68; 신창호, 2016: 140).

이러한 사고와 결부지어 볼 때, 도덕 훈련은 어렵거나 불가능하다. 듀이는 『민주주의와 교육』에서 도덕 이론을 설명하면서, 당시 도덕 교육의 문제점을 몇 가지 지적하였다(Dewey, 1916/2007: 518~538).

첫째, 도덕성은 행위와 관련된 것인 만큼, 마음과 활동 사이를 갈라놓는 이원론적 사고가 도덕 이론에 영향을 미쳤다. 이원론적 사고는 내적 선(善)의지, 또는 외적 행위만을 지나치게 강조하여 오히려 도덕 교육을 그르치게 만들었다. 내적 도덕성을 강조하게 되면 당연히 쾌락주의 또는 공리주의의 반대를 불러일으키기 때문에, 실제 학교에서의 도덕 교육은 이 두 가지 도덕관을 어정쩡하게 타협하고 있다. 예를 들어 개인의 선의지를 강조하면서, 이러한 선한 의도가 있다면 그것이 완전히 행동의 결과로 나타나지 않더라도 큰 잘못은 없다고 생각한다. 한편, 타인의 편의나 요구를 충족시키기 위해 개인이 관심을 가지고 있건 없건 특정한 행동을 해야 한다는 것 또한 대단히 강하게 요구하고 있다는 점에서 문제가 있다. 도덕적 활동은 항상 목적의식을 가지고 있어 그 전체적 행동 안에 반드시 사고와 행동을 함께 포함하고 있다.

둘째, 의무(義務)와 이해(利害)의 대립 문제이다. 그것은 '원리'에 근거한 행동과 '이해'에 의거한 행동 사이의 대립 문제이다. '이해' 쪽의 입장을 지지하는 사람들은 습관적으로 그 말을 '자기이익'이라는 뜻으로 사용한다. 그들은 어떤 사람이 원리나 의무감에서 행동한다고 말하는 경우에도 실제로는 그에게 이익이 되는 무엇이 있기 때문에 그런 행동을 한다는 결론을 내린다. 이 입장을 반대하는 측에서는, 인간은 이해를 떠난 행동을 할 수 있다고 주장한다. 듀이는 양측 모두, 전제는 타당하지만 결론은 잘못 되었다고 보았다. 학교의 교육 상황에서 아동[학생]들이 자신에게 부과된 일을 계속하도록 하는 추진력은 그 일 전체에 대한 관심에 있다고 보아야 한다.

셋째, 지식과 인격에 대한 것이다. 한편으로 도덕은 이성 또는 합리적인 것과 동일한 것으로 생각되지만, 다른 한편으로는 도덕은 흔히 보통의 지식과는 아무 상관없는 일이라고 생각된다. 도덕적 지식은 일상의 경험과는 멀리 떨어진 것이고, 양심이라는 것은 의식과는 근본적으로 다른 것이라고 생각한다. 지식과 도덕을 동일한 것으로 인식하는 일은 잘못된 시각이다. 선에 대한 지식은 책이나 다른 사람의 말에서 얻을 수 있는 것이 아니라, 장기간의 교육을 통해 획득할 수 있다. 이는 아리스토텔레스가 말한 실제적 습관과 엄격한 훈육을 거치지 않는다면 이론적 통찰에 도달할 수 없다는 점을 간과한 것이다. 반대로 지식과 관계가 없다는 입장 또한 잘못되었다. 학교의 도덕 교육이 인격의 함양에 궁극적 목적을 두면서, 그와 동시에 학교 시간의 대부분을 차지하는 지식의 습득이나 이해가 인격과 아무런 관계가 없다고 생각한다면, 도덕 교육은 '문답식 수업' 또는 '도덕에 관한 교과목 수업'에 불과할 것이다. 이러한 논의는 무의미한 것으로, 여러 가지 경험을 하는 가운데 직접 얻게 된 지식이 행동에 중요한 영향을 미친다는 것을 알아야 한다.

넷째, 사회적 경험과 도덕적 경험의 대립 문제이다. 이는 도덕을 지나치게 좁게 파악하는 데서 생기는 것으로, 도덕을 명확하게 규정된 행동의 목록으로 국한시키기 때문이라는 것이다. 하지만 도덕은 다른 사람과의 관계에 관한 행동 전체를 포괄하는 넓은 개념이며, 비록 행동을 할 당시에 그 행동의 사회적 관계성을 생각하지 않고 하는 행동이라 하더라도 우리의 모든 행동은 잠재적인 도덕적 행동으로 보아야 한다. 결국, 행위의 사회적 측면과 도덕적 측면은 서로 동일하다. 특히, 학교는 모든 중요한 측면에서 지역 사회와 동일한 모습을 띠어야 하며, 학교에서의 학습은 학교 밖의 학습과 연속성을 가져야 한다. 학교의 도덕 교육에서 가장 중요한 문제는 지식과 행위의 관련 문제인데, 정규 교과목 교육에서 학습되는 내용이 인격에 영향을 미치지 않는다면, 교육의 통합적·총괄적 목적이 도덕에 있다고 말하는 것은 부질없는 일이 된다. 사회생활에 효과적으로 참여하는 힘을 기르는 교육은 모두가 도덕 교육이다. 학교생활 자체는 사회생활의 한 형태이고, 학교 바깥에서 일어나는 공동생활의 경험과 긴밀한 상호작용을 해야 한다.

2-19/20/21/22/23/24

19

나는 아동이 공동체의 삶을 통한 일을 하면서 자극 받고 통제되어야 한다고 믿는다.

20

나는 현재 조건에서 너무나 많은 자극과 통제가 교사로부터 나오는 이유가 사회적 삶의 한 형태로서 학교라는 생각을 교사가 간과했기 때문이라고 믿는다.

21

나는 이와 동일한 근거를 바탕으로 학교에서 교사의 위치와 일이 이해되어야 한다고 믿는다. 교사는 아동[학생]에게 어떤 생각을 부과하거나 어떤 습관을 형성시키려고 학교에 있는 것이 아니라, 공동체의 구성원으로서 아동에게 영향을 미치고, 아동에게 그것들에 적절하게 반응할 수 있도록 도와주는 일들을 취사선택하기 위해 있다.

22

나는 학교의 훈육이 하나의 전체로서 학교의 삶으로부터 나와야지, 교사로부터 직접적으로 나와서는 안 된다고 믿는다.

23

나는 교사의 할 일은, 그저 보다 넓은 경험과 보다 성숙한 지혜에 기초하여, 삶이라는 교과목이 어떤 방식으로 아동에게 나타나야 하는지를 결정하는 것이라고 믿는다.

24

나는 아동과 아동의 발전에 대한 평가와 관련된 모든 질문은 동일한 기준에 의거하여 답해져야 한다고 믿는다. 시험은 단지 사회적 삶을 위한 아동의 적합성을 검사하고, 어떤 분야에서 아동이 기여할 수 있고, 어디에서 아동이 도움을 많이 받을 수 있는지를 보여주는 한에서만 유용하다.

■ **삶의 활동:** 듀이는 기본적 삶의 활동을 통해 여러 차원의 교육적 의의를 제시한다. 삶의 활동은 전형적 사회 사태를 만들어줌으로써 사회에 대한 직접적 인식 배경을 마련해주고, 사회적 사실과 원리들의 의미를 생생하게 이해할 수 있게 해준다. 삶의 활동은 인간의 근본적 관심사를 다루는 사안이므로 인간의 내면 깊숙한 본능을 일깨워주며, 아동들에게 진정한 동기를 부여한다. 사회집단의 일생생활에 나타나는 그대로를 직접적 교과로 다루므로 그 교과는 덜 추상적이고 덜 형식적인 교과가 되며, 필연적으로 정보와 아이디어, 지식과 지적 성장을 조직하는 계기가 된다. 이와 같이 조직된 지식은 삶의 필요와 직결되어 있기 때문에 생생한 의미를 가진다. 이러한 삶의 활동은 각각의 교과가 제시하는 정보와 지식을 통합적으로 이해하는 계기가 되므로, 아동의 '지적-정서적-도덕적' 측면의 발달

을 통합할 수 있다((Dewey, 1900: 22; 1916: 310; Tanner, 1991; 최원형, 2008: 108, 재인용).

■ **자극과 통제:** 듀이는 자신이 세운 실험학교에서 바느질과 요리, 목공과 직물 작업 등과 같은 노작 활동이 학교생활의 각 부분을 연결하는 중심이 되도록 하였다. 듀이의 주요 저서인『학교와 사회』(1899)는 실험학교 3년의 운영 결과를 바탕으로 이루어진 3회의 강연집을 엮은 것이다. 여기에서 듀이는 아동들이 학교에서 노작 활동을 하는 가운데 의미 있는 교육적 활동을 보고한다. 아동들은 결과물 산출을 위해 서로의 제안, 성공과 실패에 대한 선행 경험을 자유로이 소통하게 되었고, 사회적이고 협동적인 방식으로 작업을 수행하면서 독특한 형태의 통제력을 탄생시켰다는 것이다. 결정적인 순간에 우리를 지켜주는 통제력과 훈련은 아동들이 학교의 생활 자체를 통해 얻은 것임을 실감하였다. 듀이는 이런 방식으로 학교는 추상적이고 요원한 관계에 있는 교과목을 배우는 곳이 아니라, 아동의 생활과 직결되는 삶의 마당이 되고, 축소된 공동체, 배아적 사회가 될 수 있다고 주장한다. 바로 이 지점, 노작 활동 속에서 의사소통을 통한 자극과 통제를 통해 아동의 도덕성 훈련이 시작된다.

■ **교사:** 교사는 학습자[아동]의 활동에 참여하여 활동을 함께 하는 사람이며, 그러한 공동의 활동에서 교사인 동시에 학생이기도 하다(Dewey, 1916: 160). 학습자를 성장하도록 돕는 과정이 교사에게는 또 다른 배움의 시간이 되며, 그러한 시간을 통해 교사 또한 함께 성장할 수 있다. 이는 유학에서 말하는 교학상장(教學相長)과도 유사한 의미이다.

‘교학상장’은 『예기』 「학기」에 나오는 말로, 교사가 가르치게 되면 학문의 어려움을 느껴 스스로 힘써 공부하게 되고, 배우면 부족함을 느껴 스스로 반성하게 된다는 뜻이다. 그러므로 가르치는 일과 배우는 일은 서로 도움이 되고 북돋아 주며, 삶을 건강하게 한다. 이러한 의미의 ‘교학상장’은 동양의 유학(儒學)에서 교육과 학습의 기본 원리이다. 이는 ‘교사-학생’ 사이의 대상적 관계에서도 쓰일 수 있고, 자기 자신의 공부 과정에서 가르침과 배움이 동시에 진행될 때의 상관관계를 의미하기도 한다. 교사와 학생은 교육과 학습의 행위를 통해 서로 영향을 미치면서 상대를 격려하며 상호작용한다. 동시에 교사로서의 개인은 학생이나 자기에 대한 가르침을 통해 자신의 내면을 발견하고 다시 배움의 길에서 정진할 수 있다.

또한 교사는 학습자를 이해함으로써 학교라는 공간을 서로의 진심 어린 소통의 장으로 만들고, 학교 안에서 이루어지는 활동들이 학습자의 바람직한 지적·도덕적 성장을 촉진하는 방향으로 수행될 수 있도록 환경을 만들어 주어야 한다(Dewey, 1916: 196)

■ **교사의 할 일**: 듀이는 『교육의 도덕적 원리』의 3장 「수업 방법의 도덕적 훈련」에서 학교에서 교사의 역할과 관련하여 다음과 같이 말한다. 도덕적 교육의 기본 요소로서 학교의 사회적 성격의 원리는 구체적 측면이 아닌 일반 정신의 측면에서, 수업 방법의 문제에도 적용될 수 있다. 이 경우 ‘흡수중심의 단순학습’보다 ‘구성해 내놓는 학습’을 강조한다. 우리는 단순학습이 본질상 얼마나 개인주의적인지, 그리고 무의식적으로 그렇지만 확실하고도 효과적으로 아동들의 판단과 행동방식에 영향을 미치는지 인식하지 못한다. 40명의 아동들이 하나같이 동일한 교과서를 보고, 매

일 같은 수업을 준비하고 암송한다고 상상해보라! 여기에서 노동의 사회적 분업과 같은 기회는 찾아볼 수 없다. 아동이 자기만의 무엇을 창출해내어 공동의 자산에 기여할 기회도 없다. 다른 아동들의 창출에 참여할 기회도 없다. 모든 아동들이 정확하게 동일한 일을 해야 하고, 동일한 결과물을 내어놓아야 한다. 여기에서 사회적 정신이 계발될 리 만무하다(Dewey, 2001b: 37~38).

이러한 듀이의 견해에 따른다면, 교사의 바람직한 역할은 아동에게 '흡수중심의 단순학습'이 아닌 '구성해 내놓는 학습'을 유도하는 데 있다. 이때 교사의 지위는 아동보다 단순히 우월적 지위는 아니다. 듀이가 보기에 전통적 교육의 핵심 문제는, 그것이 학생들에게 수동적 태도를 독려한다는 점이었다. 전통적으로 학교는 듣는 곳, 흡수하는 곳으로 취급되어 왔고, 분석하고 감별하고 적극적인 문제 해결보다는 청취[듣기]하는 일이 선호되어 왔다. 학생[아동]에게 수동적인 청취자가 되라고 요구하는 교육은 단순히 학생의 활달한 비판 능력을 계발하는 일을 저해하거나 방해하는 데서 그치지만은 않는다. 그것은 그 비판 능력을 적극적으로 약화시킨다!(Nussbaum, 2011: 119~120). 이런 견해는 듀이가 비판했던 '흡수중심의 단순학습'의 내용과 그 부작용으로 볼 수 있다.

경험의 매개자인 교사는 아동과 성인의 인성 발달에 관한 특별히 훌륭한 지식을 갖추고 있어야 한다. 듀이 이전의 전통적 교육에서 마음이 외부 세계와의 접촉을 통하여 그 내용을 얻을 수 있다고 보았던 시기에는, 수업[교수]을 교과목이라 불리는 외부적 사실의 덩어리에 아동을 직접 대면시키는 것만으로도 충분히 그 목적을 이룰 수 있다고 생각했다. 그러나 듀이는 이러한 이해 방식을 받아들이지 않았다. 듀이에 의하면, 교사가 교과목에 대해 사회적 상황에서 창출된 것이자 사회적 필요 때문에 발견된 해답이라는 생각에 이르지 못한다면, 이는 교과목을 아동의 필요와 관련지으려는 노력 없이 그냥 단순한 정보를 나열하는 것에만 만족하기 때문이다. 듀이는 민주주의 사회에서 교사는 뛰어난 지적 능력을 소유함과 동시에 아동에게 교육적이고 발전적 활동을 일으킬 수 있는 환경을 제공할 수 있어야 한다고 강조한다. 교과목의 배열과 사용 문제를 다룰 때, 듀이는 '발생적 심리학(genetic psychology)'의 측면을 지적한다. 발생적 심리학은 인간[아동]의 마음이 본질상 사회적 성격을 지니고, 사회에 의해 형성되며, 마음의 발달은 사회적 환경에 의존한다고 본다. 이에 따르면 교사는 직접적으로 교육하는 것이 아니라 환경을 통하여 간접적으로 교육해야 한다(박균선·김병희, 2003).

■ **공동체 구성원:** 듀이는 고전적 자유주의가 모든 형태의 권위를 거부하고 자유를 내세우는 것에 대해 비판하면서 민주주의 사회에 적합한 새로운 권위와 자유에 대한 모델을 정립하려고 했다. 그는 권위와 자유 간의 문제를 해소하기 위해, 외부에서 부여되는 권위로 돌아가는 것은 적절치 못하며, 집합적이고 협력적인 지성과 개인의 창조적 능력이 조화된 조직화된 지성의 작용이 민주주의 사회가 요구하는 권위와 자유를 담고 있다고 보았다.

듀이가 철학적으로 논의한 권위 개념은 그가 교육에 적용하려한 권위 개념과 동일하다. 교육적 권위는 어느 한 특정 개인의 지배력이 아닌 사회적인 것이다. 교사와 아동 개개인은 조직화된 지성에 의해 학급의 공동 활동에 참여하고, 교사가 불가피하게 자신의 개인적인 권위를 사용해야 할 때는 정의와 평등의 원리에 의해, 그리고 학급 전체의 이익을 고려해야한다. 듀이는 이것이 교사의 권리이자 책임이라고 보았다(김상현, 2012).

■ **훈육**: 듀이의『교육의 도덕적 원리』(4장)에는 훈육이 교양과 정보의 개념과 함께 언급되고 있다. 전반적 학교 분위기와 수업 및 훈육 방식은 주로 학교에서 사용되는 교과목 교재에 의해 결정된다. 불모의 '교육과정', 즉 빈약하고 편협한 학교 활동으로는 활발한 사회적 정신의 발달을 기대할 수 없다. 교과목은 아동에게 활동의 사회적 맥락을 깨닫게 하는 수단이다. 이는 학습 자료의 선정과 가치 판단을 위한 기준이 된다.

우리는 현재 '교양, 정보, 훈육'이라는 세 개의 독립적 가치를 갖고 있다. 실제로, 이들은 사회적 해석의 세 가지 다른 측면을 가리키는 것에 불과하다. 정보는 학습 자료가 사회적 삶의 맥락 속에 들어가 그 이미지와 의미가 분명해질 때만, 진정한 정보, 또는 교육적 정보가 된다. 훈육은 정보를 근거로 자신의 능력을 발휘하여 그 능력을 사회적 목적을 위해 통제할 수 있을 때만, 진정으로 교육적 훈육이 된다. 교양은 외적 세련이나 허울 좋은 치장이 아닌 진정으로 교육적인 경우, 정보와 훈육의 생생한 합일을 나타낸다(Dewey, 2001b: 47~48).

전통적 교육관에 의하면, 학교 교육은 과거로부터 이룩해 놓은 지식과 정보들을 전수하는 일을 해야 한다(Dewey, 1938: 5). 듀이는 전통적 형이 상학에 근거한 교육관에서 학교 교육을 통해 전달하려는 지식과 정보가 실생활이나 개인의 삶과는 유리된 외부로부터 주어진 고정된 목적이라는 점에서 비판한다. 그는 현재의 직접적 삶에 필요한 지식과 기술을 배우는 것이 중요한 이유는 단순한 관심이나 만족에 기대는 차원이 아니라 전체 삶을 조망하는 가운데 과거를 통해 경험된 내용을 현재 삶에 적용하고, 이러한 적용으로부터 경험한 내용이 계속적인 삶을 이루어 나가는 과정으로서 중요하기 때문이라고 주장한다(권정선·김회용, 2015).

■ **경험**: 듀이는 자연을 탐구하면서 모든 것은 상호작용하며 변화하는 과정 속에 있음을 통찰한다. 인간은 세상에 존재하는 순간 상호작용을 하게 된다. 공기를 마시고, 땅에 발을 딛고, 무엇인가를 바라보고, 맛보는 등모든 행위가 일어나는 상황은 그 자체로 이미 상호작용이다. 이런 상호작용의 상황이 '경험'이며, 그렇기 때문에 경험은 고정될 수 없고 변화하는 관계의 속성에서 이해해야 한다(Dewey, 1925: 16).

■ **사회적 삶**: 듀이는 사회적인 것과 윤리적인 것은 동일한 의미를 지니는 것으로 이해한다. 다라서 듀이에게서 사회적 생활양식과 윤리적[도덕적] 생활양식은 동일한 의미를 지닐 수밖에 없다. 듀이는 사회적 삶과 밀착된 역사의 윤리적 가치를 다음과 같이 설명한다. 평범한 아동이 지속적으로 필요한 것은 진리와 정직의 중요성, 또는 애국주의적 행위가 제공하는 좋은 결과를 주입시키는 도덕 교과목의 학습이 아니다. 사회적 상상력과 사회적 관점을 활용하는 습관을 형성하는 학습이다. 이 말이 의미하는 바는, 아동이 특별한 사건이나 자기 자신이 직면한 특정한 상황을 총체적인 사회생활에 비추어 해석하는 습관을 형성해야만 한다는 것이다. 윤리적 측면에서 보면, 현재의 경제와 정치 상황 속에서 악덕(惡德)은 이와 관련된 개인의 사악함 때문도 아니고, 정직이나 근면과 같은 일상적 덕목을 무시하기 때문도 아니다. 이러한 악덕이 생기는 것은 우리가 살고 있는 사

회의 환경을 올바르게 평가하지 못하는 능력 때문이다. 따라서 사회적 상황을 파악하고, 그러한 상황을 보다 단순하고 전형적 요소들로 환원시키는 것을 훈련받은 아동의 마음만이, 악덕이 내재된 이런 현실 생활을 개선하기 위해 어떠한 행위가 진정으로 요구되는지를 판단할 수 있다((Dewey, 1897: 72~73; 이홍열, 2007).

제3장 교육의 내용

　듀이가 활동하던 19세기 후반에서 20세기 전반기의 자유주의와 현대 21세기 자유주의의 차이를 보면, 우리 시대의 자유주의가 얼마나 불완전한지를 감지할 수 있다. 권리에 집착하는 자유주의는 단지 하나의 현대판 자유주의일 뿐이지, 가장 설득력 있는 자유주의는 아니다. 듀이 또한 자유주의적 권리를 인정하지만, 그 근거는 자유주의자들이 우선적으로 고려하는 천부인권적인 자연적 권리들에 기반 하는 것이 아니다. 자신들의 불만을 이야기하고 시정할 수 있는 소통의 장으로서 커뮤니케이션과 지성적 행위, 인간 역량의 최대 실현을 장려하는 민주주의 공동체의 필요조건을 공적 기반으로 자유주의적 권리를 인정한다.

　듀이는 정의와 권리를 강조하고 않고 있는 것 자체가 당시 미국 민주주의의 주요한 문제라고 본 것은 아니다. 보다 핵심적인 문제는 공공생활의 피폐성이라고 보았다. 공공성이나 공공생활이 피폐한 근원은 근대 경제생활의 비인격적이고 조직화된 성격과 미국인들이 스스로에 대해 인식하는 방식 사이의 모순에 있었다. 20세기 초반의 미국인들은 대기업들이 지배하는 거대한 규모의 경제생활이 자신의 삶을 관리하는 그들의 역량을 침식하기 시작하는데도, 점차 자신을 자유롭게 선택하는 개인으로 생각하기 시작했다. 듀이는 사회적 사안을 관리하는 일에서 개인의 중요성이 줄어들고 있던 시기, 기계력과 거대한 비인격적 조직들이 세태의 골격을 결정하고 있던 시기에, 역설적으로 사람들이 개인주의적 철학에 매달리는 것을 보았다.

상업과 산업의 영향으로 전통적인 형태의 공동체와 권위가 붕괴되었는데, 이것이 처음에는 개인 해방의 근원으로 보였다. 하지만, 미국인들은 곧 공동체의 상실이 그와는 사뭇 다른 결과를 낸다는 사실을 발견했다. 새로운 형태의 커뮤니케이션과 기술은 새롭고 더욱 광범위한 상호의존을 초래했지만, 공통의 목적과 추구에 대한 연대감까지 불러일으키지는 못했다. 사람들을 불어 모으는 거대한 흐름이 이어지고 있지만, 이 흐름은 새로운 종류의 정치적 공동체를 성립하는 데 아무런 역할도 하지 않고 있다. 대중은 길을 잃고 방황하는 것처럼 보였고, 새로운 국가 경제는 그에 합당한 정치적 행위자를 가지지 못했고, 결국 민주적 대중을 원자화하고 불완전하며 비조직적 상태로 남겨 두었다. 듀이에 의하면, 민주주의의 부흥은 공동의 공공생활이 회복되기를 기다리고 있었다. 이는 다시 시민들에게, 근대 경제 내에서 효과적으로 행위 할 수 있는 능력을 길러주는 새로운 공동체주의 기관, 특히, 학교의 창설에 의존했다(Sandel, 2005: 278~283). 이 지점에서 학교에서 이루어지는 교육의 내용이 민주주의 발전에 어떻게 기여할 수 있는지 고민의 중심축으로 떠오른다.

25

나는 아동의 사회적 삶이 아동의 모든 훈련이나 성장을 집중시키거나 관련짓는 근간이라고 믿는다. 사회적 삶은 아동의 모든 노력과 성취물에 대한 무의식적 통합성과 배경 맥락을 제시해준다.

26

나는 학교에서 이루어지는 교육과정의 내용이, 사회적 삶의 원시적, 무의식적 통합성으로부터 점진적인 분화의 기점이어야 한다고 믿는다.

27

나는 이러한 사회적 삶과 연관 없이, 읽기, 쓰기, 지리 등과 같은 수많은 전문적 교과목을 아동에게 갑자기 제시함으로써 아동의 본성이 훼손되고, 윤리적인 결과를 얻기 어렵게 만든다고 믿는다.

28

그러므로 나는 학교의 교과목들을 관련짓는 진정한 핵심은 과학도, 문학도, 역사도, 지리도 아닌, 아동 자신의 사회적 활동이라고 믿는다.

■ **사회적 삶:** 사회적 삶은 사회생활에서 수행되는 몇 가지 형태의 일들을 재생산하거나 병행하는, 아동의 편에서 이루어지는 활동 유형을 뜻한다. 예컨대 아동 수준에서 실천할 수 있는 정원 가꾸기나 옷감 짜기 등이

이에 해당한다(Dewey, 1900: 132).

■ **교육과정**: 듀이의 관심[홍미]에 기초한 학생 중심 교육과정은 다음과 같이 정돈할 수 있다. 먼저, 듀이의 관심 개념의 독특성은 첫째, 관심은 주제 또는 객체의 특성이 아니라 자아가 대상세계와 하나가 되어 열망하고 사고하며 힘써 나아가는 일련의 활동을 가리킨다. 둘째, 정상적 관심은 활동의 수단과 목적으로 들어오는 대상들의 본질적 관련성에 의거하여 연속적으로 발달하는데, 이는 세계 의미의 확장을 통한 총제적 자아의 성장을 의미한다. 셋째, 관심이 이상적으로 발달하면, 현재 행위가 수단이자 목적으로서 새로운 의미 생성에 이르는 예술적 태도가 형성되는데, 이러한 발달은 사회적 삶의 조건과 상호 관련되어 있다(양은주, 2003).

아동의 관심이 발달하는 것은 그 연속적 과정을 매개해 주는 적절한 수단으로서 교과내용의 진보적 조직을 통하여 실현된다. 따라서 교육과정 구성에서 학생[아동]의 자발적 활동을 출발점으로 삼아야 하는 동시에, 자아의 활동적 에너지가 새로운 의미의 성장으로 귀결될 수 있도록 매개하는 상호작용적 조건 구성이 중요하다. 다시 말해, 현재 학생들의 직접적 홍미를 확보해야 할 뿐만 아니라, 계속적으로 새로운 지식과 기능이 추구하는 목적을 위한 본질적 수단으로 통합되면서 진보적으로 조직될 수 있도록 매개하는 상황 구성이 필요하다. 이러한 교육과정의 구성 원리는 '직접적 관심의 원리, 간접적 관심의 원리, 지성적 변화의 원리, 사회적 정신 발달의 원리' 등으로 구체화 할 수 있다.

신체-활동적 관심이 지배적인 초기에는 대상 세계를 직접적으로 경험하는 데 일차적 관심을 갖기 때문에, 교육과정 구성의 중심은 직접적 관심 활동 중심이어야 한다. 따라서 시각과 함께 손을 움직이는 등, 감각기관과 운동 기능을 함께 사용하며 세계를 질적으로 직접 경험하는 활동적 상황이 제공되어야 한다. 여기서 직접적 관심 활동은 그 자체로 추구되는 것이 아니라, 자연스럽게 주의력을 확보하고 자신의 능력과 기관의 힘을 느끼고 세계의 사물들에 대한 경험의 배경을 질적으로 풍요롭게 만들어 준다.

도구-조작적 관심이 점진적으로 발달하는 시기에는 어떤 목적 실현을 위해 필요한 작업과정과 같은 간접적 관심 활동으로 옮아가야 한다. 이를 위해 공작과 수공 작업이 활용되는데, 학생[아동]이 경험한 삶의 경험 내에서 필요한 지식과 기능을 학습하게 만드는 자연적 동기를 제공하고, 지식의 유용성을 인지하면서 지적 발달을 도모하게 된다. 어떤 내용을 학습하고 있다는 것을 의식적 목적으로 삼지 않고도 학생들이 관심을 갖고 창조적 노력을 기울이며 몰입하는 활동 안에서 부수적으로 학습이 이루어진다. 예컨대, 실험학교에서는 의식주와 관련되는 기본 수공 훈련으로, 요리 활동이 화학적 사실과 원리 및 식물의 생태 학습의 수단이 되며, 옷감 짜기 활동을 통해 발명의 역사 및 식물의 생태를 익히고, 목공 작업을 하면서 기하학적 원리와 측정 및 수 개념을 학습하도록 하였다.

탐구나 과학적 관심이 활발해지는 시기에는 지적 탐구 자체를 즐기도록 교육과정 구성에서 실제적 활용의 목적이 아니라 순수하게 이해의 목적을 추구하는 탐구활동이 확대되어야 한다. 이와 같은 직접적 관심에서 간접적 관심에로의 전환은 실험학교에서 12세 전후 아동들의 교육과정 사례에서 잘 나타난다.

이상의 세 가지 원리가 상호 중첩되면서 연속적으로 발전하는 것이라면, 교육과정 구성에서 사회적 정신 발달의 원리는 전 시기에 걸쳐 일관되게 강조된다. 방법적으로는 교과서와 교사 중심의 통제된 수업을 지양하고, 하나의 목적을 공유하며, 참여하는 사회적 공동 활동 중심 구성이 제안된다. 왜냐하면 이것이 자기 주도적 능력과 도덕적 책임감 형성의 효과적 수단이 되기 때문이다.

듀이에게 학교에서 진행되는 아동의 교육과정은, 어떻게 하면 일상의 모든 유목적적 활동 내에 깃들이는 지성적 국면이 점차적으로 이론적 탐구 관심으로 연속적으로 발달하는가의 문제가 관건이다. 다시 말해, 활동적 관심 차원에서, 지적 인식을 추구하는 상태로부터 인식 그 자체를 목적으로 하는 '실험적 활동(doing for knowing)'으로 전환되는 계기 마련이 교육과정에서 가장 중요하다. 이와 같이 '사회적-인간적' 중심으로부터 보다 객관적이고 지성적 조직으로 옮아가는 연속적 변화를, 듀이는 음악에 빗대어, '변조(modulation)'라고 표현한다.

■ **아동의 본성**: 교육목적은 수업을 받는 학생[아동]들의 활동에 맞추어 그것을 도와주는 방법을 직접 시사할 수 있어야 한다. 교육목적은 그들의 능력을 이끌어내고 조직하는 데 필요한 환경이 어떤 것인가를 시사하는 것이어야 한다(Dewey, 1916/2007: 183). 이런 인식으로 볼 때, 듀이가 말하는 아동의 능력은 무엇인가?

능력이나 잠재능력이라는 말은, 소극적 의미와 적극적 의미라는 이중의 의미를 지니고 있다. 이 점이 중요하다. 능력이라는 단어가 지니고 있는 용량(容量)이라는 뜻은, 예컨대 한 되 들이라고 할 경우에서와 같이, 빈 그릇을 나타내는 것으로 사용될 수 있으며, 잠재능력이라는 말도 단순히 잠자는 듯이 가만히 있는 상태, 즉 바깥의 영향을 받아 무엇인가 다른 것으로 될 수 있는 힘을 나타내는 데 사용될 수 있다. 그러나 능력이라는 것은 또한 '할 수 있는 힘'을 뜻하며, 잠재능력도 유능한 상태, 힘 있는 상태를 뜻한다. 이러한 이해에 기초할 때, 능력은 교육적 상황에서 필연적으로 미성숙한 인간의 사태와 연관된다. 미성숙이라는 것은 성장의 가능성을 뜻한다. 미성숙이라는 말은 나중에 나타날 능력이 현재 없음을 가리키는 것이 아니라, 적극적으로, 현재 어떤 능력이 있다는 것-즉, 발달할 능력이 있다는 것을 가리킨다(Dewey, 1916/2007: 93~94).

교육적으로 볼 때, 능력에 대한 이해는 본성에 대한 올바른 인식을 요청한다. 듀이는 본성을 충동으로 본다. 그렇다고 루소나 맹자의 성선설(性善說)에서 본성을 언급하는 것처럼, 인간이 지켜내고 길러나가야 할 이상적 목표가 선천적으로 내재한다고 보지는 않는다. 인간[아동]으로서 주어진 삶을 살아가는 존재가 그저 살아가도록 추동하는 원동력이 있다고 볼 뿐이다. 이 원동력이 다름 아닌 '충동(impulse)'이다.

충동은 인간 본성에 내재되어 있다. 어떤 사람이 본능과 충동을 구분하면서, 본능은 고정적 개념이라고 주장하는 부분은 재고할 필요가 있다. 충동은 '특유의 고정된 성질'이나 인간이 마땅히 달성해야 하는 목표로서의 '덕목'이 아니다. '가능성'을 특징으로 하는 인간 본성의 요소이며, 인간 행위의 출발점이다. 뿐만 아니라 인간에게 행위를 하도록 하는 원동력으로서의 역할을 하고, 사회적 환경 속에서 형성된 습관의 고정성으로부터 벗어나도록 균형을 깨는 역할을 한다. 충동은 환경과의 상호작용을 통해 어떤 의미를 만드는데, 이는 개인의 '습관'으로 자리 잡는다. 능동적 주체인 인간 본성에는 본능으로서의 충동이 자리 잡고 있다. 이는 도덕적 가치와는 무관한 것으로 환경 속에서 만들어진 습관을 새롭게 재구성하도록 자극하는 원동력이다. 습관은 충동을 통해 자극받고 새로워지며, 충동은 습관을 통해 조절된다. 습관을 통해 조절된 충동은 현실적으로 실현 가능한 형태로 드러나는데, 이를 '의지'라 한다. 이러한 일련의 과정으로 형성되는 것이 자아(self)이다. 자아는 타고난 고정된 형태로 있는 것이 아니라 형성 과정에 있는 존재이다(장혜진, 2017: 277~292).

또한 듀이가 언급하는 본성을 본능으로 보기도 한다. 듀이는 인간의 본성을 인간의 기억들과 희망들, 이성들과 욕망들이 어우러진 인간 상호작용의 결과들이 어우러진 총체로 설정한다. 학생[아동]은 무한한 가능성을 지닌 존재이며 천부적으로 다양한 능력을 지닌 학습자이다. 학생은 능동적이며 발전적이고 긍정적 존재로 계속적 경험과 환경과의 상호작용 속에서 자기를 성장시켜가는 존재이다. 이런 학생이 지니고 있는 본능의 부분들을 활용함으로써 그들의 성장을 이끌어야 한다는 것이 듀이의 교육관이다.

듀이는 학교에서 활용할 수 있는 학생의 본능(instincts)을 다음과 같이 네 가지 종류로 제시한다. 첫째는 소통적 본능이다. 이는 사회적 본능이라고도 하며, 아동의 담화, 교제, 전달과 관련된다. 둘째는 제작적 본능이다. 이는 구성적 충동에 해당한다. 셋째는 탐구적 본능이다. 이는 구성적 충동과 소통적 본능의 결합에서 생성된다. 넷째는 예술적 본능이다. 이는 표현적 충동으로 소통적 본능과 구성적 충동으로부터 발생한다. 여기서 탐구적 본능과 예술적 본능은 소통적 본능과 제작적 본능에 기인한다. 본능에 대한 관심은 자연적 자원이다. 외부에서 어떤 요소가 투입되지 않은 자본이다. 이런 자원을 활용함으로써 아동의 능동적 성장이 이루어진다(이준수, 2009: 246~259).

■ **아동 자신의 사회적 활동**: 아동의 현재 관점과 학문의 사실 및 진리는 마치 일직선을 이어주는 두 개의 점처럼 가르침을 규정한다. 그것은 아동의 현재 경험으로부터 우리가 학문이라고 부르는, 조직적으로 만들어진 진리를 향해 나아가는 경험의 지속적 재구성이다. 겉으로 볼 때 수학, 지리학, 언어학, 식물학 등의 다양한 학문은 그 자체로 경험-인류가 쌓은 경험들-이다. 그러한 학문들은 세대 간에 대대로 계속되는 인류의 노력, 고군분투, 성공의 누적된 산물을 나타낸다. 학문은 이러한 분리된 경험의 조각들을 단순히 축적해 놓거나 잡다하게 모아놓은 방식으로 제시하지 않는다. 학문은 조직화되고 체계화된 방식, 즉 반성적으로 정식화된 양식으로 산물을 제시한다. 그러므로 아동이 현재 경험을 통해 얻게 되는 사실 및 진리와 교과 내용 속에 포함된 사실과 진리는 동일한 실재에 대한 시작과 끝의 관계이다. 그들의 관계를 대립으로 보는 것은 똑같은 삶에서 유아기와 성인기를 대립시키는 일이다. 그것은 동일한 과정에서 현재 움직이고 있는 경향과 최종적 결과를 대립으로 설정한다(Dworkin, 1967/2013: 140).

3-29/30/31

29

나는 교육이 이른 바 자연 교과목이라 불리는 과학 교과목 중심으로 통합될 수 없다고 믿는데, 그 이유는 인간 활동에서 떨어져 있는 자연 그 자체는 통합체가 아니기 때문이다. 자연 그 자체는 시공간의 무수히 많은 다양한 물체들이며, 자연 그 자체를 일의 핵심으로 삼으려는 시도는 집중의 원리가 아니라 분산의 원리를 도입하는 것이다.

30

나는 문학이 사회적 경험에 대한 반사적 표현이자 해석이라고 믿는다. 때문에 그러한 경험은 뒤따라야만 하는 것이지 앞서서는 안 된다고 믿는다. 그러므로 문학은 통합의 요약본이 될 수는 있겠지만 근간이 될 수는 없다.

31

나는 또한 사회적 삶과 성장의 국면들을 제시하는 범위에서, 역사가 교육적 가치를 갖는다고 믿는다. 사회적 삶에 대한 참조를 통해 역사는 통제되어야만 한다. 그저 역사로서만 다뤄지면 그것은 먼 과거로 내던져지고 쓸모없어지며 무기력해진다. 인간의 사회적 삶을 기록한 것으로 받아들여지면, 역사는 의미로 넘치게 된다. 그러나 나는 아동이 사회적 삶에 직접적으로 대면하게 되지 않고서는 역사가 그런 식으로 받아들여질 수 없다고 믿는다.

■ **집중의 원리와 분산의 원리**: 논리적으로 정식화된 과학의 재료나 학습, 학문의 분과는 개인적인 경험을 대체하지 않는다. 예를 들면 낙하하는 물체에 대한 수학 공식은 떨어지는 사물을 접하는 직접적이고 개인적인 경험을 대신해 주지 않는다(Dworkin, 1967/2013: 148).

우리가 회복해야 할 것은 학문의 내용이나 학습의 분과를 경험하는 것이다. 학문의 내용이나 학습의 분과는 그 근원이 되는 경험으로 되돌아가야만 한다. 그리고 심리적으로 고찰할 필요가 있다. 즉 그 기원이자 의미(significance)를 갖는 직접적이고 개별적인 경험으로 전환되어야 한다(Dworkin, 1967/2013: 150).

학습자료가 삶과 관련 있는 것으로 바뀌는 것이 아니라, 아동의 현재 삶을 대체하는 것이나 외부에서 첨가된 것으로 제시될 때 폐해는 다음과 같다.

첫째, 아동이 이전에 보고 느끼고 사랑했던 것과 유기적인 관련성이 없기 때문에 학습 자료는 순전히 형식적이고 상징적인 것이 된다. 외부로부터 생겨난 상징, 아동이 이전에 했던 활동과 관련이 없는 상징은 무의미하거나 단순한 상징일 뿐이다. 아동의 삶 속에서 이전에 중요한 위치를 차지하던 것에 가까이 가지 못하고, 그 바깥에 있는 모든 사실은-그것이 수학이든 지리학이든 문법이든 간에 – 무의미한 상징이 될 수밖에 없다.

둘째, 동기를 유발하지 못한다는 것이다.

셋째, 가장 논리적인 방식으로, 가장 과학적인 자료(matter)라 할지라도 외부적이고 이미 정해진 방식으로 아동에게 제시되는 경우에는 논리적이라는 특성을 잃어버린다는 점이다. 그렇게 해서 교과 내용은 논리적인 가치를 잃어버리고 단순히 '암기'를 위한 것이 된다(Dworkin, 1967/2013: 152-154).

듀이는 『민주주의와 교육』(Dewey, 2007: 358~359)에서 다음과 같이 말한다. '직접적 인식'이라는 말이 가지고 있는 또 하나의 의미인 '감상'은 '경멸과 반대된다. 감상은 가슴 가득히,'강렬하게' 소중히 여기는 것을 말하며, 이와는 대조적으로 '경멸'은 소중히 여기지 않는 것, 평가절하하는 것을 뜻한다. 보통의 경험 중에서 마음에 끌리는 면, 내 것으로 가지고 싶은 면(완전하게 동화되고 싶은 면), 즐거움을 주는 면을 고양하는 것-이것이 문학, 음악, 회화 등이 교육에서 수행하는 으뜸가는 기능이다. 이런 예술 활동이 가장 일반적인 의미에서의 가치 인식의 유일한 통로는 아니지만, 강렬하고 고양된 감상의 으뜸가는 통로임에는 틀림이 없다.

우리는 교과를 내재적 가치를 가진 '감상적인 것'과 교과 이외의 다른 가치나 목적을 추구하는 수단이 되는 '수단적인 것'으로 구분해서는 안된다. 어떤 교과에 있어서든 올바른 가치판단의 표준은 그 교과가 경험의 즉각적인 의의에 대하여 어떤 기여를 하는가를 직접 인식함으로써 형성된다. 문학과 예술은 감상(직접적 인식) - 즉, 의미의 선택과 집중을 통하여 높은 경지에서 의미를 인식하도록 하는 것-을 다루는 대표적인 교과로서 특별한 가치를 가진다. 그러나 어떤 교과든지, 그 발달의 어떤 단계에서는, 그것을 배우는 해당 개인에게 일종의 심미적 성질을 띤다(p. 373).

■ **역사의 교육적 가치**: 역사의 경우에, 그 생생한 의미를 죽이는 것은 역사가 현재의 사회생활의 양식과 관심에서 단절되어 취급되는 데서 빚어진다. … 과거에 대한 지식은 현재를 이해하는 열쇠이다. 역사는 과거를 다루지만, 이 과거는 현재의 역사이다. … 과거의 사건도 살아 있는 현재와 분리되어서는 의미를 가질 수 없는 것이다. 역사의 진정한 출발점은 언제나 현재의 사태와 그 문제들이다(Dewey, 1916/2007: 326). 역사를 가르치는 것은 아주 자연스럽게 윤리적 가치를 띠게 된다. 현재와 같은 형식의 단체생활에 관하여 지적인 통찰을 가지는 것은 '색깔없는 순진성'이상의 도덕적 인격을 갖추는 데에 반드시 필요하다. 역사적 지식은 그러한 통찰을 가지도록 해 준다. 그것은 현재의 사회라는 직물을 이루고 있는 씨줄과 날줄을 분석하여 그 무늬를 만들어온 힘을 알아내는 틀이 된다. 사회화된 지력을 개발하는 데에 있어서의 역사학의 용도, 그것이 역사학의 도덕적 의의이다. … 역사는 개인이 살고 있는 현재의 사회적 상황에 관하여 좀 더 지적인 공감을 가지고 이해할 수 있도록 도와준다(Dewey, 1916/2007: 330).

■ **사회생활의 직접적 대면**: 인간의 삶은 과거부터 현재까지 급격한 변화를 겪어 왔다. 때문에 교육이 삶에서 의미를 가지려면 학교에 대한 인식의 전환이 요청된다. 즉 학교를 사회의 삶을 반영하는 일이 활발하게 이루어지는 곳, 예술과 역사, 과학의 정신이 스며든 곳으로 만들어야 한다. 일은 경험을 통해 실재와 연결하며, 진정한 동기를 제공한다. 아동은 일을 역사적 가치를 지닌 것, 그리고 그에 상응하는 학문적 가치를 지닌 것으로 해석함으로써 공리주의적 의미로부터 해방될 수 있다. 학교에서 일은 단순한 즐거움이 아니다. 삶과 사회생활을 하는 데 필요한 하나의 매개체이자 도구로서 아동의 능력과 지식을 성장할 수 있게 한다(Dworkin, 1967/2013: 68~73).

3-32/33/34/35

32

이와 마찬가지로, 나는 교육의 일차적 기초는 문명을 존재하게 한 일반적 구성 노선과 동일한, 일할 때의 아동의 능력에 있다고 믿는다.

33

나는 아동이 자신의 사회적 유산에 대해 의식하도록 만드는 유일한 방법이, 문명을 문명이게 한 근본적 부류의 활동을 수행하도록 기회를 주는 일이라고 믿는다.

34

그러므로 나는 관련짓기의 핵심으로서 이른 바 '표현적' 또는 '구성적' 활동을 믿는다.

35

나는 이것이 요리, 재봉, 수공 훈련과 같은 교과목의 학교에서 차지하는 위치에 대한 기준을 마련해준다고 믿는다.

36

나는 이것들이 많은 사람들에게 휴식이나 편안함을 주거나, 추가적 성취와 같은 방식으로 도입될 법한 전문적 과목은 아니라고 믿는다. 나는 이것들이 사회적 활동의 근본적 형식을 여러 부류로 나타낸다고 믿는다. 그리고 이러한 활동을 매개체로 아동이 교육과정에서 보다 형식적 교과목들을 맞이하는 것이 가능하고, 또 바람직하다고 믿는다.

■ 아동의 능력: 해리스(W. T. Harris)에 의하면 학습자[아동]는 자연 발생적으로 태어날 때부터 '자기 활동성'을 지니며, 자기주장을 지니고 자체적으로 교육과정 속으로 들어간다. 이는 의지의 훈련을 통한 이성을 지닌 활동이다. 자기 활동성이란 자연 발생적으로 새로 태어난 영혼 안에 존재하는 것으로, 좋음 또는 나쁨이라는 성질이 정해지지 않은 행위의 가능성이다. 이러한 자기 활동성은 아동의 이성을 강조한다. 교과는 관습적인 지적 능력을 순서에 따라 채택해 놓은 것이다. 특히 아동의 자기 활동성이 인류문명에 관한 조망으로 이끄는 교과목에는 수학[산수], 지리, 역사, 문법, 문학과 예술 등 다섯 가지가 중요하다. 여기에서 주목할 사안이 있다. 특정 교과목이 가치 있는 것은 어떤 능력을 계발하는, 그 교과목이 유용하기 때문이 아니다. 그 교과목의 내용을 알아야 현대 사회를 완전하게 이해할 수 있어서이다(Kliebard, 1986: 36~40; 이지영, 1993: 9 재인용).

■ **기회를 주는 일**: 듀이의 관점에서 지식은 인간과 환경과의 상호작용을 통해 발생하였다. 따라서 지식은 사회적 성격을 지녔고, 교육내용이 되는 지식의 원천은 현재 사회의 문화, 곧 인류의 유산이다. 그런 차원에서 교과목은 다음과 같이 정돈된다. 교과목은 사회생활의 전형적 측면과 관련하여 사실들과 원리들을 모으고 정렬시킨 것이다. 달리 말하면 한 사회의 생활을 유지하는데 기본적으로 필요한 사안을 제공하는 것이다. 그러므로 교과목에 학습을 적용하고 배치하는 기준은, 학생[아동]을 그가 태어난 문명의 필요들에 적응시키는 데 있다.

교과목을 마주하는 아동들은 행동하는 순간 스스로를 개별화한다. 하나의 무리(mass)이기를 멈추고, 가정이나 지역 사회와 같은 학교 바깥에서 알게 되는 매우 독특한 존재가 된다. 교사들의 수업을 일방적으로 동일한 방식으로 '듣기 위해' 만들어진 전통적 학교[교실]는 주로 아동들의 학습을 수동적이고 흡수하는 양식으로 전락한다. 아동들이 개별적으로 지닌 다양한 역량과 요구에 맞게 조정할 기회가 거의 없다. '무언가를 하는 것(to do)'과 '만드는 것(to make)'에 주된 이해 관심[충동]을 두고, 아동들의 주의를 끄는 활동을 교육과정으로 도입할 경우, 우리는 학교가 학생[아동]들에게 매우 중요하고 오래 지속되는 영향력을 행사하고, 보다 많은 교양을 길러준다는 사실을 알게 될 것이다. 이런 점에서 교육은 '끄집어내는 일(drawing out)'이며, 아동은 잠재된 존재가 아닌 활동적 존재이다(Dworkin, 1967/2013: 73~80).

■ **표현적 또는 구성적 활동**: 대부분의 아동은 형태와 색상이라는 매체를 통해 스스로 표현하는 일을 좋아한다. 이는 아동의 본능이다. 하지만

아동이 그 행위를 의미 없이 반복하는 것보다는 비판과 질문, 제안을 통해 성장할 수 있도록, 학교에서 지도할 때 교사는 아동의 '충동'을 이용할 수 있다. 관찰이나 기억, 상상을 결합하여 의사소통을 하려는 충동과 무언가를 만들려는 구성적 충동이 정교해지고, 완전하게 표현되는 것이 예술적 본능이다. 교육은 단순하게 작업을 통해 추상적 진리에 도달하는 일이 목적은 아니다. 아동[학생]이 무엇인가 하는 것을 좋아하고 어떤 일이 일어나는지 보는 것을 좋아할 때, 교사는 그것을 기회로 활용하여 가치 있는 결과를 낳는 방식으로 지도할 수 있다. 아동의 예술적 충동은 주로 말하고 싶고, 표현하고 싶은 욕구라는 사회적 본능과 연결되어 있다.

학교에서 이용할 수 있는 네 가지의 이해 관심, 즉 충동으로는, 첫째, 대화나 의사소통에 대한 관심, 둘째, 탐구하고 밝혀내는 것에 대한 관심, 셋째, 만들거나 구성하는 것에 대한 관심, 넷째, 예술적 표현에 대한 관심이 있다. 이는 아동의 활발한 성장을 좌우하는, 활동을 위한 자연스러운 자원이자 아직 투자되지 않은 자본이다(Dworkin, 1967/2013: 84~90).

아동이 학교에서 하는 표현 활동은 듀이가 주장하는 교과의 세 단계, 즉 '사물에 대한 직접적 인식으로서의 교과', '언어화된 지식이나 정보를 통한 교과', '합리적·논리적 조직으로서의 교과' 가운데 첫 번째 단계에 해당한다. 사람이 가지게 되는 최초의 지식, 마음속에 가장 깊이 뿌리박혀 있는 지식은 '무엇인가를 할 줄 아는 것', 말하자면 걷고 말하고 읽고 쓰고 스케이트를 타고 자전거를 타고 기계를 조작하고 계산하고 말을 몰고 물건을 팔고 사람을 다루고 하는 등등을 할 줄 아는 것이다. 이때의 교육은 반드시 '행함으로써 학습하는(learning by doing)' 사태에서 출발한다. 교육과정의 초기 단계는 몸과 손을 움직여 실제로 일을 해보는 것으로 구성되어야 한다(Dewey, 1916/2007: 285~302).

듀이가 교육에서 능동적 활동이 중요하다고 강조한 것은, '학교 공부는 학습자의 경험과 능력을 출발점으로 하는 것이 바람직하다'는 당시 심리학의 발달에 힘입었다. 이런 이론에 근거하여 당시 학교들은, 아동이 학교 바깥에서 하고 있는 것과 비슷한 활동, 놀이나 일로 하고 있는 것과 비슷한 형식의 활동을 교실 수업에 도입하게 되었다. 특히, 정신활동의 연구 결과는, 탐색하고 도구와 자료를 조작하고 만들고 기쁜 감정을 표현해 보는 등, 생득적 경향성이 근본적 가치를 가지는 것으로 인식했다. 듀이는 이러한 활동이 정규 학교 공부의 한 부분이 될 때, 학생은 전인적으로 여기에 전념하게 되고, 학교 안과 밖의 삶 사이에 간극이 좁아지며, 교육적 효과를 가지는 모든 자료와 과정에 주의를 집중하고, 정보와 지식에 사회적 의미를 부여하는 협동적 교섭이 가능하다고 이해했다(Dewey, 1916/2007: 303~318).

듀이가 학교에서의 놀이와 일을 강조하는 다른 중요한 이유는 당시의 사회적 상황에 있었다. 듀이가 적극적으로 활동하던 시기 이전은 이른바 미국의 개척시대였다. 이 시기에는 학교 밖에서 하는 일조차도 확고하고 가치 있는 지적·도덕적 훈련에 속하는 내용이 대부분이었다. 개척시대 당시에는 책이나 그와 관련된 모든 것들은 귀했고 쉽게 가질 수 없었으며, 그것만이 좁고 조잡한 환경에서 벗어나는 유일한 통로였다. 사회가 이런 조건에 처해 있을 때, 학교의 교육 활동을 책에 집중시키는 일은 타당한 조치가 될 수 있었다. 그러나 듀이가 활동하던 시대 상황, 교육적 사태는 매우 달라져 있었다. 특히, 도시에서 젊은이들이 종사할 수 있는 일은 대부분 비교육적이거나 반교육적인 것이었다. 인쇄물은 값싸지고 보편적으로 배부되고 있으며, 지적 교양의 기회 또한 확장되었다. 단순하게 옛날식의 책으로 하는 공부는 그 중요성을 확보하기 힘들게 되었다. 그것이 교육에 대한 듀이의 사고를 전환하는 계기이다.

듀이는 학교 교육에서 실시하는 체험 활동들을 '실용적 또는 공작(工作)' 교육이라는 이름으로 진행했다(Dewey, 2011: 193~194). 그런 체험과 공작 교육의 교과목은 아동의 발달과 성장에서 중요하게 기여할 것으로 판단되었다. 아동이 자립적이고 효율적으로 사회에 기여하는 능력을 함양하기 위한 좋은 훈련 기회를 제공한다고 인정되었다. 이는 아동[학생]의 개인적 성찰과 실험에 의해, 그리고 나중에 전문적 과학 지식이 될 확실한 지식을 얻음으로써, 해결될 수 있는 전형적 문제를 제시하기 위해 사용할 수 있다.

단순한 신체적 활동이나 능숙한 조작에 의해, 지적 결과를 확보하는 그런 마술은 실제로 존재하지 않는다. 공작 교과목도 그대로 따라 하게 만들거나 책과 관련한 교과목과 같이 관습적으로 가르칠 수 있다. 그러나 정원에서 하는 일, 요리, 뜨개질, 기초적인 목공일 등에서 지적으로 일관된 작업은, 학생이 필연적으로 식물학, 동물학, 화학, 물리학 등 여러 과학의 실제적이고 과학적으로 중요한 정보를 수집하게 만든다. 뿐만 아니라, 보다 중요한 실험적 탐구 방법과 근거를 사용하는 데 정통할 수 있도록 계획될 수 있다. 초등학교 수준에서 이러한 교육과정이 너무 과중하다는 것이 공통적 불만 가운데 하나이다. 그렇더라도 과거의 교육 전통으로 돌아가지 않는 유일한 대안은 여러 기술, 공예, 직업 속에 존재하는 지적 가능성을 추출해 내고, 그에 따라 교육과정을 재조직하는 작업이다.

■ **사회적 활동의 근본적 형식:** 학교에서 하는 활동들, 예컨대, 정원 가꾸기, 옷감 짜기, 목공예, 금속 다루기, 요리 등은 인간의 근본적 관심사를 학교의 교육 자료 속에 옮겨다 놓은 것들이다. 이런 능동적 작업 활동들은 사회 사태의 특징을 잘 나타낸다(Dewey, 1916/2007: 303~318). 인간의 공통 관심사는 의식주, 가구 설비, 생산, 교환, 소비와 관련된 장비를 중심으로 하고 있다. 이런 것들은 생활의 필수품과 그것을 둘러싸고 있는 장식품을 대표하는 만큼 인간 내면의 깊숙한 본능을 일깨워 주며, 동시에 사회적 의미가 있는 사실과 원리들을 담고 있다. 이러한 활동들의 과학적 내용과 사회적 가치는 교육을 통해 알려줄 필요성이 간절하다. 이 활동들은 농사와 재배가 인간 역사에서 어떤 위치를 차지해 왔으며, 현재의 사회 조직에서 어떤 위치를 차지하고 있는가에 관한 지식을 획득하는 통로가 된다.

■ **활동의 매개체와 형식적 교과목:** 듀이는 학교에서 부여되는 아동의 교육과정이 작업 활동을 통해 형식적 교과목들로 입문하도록 해야 한다고 설명한다. 특히, 과학이 실제적 목적을 추구하는 과정에서 생겨났다고 주장하면서 강조하고 있다(Dewey, 1916/2007: 311~314). 인간의 역사에서 과학은 유용한 사회적 직업 활동을 하는 과정에서 점차적으로 생겨났다는 것이 듀이의 주장이다. 물리학은 지렛대, 바퀴 등을 발견하는 가운데, 전기 과학은 교통, 통신, 조명 등과 관련되어, 기하학은 측량에서 발전되어 나온 사실에 비추어 볼 때, 능동적 작업 활동은 과학 공부를 할 수 있는 기회나 그 가능성이 많다. 예컨대, 교육적으로 통제된 환경에서, 정원 가꾸기는 토양의 화학적 성질, 햇빛과 공기와 수분의 역할 등등을 알아보는 수단이 된다. 이렇게 할 때, 그 교과목은 식물의 발아와 영양, 열매에 의한 번

식 등 의도적으로 지적 탐구의 단계로 넘어갈 것이다.

교과목[교육과정]은 예견된 사태의 진전에 도움이 되는 방식이라든지, 또는 방해가 되는 방식이라든지, 어떤 형식이건 관련이 있다고 인식되는 것이다(예철해, 2004: 44~53). 또한 학습자가 교변작용하는 상황의 구성요소가 될 때 비로소 '교과'로서의 지위를 획득하게 된다(박철홍, 2013: 37). 목적을 가진 상황의 발달 과정 속에서 관찰되고, 회상되고, 읽고, 얘기를 나누었던 사실, 그리고 제안되는 아이디어들로 구성된다. 이런 교육내용을 구성하는 요소의 조건으로 다음과 같은 사안이 요청된다.

첫째, 학교에서 가르치는 교과 내용은 현재 사회생활의 의미 가운데 전수할 가치가 있는 의미를 구체적으로 자세하게 표현한 것들이어야 한다.

둘째, 교과는 학습자의 경험에 담긴 것과 동일한 세계를 담고 있으며 아동들의 경험이 나타내는 것과 동일한 힘과 필요를 나타내고 있어야 한다.

학교 교육과정에서 교과목은 사회생활의 원초적이고 무의식적 단일성을 출발점으로 거기서 점차 분화된 형태를 나타내어야 한다. 그리고 사회생활과의 훈련을 떠나서, 읽기, 쓰기, 지리 등 여러 개의 세분된 교과들을 갑자기 학습자에게 제시하는 것은 학습자의 본성에 역행하기 때문에 생길 수 있는 최선의 윤리적 결과를 얻기 어렵게 만든다. 교과의 본질로서 교과목 사이의 가치는 위계를 정할 수 없다. 교과가 발달하게 된 계기는 사회의 복잡성과 기술의 획득이 과거의 경험에서 축적된 표준적인 아이디어에 의존하는 정도가 커짐에 따라, 사회생활의 내용을 수업의 목적에 맞게 체계화할 필요가 생겼기 때문이다. 앞에서도 간략하게 언급한 것처럼, 교과는 3단계로 발전된다. 첫 단계는 교과는 사물에 대한 직접적 인식을 가리킨다. 둘째는 언어화된 지식 또는 정보를 통해 의미가 풍부해지고 깊어진다. 셋째는 의미가 더욱 확장되고 합리적으로 또는 논리적으로 조직되어 전문가라고 할 수 있는 사람의 지식으로 된다. 듀이가 말하는 교과의 발전 단계는 첫째, 놀이와 작업, 둘째, 지리와 역사, 셋째, 과학이다.

아동의 교육과정에서 듀이는 세 가지 수준을 제시한다(신창호, 2016: 44~45). 첫 번째, '만들어 실행해 보기', 두 번째, '역사와 지리 학습', 세 번째, '연합된 과학의 학습'이다.

첫 번째 수준인 '만들어 실행해 보기'는 아동의 직접적 경험으로 구상해 보고 직접 활동에 참여하여 재료들을 구하여 조작해 본다. 이러한 직접 체험을 하면서 아동은 경험의 여러 가지 기능적 측면에 접하게 되고 지적 사고를 하게 된다.

두 번째 수준인 역사와 지리 학습은 시간적·공간적 경험을 확대해 준다. 이는 자기가 살고 있는 집과 학교로부터 지역 사회와 세계로 시야를 확산시키는 교육적 자원이 된다. 체계화를 거친 지식을 가르치기보다 학생이 직접 겪는 환경에서 시작하여 점점 더 넓혀 가면서 학생 스스로가 시간과 공간에 대한 안목을 갖도록 한다. 듀이는 모든 학습이 시간적·공간적으로 특수한 상황적 맥락에서 이루어진다고 생각했다.

세 번째 수준은 과학 교과목을 통합하여 다루는 단계이다. 이는 여러 가지 신념이나 주장을 검증하는 일을 다루는 내용이다. 학생들은 이런 작업을 통해 과학적 정보를 얻고 자신의 문제를 과학적으로 풀어가는 방법을 탐구한다. 여러 과학으로부터 얻은 지식을 활용하여 문제 상황을 분석하고 또 해결을 위한 다양한 가설을 만들어 본다.

37

나는 과학 탐구가 사회적 삶을 살도록 하는 내용과 과정을 끄집어내주는 범위에서, 교육적이라고 믿는다.

38

나는 과학에 대한 지금의 교육방법[교수]이 갖는 가장 큰 어려움은, 그 내용이 순전히 객관적 형식으로 제시되거나, 아동이 이미 지닌 경험에 덧붙일 수 있는 새롭고 특이한 종류의 경험으로 다뤄진다는 데 있다. 실제로 과학은 이미 지닌 경험을 해석하고 통제할 수 있는 능력을 주기 때문에 가치를 갖는다. 과학은 새로운 내용보다는 기존의 경험에 들어 있는 요소들을 보여주고, 그 경험이 보다 쉽고 효율적으로 다뤄질 수 있도록 도구를 갖추게 해주는 것으로 제시되어야 한다.

■ **과학 탐구와 사회적 삶:** 과학 탐구가 사회적 삶을 설명하는 일과 연결되어야 한다는 듀이의 언급은, 인문 교과와 자연 교과가 긴밀히 연결되어야 한다는 주장 가운데 잘 드러난다(Dewey, 1916/2007: 407~422). 교육은 자연과학과 역사학, 문학, 정치학, 경제학 등 인간을 대상으로 하는 학문을 결합하여 서로를 풍부하게 할 수 있도록 하는 작업을 목적으로 삼아야 한다. 학생이 학교 바깥에서 당면하는 사태는 자연적 사실이나 원리가 다양한 양식의 인간 행동과 관련되어 있다. 학생들이 참여한 일체의 사회적 활동에는 물질적 자료와 과정이 포함되어 있고, 그런 활동에 종사하는 동안 학생들은 이 자료와 과정을 이해한다. 그런데 학교에 들어와서 이 긴

밀한 관련이 깨어짐으로써 학생들은 교과목 공부에서 비현실감을 맛보게 되며 관심을 가질 정상적 동기를 박탈당하게 된다. 이처럼 과학과 인간 문제를 분리할 때, 과학 교육은 별 효과를 거두지 못한다.

그러나 듀이는 과학이 인간의 관심과 관련 맺도록 하는 작업이 과거 어느 때보다 용이하다고 진단한다. 오늘날 문명된 사회에 살고 있는 사람의 일상 경험은 산업의 과정이나 결과와 밀접한 관련을 맺고 있어, 집안이나 길거리 등 어디서나 살아있는 과학의 수많은 사례를 볼 수 있다. 이들은 모두 과학적 업적을 구현하고 있으며 과학적 원리에 대한 관심을 자극한다. 과학을 가르치는 데, 누가 보더라도 명백한 교육학적 출발점은 과학이라는 딱지가 붙은 교과목 자체를 가르치는 일이 아니다. 일상의 익숙한 일이나 장비를 활용하여 관찰과 실험을 하고, 학생들에게 그 일이나 장비가 일상생활에서 이루어지고 활용되는 모양을 이해함으로써 과학의 근본 원리에 관한 지식을 얻도록 하는 작업이다. 궁극적으로 과학적 사실은 사회적 맥락-삶의 기능-과 관련되어 파악되어야 한다.

듀이가 강조하는 과학은 전형적 형태에서 지식의 대명사이고, 정도의 차이는 있지만, 학습의 완성된 결과이다(예철해, 2004: 53~55). 과학은 인간이 가지고 있는 이러한 본성적 경향과 거기서 생기는 폐단에 대한 보호 장치이다. 과학은 적절한 조건에서 사고하기 위하여 인류가 장기간 발전시켜 온 특별한 장치와 방법으로 이루어져 있다. 때문에 자생적인 것이 아니라 인위적인 것으로 획득된 기술이며, 생득적인 것이 아니라 학습되는 것이다. 과학은 현재의 일반적 신념을 수정하여 그 오류를 제거하고 그 정확성을 더하며, 그 신념 내에서 여러 사실들 사이의 상호보존이 가능한 한 명백히 드러나도록 가다듬어 나가는 지속적인 지적 노력이다. 이런 점에서 과학은 지식의 완성이자 최종 단계이다.

■ **과학:** 듀이는 과학 교과목의 가치를 설명하면서, 상징 매체가 체계적 이론이나 단순한 표상 이상의 용도로 사용된다는 예시를 들었다(송도선, 2005b: 214). 과학의 용어법은 경험에서의 실제적 용도에서 사물을 직접 대신하는 것이 아니라, 인지 체계에 들어와 있는 사물을 대신한다. 그러한 용어들도 궁극적으로는 우리가 상식적으로 알고 있는 사물들을 지시한다. 하지만, 직접 관련되는 것으로는, 일상 맥락 속의 사물을 표시하는 것이 아니라 과학적 탐구에 맞도록 변형된 것이다. 물리학에 나오는 원자, 분자, 화학 공식, 수학 명제 같은 것들은 모두가 1차적으로 지적 가치를 가지며, 경험적 가치는 오직 간접적으로만 존재한다. 그것들은 과학을 수행하는 데 필요한 도구가 된다. 우리는 학문이 갖추어야 할 중요한 조건으로 '객관성'이나 '보편성'을 꼽는다.

그런데 사실 이런 것들은 일반화나 추상적 활동 없이는 이루어질 수 없다. 각 개인은 누구나 직접 경험을 통하여 실제적이고 구체적 경험들을 갖게 되지만, 추상이나 상징을 통해 객관화시키는 작업을 하지 않는다면 그것은 어디까지나 개인적 경험으로 그치고 만다. 다른 사람들의 보편적 경험을 감안하여 타인들도 납득할 수 있는 사회화된 언어나 논리로 나타내게 되면, 그것은 개인의 특수한 경험에서 탈피하여 모든 사람이 공유할 수 있는 인류의 공동 경험이 된다. 그 체계화가 다름 아닌 과학이고 학문이며, 이는 사회 진보를 이루는 중요한 수단이다. 따라서 상징물의 사용은 차원 높은 이론이나 학문 발전을 위해 필요 불가결한 요소인 셈이다.

■ **통제할 수 있는 능력:** 수업 속에서 다루어지는 교과목에 대해 학생[아동]들이 호기심을 갖지 않는다는 것은 교육내용이 그들의 관심과 동떨어져 있기 때문이다. 이러한 심리적 거리감이 존재하면, 그것이 그들의 경험맥락과 직접적으로 관련 맺고 있는지 의심해 보아야 한다. 학생들의 경험맥락을 고려하는 것을 '경험적 상황(經驗的 狀況, empirical situation)'이라고 한다(Dewey, 1916/2007: 161). 경험적 상황은 학교 바깥의 상황, 즉 일상의 생활에서 사람들이 관심을 갖는 일을 말한다. 이러한 경험적 상황이야말로 학습자가 교과를 자신의 것으로 인식하고, 그 속에 관련된 내용이 학습자의 동기를 이끌어 내어 탐색하도록 만드는 것이다. 학교 교육에서 교과목을 성공적으로 가르치기 위해서는 결국 그것이 일상생활과 연결되도록 하는 일이다.

이렇게 볼 때, 지식의 원천은 물질로 가득한 일상생활의 세계에서 경험하는 모든 것이 된다. 지식은 감각과 관찰을 통해 경험으로 획득된다는 의미이다. 지식의 근원은 현실적인 곳에 있으며 인간이 살아가는 삶의 세계 속에 존재한다. 인간의 생생한 삶은 변화가 가득한 세계를 지칭하는 것이다. 듀이는 지식을 '자연과 경험을 능동적으로 통제하는 수단'이라고 했다. 지식은 변화를 위한 재료이며 수단이다. 그러므로 지식은 사람들의 이해와 동떨어져 있지 않으며 자신의 삶을 변화 시키는 수단이라 할 수 있다. 우리가 경험하는 상황에 적용해 볼 때, 지식은 경험을 능동적이고 조작적으로 통제하는 수단이 될 때 의미를 가진다.

지식이 경험적 상황에서 수단으로 의미를 가지므로, 교과목에 대한 접근 방식 또한 그것을 대면하는 사람들의 삶의 경험과 관계를 가져야 한다. 교과가 학생들의 삶과 동떨어져 있는 낯선 대상이라면, 교과목 속의 지식은 그것을 배우는 사람과 독립적으로 존재하는 객관적 정보일 뿐이다(신은균, 2018: 64~65).

■ **과학 교과목과 경험**: 과학 교과목과 경험을 별개로 취급할 수 있는가? 아동과 교과목이 분리된 사태는 아동과 교과가 더 이상 연속선상에 존재하지 않는다는 뜻이다. 서구철학의 전통적 인식론에서 인식은 인식 주체와 인식 대상의 분리를 전제한다. 인식 주체는 인식 대상과 분리되어 독립적으로 존재하고, 인식 대상 또한 인식 주체에 의존하지 않고 독립적으로 존재한다. 이때 인식은 인식 주체가 자신의 '외부'에 존재하는 인식 대상을 자신의 '내부'를 이루는 감각 능력과 사고 능력의 결합을 통해 파악하는 일이다.

전통적 인식론에서 인식의 근거가 되는 인식 주체와 인식 대상의 분리를 듀이는 받아들이지 않는다. 듀이가 보기에, 인간이 처한 삶은 내적 조건인 인식 주체와 외적 환경인 인식 대상은 부단히 상호작용하는 과정이며, 인식 대상과 분리된 인식 주체를 상상할 수 없다. 그런 만큼 인식 주체와 분리된 인식 대상 또한 상상 불가능하다(Dewey, 2001a: 44). 인식 주체는 항상 인식 대상과 상호작용을 통해 존재하며, 인식 대상도 인식 주체와의 상호작용에 의해 성립한다. 양자 사이에 개념적 구분은 가능하지만, 사실상 분리할 수 없다(Dewey, 1916/2007: 196). 이와 같이 인식 주체와 인식 대상이 분리 불가능한 상태로 혼연일체를 이루며 부단히 상호작용하고 있는 상태 또는 양자 사이의 연속성이 유지되는 상태를 가리키는 개념이 '상황(situation)'이다(Dewey, 2001a: 42~44). 상황 속에서 비로소 인식 주체와 인식 대상은 연속선상에서 서로 분리되지 않은 채 존재한다.

그런데 학습의 과정에서, 아동이 인식 주체로, 교과목이 인식 대상으로 받아들여진다면, 아동과 교과목은 '상황' 속에서 상호작용하는 것이 아니라, 양자 간의 독립을 전제로 한 상호작용을 하게 된다. 아동과 교과목 간에 '상황'을 통한 연속성이 존재하지 않을 경우, 아동이 교과목을 통한 '하나의 경험'을 할 가능성도, 잡다한 경험을 '하나의 경험'에 통일성 있게 파악할 가능성도 사라진다. 반대로, 아동의 마음에 내적 통일성을 이룬 '하나의 경험'이 성립한다면, 그것은 교과목이 아동의 마음속에 온전히 정착한 상태를 가리킨다. 이러한 상황의 복원이 의미하는 것은 상황적 수준에서 분리된 아동과 교과목 사이의 관계가 본래적 성격을 회복한다는 것, 다시 말해, 경험의 총체성을 회복하는 일이다(이승은, 2017: 164~167).

■ **교과목**: 듀이가 아동의 사회생활을 구심점으로 한 교과의 통합적 이해와 운영에 대해 논하면서 거론하는 교과목들은 현대 우리가 익숙한 교과목들과 크게 다를 바 없다(황금중, 2014). 그런데 여기서 특별히 눈에 띄는 것은 듀이가 '도덕' 교과목을 별도로 설정하지 않는다는 점이다. 아동들에게 요구되는 '도덕적 지식'의 형성은, '도덕에 관한 지식'을 담은 교과목을 별도로 제공함으로써가 아니라, 사회생활 역량의 구축이라는 학교 교육의 본질을 회복함으로써, 그리고 아동의 사회생활을 구심점으로 한 일반 교과목들의 통합적 운영 과정에서 자연스럽게 이루어져야 한다. 그렇지 않고 '도덕에 관한 지식'을 다루는 도덕 교과를 별도로 설정하게 되면, 결과적으로 실제의 사회생활에서 필요로 하는 도덕적 역량과는 별개의, 즉 사회적 맥락을 벗어난 공허하고 편협한 규범의 세계로 아동들을 이끌게 된다. 흔히 말하는 도덕 교육과 지식 교육을 별개로 보지 않는 사유이다.

■ **과학 공부법:** 듀이는 과학을 공부하는 두 가지 접근법을 '논리적 방법'과 '심리적 방법[발달적 방법]'으로 구분한다. 그리고 아동[학습자]의 경험에서 시작하여 과학적 처리의 올바른 방식으로 발달해 나가는 후자의 방법으로 과학 교과목을 가르쳐야 한다고 주장한다(Dewey, 1916/2007: 333~348). 문제는 학교 교육이다. 학교에서 학생[아동]들은 과학을, 전문가의 사고 순서에 따라 주제별로 조직한 교과서를 가지고 배운다. 전문적 개념과 정의가 처음부터 나열되고, 과학 법칙이 초기 단계에 소개되면서 기껏해야 한두 마디로 그것이 어떻게 해서 정돈되었다는 수식어가 붙어 있다. 이런 식으로 학생들은 그냥 교과목으로서의 '과학'을 배운다. 학자들의 연구 방법은 삭제된 채, 내용상 약간의 난이도 조정만을 거쳐 대학과 중·고등학교로, 심지어는 초등학교로 계속 이런 방식으로 내려온 것이다. 여기서 생기는 필연적 결과는 과학이 의미 있는 경험과 유리된다는 점이다. 아동은 의미를 알 수 없는 상징을 배우게 된다. 그는 전문적 정보의 덩어리는 습득하지만, 그 정보가 자신에게 친숙한 물체나 작용과 어떤 관련을 맺고 있는지 추적할 능력이 없다. 이 때 아동은 진지한 관심이나 생생한 흥미는 고사하고, 정신적 혼란과 지적 혐오감을 피할 수 없다.

과학 교과목이 갖는 이중적 성격은 아동과 교과목 사이의 간극이 갖는 의미를 보다 선명하게 드러낸다. 여러 차례 언급한 것처럼, 과학은 가장 전형적인 지식의 성격을 갖고 있다. 인간이 지적 능력을 발휘하여 도달할 수 있는 최상의 것은, 모두 과학의 조력을 받아 구축된 것이다. 과학은 실험이라는 과학적 검증 수단을 통해, 우리의 취약한 본성에서 유래하는 근거 없는 의견, 성급한 결론, 확인 없는 추측, 실증 없는 사변, 관습적 믿음 등을 걸러낸다. 그러기에 과학은 쉽게 보고, 쉽게 듣고, 쉽게 믿는, 인간의 자연적 경향성과 그로부터 유래하는 해악에 대한 방어 장치 역할을 한다 (Dewey, 1916/2007: 223). 인류 역사에서 과학이 거둔 눈부신 성과를 부인할 수는 없다. 그러나 듀이는 과학의 고도성, 전문성, 그리고 완전성이 과학의 추상성 내지 과학의 고답성으로 이어질 가능성을 부인하지 않는다. 과학이 완전한 지식이 될수록 아동의 일상 경험으로부터 거리가 멀어질 가능성이 증가하고, 과학 교과목의 경험은 아동의 경험과 격리되어 유리될 가능성도 높아질 수밖에 없다(이승은, 2017: 163).

■ **과학의 기존 경험 제시와 도구**: 과학의 발달적 학습 방법은, 아동[학생]들의 일상 경험의 친숙한 자료에서 뽑아낸 문제들로부터 시작한다. 아동들은 이 문제들을 과학적으로 취급하는 방법, 즉 과학자가 완성된 지식에 도달하기까지의 방법을 그대로 따라가면서 과학적 방법이 어떤 것인가에 관하여 약간의 통찰을 얻을 수 있다. 그리고 이 통찰이, 과학자들이 도달한 결과를 베끼는 것보다 훨씬 중요하다. 과학이 경험에서 차지하는 위치는 이루말하기 어려울 정도로 중요하다(Dewey, 1916/2007: 333~348.) 과학이란, 경험이 합리적 성격을 띠는 과정으로, 과거의 경험을 정화하고, 그 경험을 장차 발견과 발전을 위한 도구로 삼는다. 그러므로 실험 과학은 과거의 경험을 마음의 주인으로 삼는 것이 아니라, 노예로 부린다. 과학은 인류의 이익을 위해 자연을 통제할 수 있다는 신념을 안겨주었고, 인간이 과거가 아닌 미래를 바라보도록 이끌었다. 이제 인간은 지적 능력을 적절하게 사용하면, 악을 완전히 제거할 수 있다는 확고한 신념을 가지고 미래를 직면하게 되었다.

■ **경험:** 듀이의 경험 개념은 세 가지로 구성되어 있다. 첫째는 '객관적 조건과 유기체적 에너지 사이의 상호작용의 산물'이고, 둘째는 '탐구에 의해 환경을 변화시키는 과학적 실험'이며, 셋째는 '행위의 결과에 의해 분석되어야 하는 개념의 의미'로서의 경험이 그것이다. 이러한 경험은 수동적으로 현상을 기록하거나 주시하는 것이 아니다. 환경과의 상호작용을 포함하며, 그것의 결과를 통해 미래의 행위를 통제하는 과정을 포괄한다. 이런 상호작용이야말로 과학적 사유, 나아가 모든 지적 사유의 특징이라 할 수 있다. 이때 지적 사유는 도덕적 삶과 동떨어진 것이 아니다. 우리의 선택이 가져오는 경험적 결과에 대한 인식은 미래에 대한 우리의 통제와 관련되며, 이는 다시 미래의 모습에 대한 우리의 책임으로 연결된다 (Menand, 2001: 239).

3-39

39

나는 현재의 사회적 요소를 제거함으로써, 우리가 문학과 언어학이 지닌 가치의 많은 부분을 잃어버리고 있다고 믿는다. 언어는 교육 관련 저술에서 거의 항상 그저 사고의 표현으로 다뤄지고 있다. 언어가 논리적 도구인 것은 맞지만, 근본적으로 그리고 일차적으로는 사회적 도구이다. 언어는 커뮤니케이션을 위한 장치이다. 언어는 그것을 통해 타인의 생각과 감각을 개인이 공유하게 되는 도구이다. 단순히 개별적 정보를 얻는 방법으로, 또는 배운 것을 뽐내는 수단으로 다뤄질 때, 언어는 사회적 동기와 목적을 잃는다.

■ **사고의 표현:** 언어와 사고의 관계에 대해, 듀이는 세 가지의 전형적 견해를 소개한다. 첫째는 사고와 언어가 동일하다는 것이고, 둘째는 언어는 사고가 걸치는 옷으로 사고를 위해 필요한 것이 아니라 사고를 전달하기 위해 필요하다는 점이다. 그리고 셋째는 언어가 사고는 아니지만, 사고의 전달뿐 아니라 사고하기 위해서도 필수적이라는 것이다. 언어가 없이는 사고가 불가능하다고 말할 때, 우리는 언어가 구어(口語)나 문어(文語)뿐 아니라, 더 많은 내용을 포함한다는 사실을 기억해야 한다(Dewey, 2011b: 195~196).

■ **언어:** 듀이는 사회생활에서 자연스럽게 배우는 교육과 의도적 환경으로서의 학교를 통해서 배우는 것 사이에 괴리가 발생하는 것은 학교가 '상징'을 사용하는데서 오는 필연적 귀결이라고 이해한다. 상징은 실제의 대용물을 의미하는데, 대표적으로 글이나 말이 그것이다. 역사적으로 보면, 학교는 사회적 전통이 복잡하여 그 사회가 가지고 있는 지식의 상당한 부분이 글을 통해 보존되고 문자를 통해 전달될 때 생긴다. 오랜 시기 축적된 문명의 업적을 문자 기록으로 보관하게 되면서, 사회는 그 자원을 적절하게 전달하기 위해 학교라는 특별한 기관에 의존하게 된다. 인류 역사에서 볼 때, 글을 익히는 일과 교육을 받는 작업이 동의어로 쓰이고 있을 정도로 학교와 문자는 밀접한 관계가 있다.

그런데 학교 교육에서 이 언어라는 도구를 사용하는 데는 위험이 따른다. 이론상으로는 이 위험을 피해야 한다고 하지만, 교육의 실제에서는 이 위험에 종종 빠져드는 경향이 있다. 교육은 언어로 전수하고 전수받는 과정이 아닌 능동적이고 건설적으로 행해지는 과정임에도 불구하고, 학교는 언어에 지나치게 의존하게 되었고, 이것이 사회의 삶과 학교의 배움 사이의 괴리를 초래한다. 그렇다고 해서 듀이가 학교 교육에서 언어 사용 자체를 문제 삼는 것은 결코 아니다. 다만 학교에서 사용되는 언어가 공동의 사회 활동과 긴밀한 의미 관련을 맺고 있어야 하는데, 그렇지 못한 상황이 문제를 낳는다. 학교가 학교 밖 환경의 교육적 조건에서 이탈하면 진정한 사회적 의의는 사라지고, 대신 책에 의존하는 가짜 지식 교육이 들어앉을 수밖에 없다. 문자를 통한 지식 공부를 별도의 일로 취급할 때, 공동의 관심과 가치를 지니는 활동에 참여함으로써 생기는 사회적 의의는 유실된다 (Dewey, 1916/1980: 11~44; 황금중, 2014).

■ **언어의 사회적 도구**: 언어는 사고를 표현한다. 하지만 그것은 주된 것도 아니고 첫 번째 기능도 아니고, 의식적으로 그러는 것도 아니다. 언어의 첫 번째 동기는 욕망, 감정, 생각의 표현을 통해, 다른 사람의 활동에 영향을 주는 일이다. 두 번째 용도는 다른 사람과 보다 친밀한 사회적 관계를 맺는 것이다. 사고와 지식의 의식적 전달 수단으로 언어를 사용하는 일은 세 번째 용도로 비교적 나중에 형성된 것이다. 그러기에 로크는 말한다. "단어는 '시민적 용도'와 '철학적 용도'를 가지고 있다!"(Dewey, 2011b: 205~206).

3-40/41/42

40
그러므로 나는 이상적인 학교 교육과정에서는 교과목의 연속이 없다고 믿는다. 교육이 삶이라면, 모든 삶은 그 표면에 과학적 측면, 예술과 문화라는 측면, 그리고 커뮤니케이션이라는 측면이 있다. 그러므로 한 학년에 적합한 교과목이 그저 읽기와 쓰기이며, 이후 학년에서 읽기나 문학 아니면 과학이 제시되어야 한다는 것이 옳을 수 없다. 진보는 교과목의 연속에 있는 것이 아니라, 경험에 대한 새로운 태도와 관심의 발달에 있다.

41

마지막으로, 나는 교육이 경험의 계속적 재구성 과정으로 인식되어야만 한다고 믿는다. 교육의 과정과 목적은 동일한 것이라고 믿는다.

42

나는 교육의 외부에 그 목적을 세우는 것은, 그 목표와 기준을 제시하는 만큼, 교육적 과정이 지닌 의미의 많은 부분을 빼앗아 가며, 아동을 다루는 데서 우리가 그만큼 그릇되고 외적 자극에 의존하도록 만든다고 믿는다.

■ **예술과 문화**: 예술과 문화를 중심으로 하는 교양교육은 인간의 마음을 관대하게 만든다. 이론적으로는 어떤 형태의 교육도 이것을 할 수 있다. 교양교육은 인간에게 도움이 되는 것들을 탐구해야 한다. 교육은 수단으로서 뿐만 아니라 추구할 가치가 있는 목적과도 관련된다. 교양교육에서 중요한 것 가운데 하나는 인간에게 유용한 여러 다른 종류의 삶을 어느 정도 이해할 수 있도록 하는 일이다. 이런 점에서 교양교육은 일상적 삶에 유용한 직업의 이해와도 관련된다. 따라서 교양교육은 인간의 삶의 목적과 관련되어 중요성을 갖는다. 과학에 대한 듀이의 신념도 마찬가지이다.

민주주의의 가능성에 대한 그의 구상에서 매우 중요하다. 특히, 현대 과학은 일련의 협동적인 사회적 탐구, 즉 사회적 지성을 위한 모델을 제공한다. 그것은 민주적 이상을 끊임없이 실현하기 위한 점진적 노력으로 접근 가능하다(이준수, 2008: 120~124).

■ **경험의 계속적 재구성**: 단순하게 교육을 경험의 재구성으로만 생각하는 것은 듀이에 교육사상에 대한 오해를 낳을 수 있다. 듀이는 『경험과 교육』(1938)에서 '경험과 교육을 그대로 동등하게 간주할 수는 없다! 왜냐하면 어떤 경험은 비교육적이기 때문이다.'라고 명시하고 있다. 교육은 경험의 의미를 더해주고, 후속하는 경험의 방향을 지도하는 능력을 증대시키는 경험의 재구성 혹은 재조직이다. 듀이는 경험의 의미를 감소시키고, 후속하는 경험의 방향을 지도하는 능력을 저하시키는 비교육적 경험의 재구성은 교육에서 제외하고 있다(송도선, 2009: 152~155).

■ **교육의 과정과 목적의 동일성**: 교육의 과정에서 핵심적 결론은 교육이 삶의 과정이며 삶의 발달이라는 점이다. 이때 발달이나 성장이 바로 삶이다. 이를 다시 동일한 의미의 교육적 표현으로 말하면 다음과 같다.

첫째, 교육과정은 그 자체를 뛰어넘는 그 어떤 목적도 없다! 그것은 그 자체의 목적이다.

둘째, 교육과정은 연속적 재편성(reorganizing)이고, 개조(reconstructing)이며, 변형(transforming)의 과정이다(Dewey, 1916/2008a: 63).

또한 교육은 그 자체로는 그 어떤 목적도 지니지 않는다. 인간, 즉 부모나 교사와 같은 존재만이 목적을 갖는 것이지, 교육과 같은 추상적 관념이 목적을 갖는 것은 아니다. 그 목적은 아동이 달라짐에 따라 달라지고, 아동이 성장함에 따라, 또 가르치는 쪽의 경험이 증대함에 따라 바뀌며, 한없이 다종다양해진다. 말로 표현할 수 있는 가장 타당한 목적까지도, 목적 그 자체는 아니다! 오히려 교육자 자신이 놓여 있는 구체적 정황이 갖는 에너지를 해방하여 방향을 잡는 데, 어떻게 관찰하고, 어떻게 앞길을 정하고, 어떻게 선택하는가에 관하여, 교육자들에게 제시된 어떤 시사에 지나지 않는다. 이를 사람들이 인정하지 않는다면, 그것은 간단하게 말해 교육에 이익이 되기보다는 해가 될 것이다(Dewey, 1916/2008a: 123).

제4장 교육방법의 성격

한국의 교육학계나 교육 현장을 보면, 듀이의 문제 제기에서 비롯된 다양한 양식의 교육이 다루어진다. '행동하면서 배우기, 프로젝트 학습, 문제해결 학습, 문제기반 학습, 구성주의 학습' 등등, 그 이름이나 내용에서 조금씩의 변형은 있지만, 그 근원을 추적하면 듀이의 사유가 상당히 담겨 있다. 그러나 외국의 경우에는 이러한 듀이의 교육적 사유나 방법을 비판적으로 인식하는 경우도 자주 등장한다. 2000년대 이후의 연구로는 이건 (Kieran Egan, 2002)의 『첫 단추부터 잘못 끼우다: 헤르바르트 스펜서, 존 듀이, 그리고 장 피아제로부터 물려받은 우리의 진보주의 유산』이 대표적이다.

이건의 비판은 진지하면서도 날카롭다. 스펜서의 경우와 마찬가지로, 듀이에게서 교육자의 과제는 가정, 길거리, 또는 공터에서 아동의 놀이와 근본적 성향에서 찾아볼 수 있는 자연적 학습을 학교에서 어떻게 재현하느냐이다. 교육 방법[교수법]을 구상하면서 듀이는 스펜서의 '자연적 과정을 체계화해야 한다'는 원리를 원용한다. 듀이는 스펜서의 원리를 '교수내용을 다루고 제시하는 이치는 아동 자신의 본성에 내재된 법칙이다'라고 멋들어지게 바꾸었다(Spencer, 1966b: 84; Egan, 2002: 48). 앞에서도 잠시 언급하였지만, 이건은 듀이가 스펜서의 '반복설'을 견지한다는 점을 대전제로 비판의 가닥을 잡는다. 스펜서의 반복설이 문제가 많기 때문에 듀이의 발달 이론, 그리고 그것에 기초한 교육철학도 문제가 있을 수밖에 없다는 견해이다.

이에 대해 지브로스키(Zebrowski, 2008)는 다시 반박한다. 이건이 스펜서와 듀이의 주장 사이에서 표면상의 유사성만 보았을 뿐, 둘의 견해가 서로 다른 진화론에 기반 한다는 사실을 인지하지 못했다. 스펜서는 라마르크의 진화론에 기초하고 듀이는 다윈의 진화론에 근거하여 사유를 전개하였다. 이런 점 때문에 스펜서와 듀이 사이의 교육 원리를 포함한 다양한 사유와 실천의 영역에서 다른 함의를 갖는데, 이건이 이런 부분을 정확하게 꿰뚫어 보지 못했다고 반박한다.

라마르크의 진화론에 입각한 스펜서는 '교육은 정신적 진화의 자연적 과정에 순응해야만 한다!'라고 주장하였다. 이는 개인의 경험이 인류의 경험과 유사하며, 인류의 역사에서 최종적 사실은 인류가 대개의 경우 스스로 배워나갔듯이 아동이 스스로 익혀야만 한다는 생각을 반영한 것이다. 하지만 듀이의 경우, 아동이 스스로 모든 것을 배울 필요는 없는데, 그 이유는 언어나 행동양식과 같은 선조들의 문화적 인공물을 통해 많은 것을 전수받을 수 있기 때문이다. 듀이는 스펜서처럼 어떤 법칙에의 순응을 중시한 것이 아니라, 개인과 인류의 발달에서 환경의 역할을 강조한 것이다(Zebrowski, 2008: 310~312).

듀이는『나의 교육 신조』보다 1년 전에 출판된 논문「반복설에 대한 견해」에서 다음과 같이 언급했다. 인류의 역사와 아동의 본능, 또는 관심이 정확히 일치해야만, 교육에서 각 시대의 문화적 산물이 각각의 시대에 살고 있는 아동에게 '가장 호소력'을 가진다. 하지만, 그러한 '정확한 일치'는 없기 때문에, 교육적 가치가 없다(1896/1972b: 247~248).

듀이의 프래그머티즘을 교육 운동의 차원에서 전개했던 진보주의는 그 이념과 교과 선정, 그리고 교사의 특징을 다음과 같이 설정했다. 진보주의 교육 운동의 핵심 이념은 인간주의와 민주주의이다. 다양한 관심과 능력을 갖는 개인의 차이가 존중되고 경험을 공유하는 과정에서 비판적 지성과 사회적 관심이 성장한다. 인간성과 민주적 사회를 실현하는 교육은 상호 필연적으로 연계되어 있다. 학교는 다양한 개성의 발달과 자유로운 상호작용의 장이 되어야 하고, 거기에서 지성적 습관과 협동적 교섭의 힘을 기르면, 인간적이고 민주적인 사회를 실현할 수 있다.

진보주의 학교의 교육 과정 조직에서 준거로 삼는 두 가지 핵심 원리는, 첫째, 개별 아동의 진정한 관심[흥미]에서 출발하고, 둘째, 경험의 계속적 상호작용의 조건을 구성하는 일이다.

첫째, 관심의 교육 원리란 아동의 자연적 충동 가운데 '대화하고 탐구하고 구성하고 표현하려는 관심'에서 출발하여, 교육적 성장에 이르도록 이끌어야 한다는 말이다. 진정한 관심[흥미]이란 외적 자극에 의한 단순한 흥분 상태가 아니라, 지각이나 상상의 대상이 아동의 경험 안에서 그를 움직이게 하는 힘이다. 따라서 아동의 본래적 관심에서 출발하여 적절한 매개 과정을 통과하면서 의미 있는 지식 및 기능의 습득과 더불어 전인격적 성장으로 귀결되어야 한다.

둘째, 경험의 계속적 상호작용은 아동[학생]의 관심[흥미]에 기초한 교과 학습 경험이 현재 경험에 의미를 더해 주는 동시에 보다 확장된 경험을 향해 연속적이고 통합적으로 발달해야 한다는 의미이다. 이에 추상적 교과 중심에서 탈피하여 실제 삶의 통합적 경험과 연결성을 갖는 활동 중심 교육 과정이 필요하다.

이러한 교육 방법을 추동해야 하는 교사, 진보주의 운동에서 추구하는 교사는 다음과 같이 자리매김 된다.

첫째, 근대적 의식으로 획일화된 학교 교육 체제에서 나타나는 기계적 관계를 넘어, 아동의 질적 경험에 대한 공감적 이해를 바탕으로 교육적 경험을 안내하는 예술적 실천가이다.

둘째, 정해진 교육 과정과 교수 이론의 실행자 역할을 넘어, 창의적으로 교육 과정을 재구성하고 실험적 교실 실천 가운데 나타나는 구체적인 실제의 다원성을 이론화하는 과학적 탐구자이다.

셋째, 지적인 자유, 협동적 능력, 개방된 마음을 바탕으로 교사들 간에 탐구공동체를 이룰 뿐 아니라, 다양한 지역 사회 구성원과 더불어 공동체적 삶의 질적 변혁을 모색하는 민주적인 사회 개혁가이다(양은주, 2007: 289~326).

43

나는 교육방법에 관한 질문이 궁극적으로 아동의 능력과 관심의 발달 순서에 대한 질문으로 환원된다고 믿는다. 교육 자료를 제시하고 취급하는 원리는 아동의 본성에 내재된 법칙이다. 때문에 다음의 언명이 교육을 수행하는 방향[정신]을 결정하는 데 최상의 중요성을 갖는다고 믿는다.

44

① 나는 아동의 본성 발달에서 능동적 측면이 수동적 측면에 앞선다고 믿는다. 표현이 의식적 인상보다 먼저 온다고 믿는다. 근육 발달이 감각 발달에 앞선다고 믿는다. 움직임이 의식적 감각에 앞선다고 믿는다. 나는 의식이 본질적으로 운동성을 지녔거나 충동적이라고 믿는다. 의식적 상태는 자신을 행위 속에 투사하는 경향이 있다.

45

나는 이 원리를 간과한 것이 학교의 과제에서 낭비되는 시간과 능력의 많은 부분에 대한 원인이라고 믿는다. 아동은 수동적, 수용적, 또는 몰입하는 태도에 내던져진다. 그 조건은 아동이 자신이 지닌 본성의 법칙을 따를 수 없는 그런 조건이다. 결과적으로 마찰과 낭비가 발생한다.

46

나는 아이디어[여러 가지 지적이고 합리적인 과정] 또한 행위로부터 생기며, 그것은 행위를 보다 잘 통제하기 위해 이양된다고 믿는다. 우리가 이성이라고 부르는 것은 일차적으로 질서 잡히거나 효과적인 행위의 법칙이다. 이성을 사용하는 능력 또는 판단하는 능력을 행위 안에서, 수단의 선택이나 정렬과 상관없이 발달시키려는 시도는 이 작업을 위한 현실적 방법의 근본적 오류이다. 그 결과로 우리는 아동에게 작위적 상징을 제시하게 된다. 상징은 정신 발달에서 필수요소지만, 상징은 노력을 효율적으로 만드는 도구이다. 그 자체로 상징은 외부에서 부과된 무의미하고 작위적인 아이디어의 덩어리이다.

■ **교육방법**: 교육방법에서 '방법'의 통용되는 사전적 의미는 '어떤 일을 해 나가거나 목적을 이루기 위해 취하는 수단이나 방식'이다. 철학적 개념으로 말하면, 방법은 '객관적 진리에 이르기 위해 사유 활동을 행하는 방식, 곧 사유 대상을 다루는 법'으로 정의된다. 어원으로 보면, 영어의 메서드(method)는 고대 희랍어 메소도스(μέθοδος), 라틴어 메소도스(méthodos)에서 유래하였다. 라틴어 어원은 '~을 향하여'를 뜻하는 메타(metá)와 '길'을 뜻하는 호도스(hodós)가 합해진 말이다(Clément et al., 1996). 라틴어 사전에 의하면, 메타(metá)는 '~을 하는 중에(in the midst of)', '~을 추구하여(in pursuit of)', '~을 뒤따라서(after)'라는 뜻을 지니고 있고, 호도스(hodós)는 '문턱(threshold)', '길(path)', '여정(journey)'이란 의미를 함유한다. 어원적 의미에서의 방법은 '길을 찾아 나서다!' 나아가 '구도(求道)의 과정'을 연상케 한다. 이것이 철학적 개념으로 쓰이면서 추구하는 길의 궁극적 목적을 객관적 진리에 한정하여 진리나 지식을 추구하고 조사하며 탐구하는 수행 방법이나 사유 활동의 적절한 방식이라는 의미가 되었다.

방법의 어원적 의미와 듀이의 교육 철학적 관점에 비추어 볼 때, 교육

과학적 접근에 전제된 통념들에서 재성찰을 필요로 하는 부분은 세 가지로 정리할 수 있다.

첫째, 방법은 목적과 내용에 상관되는 개념으로, 목적과 무관하게 절차를 거친 방법이 그 자체로 따로 분리된 채 형성될 수 없다. 또한 그 사람에게 진정으로 가치 있는 목적이란 외부에서 주어지는 것이 아니라 내면의 필요와 관심에서 비롯되며, 방법 모색의 동력은 목적을 향한 열망에 상응하여 형성된다. 듀이에 의하면, 방법이란 '목적을 향한 내용의 방향성 있는 움직임'으로, 내용 소재의 사용에 효과적이기 때문에 '그 사람의 행위 성향'으로 굳은 것이다.

둘째, 방법이란 어떤 내용 소재나 대상을 다루는 행위 방식으로, 무언가를 예리하게 살펴보고 추구하는 능동적 탐색 활동이 내포된 개념이며, 실제 상황들을 통해 발달한다.

셋째, 구체적 개별 상황들은 새롭고 낯선 것을 내포하기에, 방법은 자유로운 지성을 발휘하여 끊임없이 재구성해가야 하며, 예술적인 것에 가깝게 이해되어야 한다(양은주, 2018: 90~94).

■ **아동의 본성:** 듀이는 아동의 본성과 능력에 대한 확신을 가지고 있었다. 교육자가 학생[아동]의 성장을 지도할 때, 그의 본성적 성향이 교육적 경험은 물론 기능적 사회를 이끈다는 신념이다. 아동의 본성에 관한 듀이의 기본 생각은『학교와 사회』에 잘 드러나 있다. 앞에서도 간략하게 언급하였지만, 듀이는 교육자가 아동을 '더 좋게' 교육시키기 위해 지속적으로 지도해야 하는 '네 가지 종류의 본능[본성]'을 제시하였다. 첫째, 소통적 본능이다. 이는 사회적 본능으로 아동의 담화, 교제, 전달과 관련 된다. 둘

째, 제작적 본능이다. 이는 구성적 충동을 말한다. 셋째, 탐구적 본능이다. 이는 구성적 충동과 소통적 본능의 결합에서 생성된다. 넷째, 예술적 본능이다. 이는 표현적 충동으로 소통적 본능과 구성적 충동으로부터 발생한다. 여기서 탐구적 본능과 예술적 본능은 소통적 본능과 제작적 본능에 기인한다. 이러한 본능[관심; 흥미])은 자연적 자원으로, 투입되지 않은 자본이다. 이러한 자원을 활용함으로써 비로소 아동[학생]의 능동적 성장이 이루어진다. 따라서 아동에게 부여된 본능의 활용이 아동이 성장하는 근원이 된다.

이러한 본능의 의미를 바탕으로 아동을 이해하려는 듀이의 신념은 전통적인 교육에서 주장하는 내용과는 차이가 있다.

첫째, 듀이는 사회생활의 기능으로 개인의 마음에 대한 이해의 중요성을 강조한다. 그것은 혼자서 작용하거나 개발될 수 있는 것이 아니라, 사회적 기관들의 계속적 자극을 필요로 한다. 사회적으로 공급되는 것들에서 영양분을 찾아야 하기에, 마음이 천부적인 것이라거나 개인적으로 창조된다는 기존의 주장들과는 다른 견해를 피력한다.

둘째, 듀이는 기존의 심리학은 지식과 지능의 심리학으로, 정서와 노력은 부수적으로 다루었고, 행동에 대해 관심을 갖지 않았다고 비판하면서, 지식과 지능뿐 아니라 정서와 노력의 관점에서 학생을 이해해야 한다고 강조한다. 학생은 전인적 측면에서 접근해야 할 필요가 있는 감정적이고, 의도적이고, 지적인 존재이다. 따라서 지적 측면과 정의적 측면에서 학생을 이해해야 한다.

셋째, 듀이는 마음은 완전하게 계발된 정태적인 것이 아니라, 능력과 관심이라는 특성에 의해 행해지는 '하나의 과정'이며 '성장하는 것'이다. 마음은 성장의 과정이며, 성장하고 있다. 따라서 교육은 '끌어내는 일'이나 '주입하는 것'이 아니라, 본능에 기인하는 행위의 '확립'이며, 이러한 행위는 가치를 부여할 수 있는 결과를 이끄는 쪽으로 인도될 필요가 있다.

『도덕교육의 원리』에서도, 듀이는 아동은 나눠주고 행하고 봉사하려는 자연적 욕망을 지니고 태어난다고 했다. 그것은 '선천적 성향'을 본능의 영역에 추가하여 소통적 본능을 확장시킨다. 자연적 욕망은 인격과 좋은 시민성을 배양하는데 활용될 수 있으므로, 교사는 정의, 친절, 질서를 추구하려는 아동의 충동을 성숙시켜야 한다. 학생[아동]의 충동은 교사가 고려해야 하는 '일련의 본능적 성향'이다. 따라서 이러한 성향에 입각하여 교육 과정을 구성해야 학생들이 학교에 다니는 일이 즐겁고, 관리는 덜 부담스러우며, 학습도 용이해질 것이다(이준수, 2009: 245~246).

■ **능동적 측면과 수동적 측면**: 듀이의 교육적 사유에서 단순한 행동은 경험이 아니다. 경험은 능동적 요소와 수동적 요소의 특수한 결합으로 이루어져 있다. 능동적 요소는 유기체가 환경에 뭔가를 해보는 것이며, 그때, 환경이 유기체에게 뭔가를 가하게 되고, 유기체는 수동적으로 당하게 된다(Dewey, 1989: 219). 예를 들면, 어린 아동이 단순히 손가락을 불에 집어넣는 것, 그 자체는 경험이 아니다. 그 동작이 그 결과로서 아동이 당하는 고통과 연결될 때, 경험이 된다. 그때부터 손가락을 불에 집어넣는 일은 화상을 의미하게 된다.

아동이 경험을 얻기 위해 불에 손가락을 집어넣는 행동과 그 결과 환경적 요인인 불이 아동에게 안겨준 화상의 관련성을 파악하게 될 때, 경험이 된다. 경험이 되기 위해서는 어떤 상황 속에서 인간의 특정한 능동적 행동, 그리고 그것으로 인한 환경의 특정한 변화가 그 아동에게 준 영향, 이 두 가지의 관계가 그 사람의 사유를 통해 파악될 때, 비로소 경험이 된다 (노진호, 1996: 25; 고미숙, 2006: 109).

■ **아이디어와 행위**: '하는 것[행함]'과 '아는 것[앎]' 사이의 전통적 분리, 그리고 순전히 지적 교과목의 전통적 위세에 대해 가장 직접적 타격을 가한 것은 실험 과학의 발전이었다. 이 발전이 무엇인가 보여준 것이 있다면, 그것은 하는 것의 결과가 아닌 진정한 지식이나 결실 있는 이해 같은 것은 없다는 점이다. 지식의 성장이나 설명력, 올바른 분류에는 사실의 분석과 재배열이 필요 불가결하지만, 이것은 순전히 지적으로, 머릿속에서 이루어질 수 있는 것이 아니다. 인간이 사물에 관하여 무엇인가를 알아내기 위해서는 그 사물에 대하여 무슨 일인가를 해야 한다. 즉 상황에 변경을 일으켜야 한다. 이것이 실험실의 연구 방법이 우리에게 주는 교훈이며, 교육은 그런 방식을 심사숙고할 필요가 있다. 실험실은 노동이 단순히 외적 결과를 내는 것이 아니라, 지적 결실을 낼 수 있는 그런 조건을 우리에게 예시해 준다(Dewey, 1916/2007: 405).

아이디어[사고]는 행해진 것과 그 결과 사이의 관련을 정확하게, 또 의도적으로 확립시키는 노력이다. 사고에서는 그 양자가 관련된다는 사실만 중요한 것이 아니라, 그 관련을 자세하게 파악하는 일 또한 중요하다. 사고는 그 관련을 명확하게 드러내려고 한다. 사고를 위한 자극은 우리가, 이미 행해진 것이건 장차 행해질 것이건 간에, 모종의 행위의 의미를 확실히 알고 싶을 때 생긴다. 이때 우리는 결과를 예견한다. 결과의 예견은 잠정적 해결책, 또는 우리가 얻으려는 해결책을 나타낸다. 이 가설을 보다

완전한 것으로 만들기 위해서는, 현재의 조건을 세밀히 조사하고, 그 가설의 논리적 함의를 끌어낼 필요가 있다. 이 과정을 보통 '추리(推理)'라고 부른다. 그 다음에, 그 가설적 해결책-아이디어 또는 이론-에 따라 실제로 행동해 봄으로써 그것을 '검증(檢證)'한다. 만약 그 행동이 소기의 결과-즉, 외부 세계에 소기의 변화가 일어나는 것-를 가져오면, 그 가설은 타당한 것으로 받아들여진다. 그렇지 않으면 가설이 수정되고, 또 하나의 시행이 이루어진다. 사고는 이 모든 단계들-즉, 문제의 인식, 상황의 관찰, 잠정적 결론의 형성과 논리적 정련, 그리고 능동적 실험에 의한 검증-을 포함한다. 이른바 '반성적 사고'의 과정이다. 모든 사고는 지식을 낳는다. 하지만, 궁극적으로 지식의 가치는 그것이 사고에 활용된다는 점에 있다.

더 나아가, 철학은 사고의 한 형식으로서, 일체의 사고가 그렇듯이, 경험의 내용 가운데 불확실한 부분에서 출발하여, 그 불확실성의 성격을 밝혀내고 그것을 해결하기 위한 가설을 형성하며 그것을 행동으로 검증한다. 철학적 사고의 특이성은, 거기서 취급하는 불확실성이 전반적인 사회적 조건과 목적에 기초를 둔 것으로, 조직된 관심 및 제도적 주장의 갈등에서 빚어진다. 서로 대립하는 견해와 주장들을 조화롭게 조절하는 유일한 방법은 사람들의 정서적, 지적 성향을 수정하는 일이다. 때문에 교육은 의도적으로 수행되는 실제이고, 철학은 교육의 이론이라는 진술이 타당하다는 결론에 도달한다(Dewey, 1916/2007: 473~474). 교육은 철학의 실제이고 철학은 교육의 이론이다!

우리가 논의하는 세계의 의미와 가치, 이론과 실제는 그 자체로 존재하는 것이 아니다. 경험 세계에 의해 구체화되고 정당화된다. 다양한 앎의 내용들이 실제 삶에서 의미와 가치를 갖기 위해, 서로 통합되어 하나의 총체를 이루고 있어야 한다(박철홍·최재목, 2006: 226). 하나의 총체를 이루는 모든 충동이나 욕망은 습관이라는 통로를 통해 인간 행동으로 나오며, 그런 의미에서 인간은 습관의 소산이기도 하다. 일반적으로 습관은 행위의 효율성을 주지만, 새 환경을 만나 기존의 방식대로의 적응이 안 되면, 그 문제 해결을 위해 주어진 조건을 관찰하고, 장차 일어날 가능성들이 있는 결과를 예견하며, 행동을 의도적 목적에 맞게 통제해 나간다. 이런 아이디어가 '문제 해결적 사고'이고, 그것을 실천할 수 있는 것이 마음을 가지고 있다는 의미이다.

마음이라는 별도의 실체는 없다. 이러한 사고[아이디어]를 하는 것이 지성의 작용이다. 이 지점에서 다시 경험과 이성을 별개로 볼 것이 아니라 통합하여 보아야 한다! 듀이에게 마음과 몸은 분리될 수 없으며, 이성 또는 지성의 작용은 인간 경험 안에 있기 때문에 우리의 사고는 욕망과 습관과 감각의 일상적 경험을 배경으로 나온다. 인간의 행동이나 경험은 인간과 자연의 유기체적 통합을 이루는 '트랜스액션(transaction)'으로 이루어진다. 경험이 발생하는 맥락 또는 상황의 지배적인 질적 직접성은 비인지적이고 느껴지는 것으로, 앎의 과정과 사고 과정의 중요한 배경이 된다. 따라서 철학적이고 반성적 사고, 그 아이디어는 그것의 배경이 되는 질적 특성에 깊이 뿌리박고 나와야 한다. 이러한 이유로 우리의 인식과정이나 앎이 이 생생한 일상의 경험을 바탕으로 하지 않으면 안 되며, 삶을 이끄는 생명에너지와 감각 등에 연결되지 않으면 무기력해진다. 나아가 일회적이고 변덕스러운 상황의 경험들을 지성이 능동적으로 참여하여 탐색하고 문제를 해결함으로써, 인간은 미래를 향해 실험적 경험을 발전시킬 필요가 있다(조경원, 2014: 1167~1172).

47.

② 나는 이미지[심상]가 교수[교육방법]를 위한 훌륭한 도구라 믿는다. 아동이 자신에게 제시된 주제에 대해 얻어가는 것은 그와 관련하여 아동이 형성한 이미지에 다름 아니다.

48

나는 현재 아동이 무엇인가를 배우는데 쓰이는 에너지의 90%가 아동이 올바른 이미지를 형성하는 지 확인하는 데 쓰인다면, 교수 작업은 이루 말할 수 없이 촉진할 수 있을 것이라고 믿는다.

49

나는 현재 교육내용을 준비하고 제시하는 데 소요되는 시간과 관심의 많은 부분을, 보다 지혜롭고 이롭게, 아동의 이미지 형성 능력을 훈련하고, 아동이 자신의 경험에서 접촉하는 다양한 주제들에 대해 구체적이고 생생한 이미지를 형성하며, 그 이미지를 키워나가게 하는 데서 확장될 수 있다고 믿는다.

■ **이미지[심상]**: 이미지는 외적 사건과 대상들을 경험함으로써 형성될 수 있고, 마음의 내용으로부터 형성될 수도 있다(Piaget& Inherlder, 1969). 이미지는 주조될 수 있고 역동적이며 변형 가능하다. 뿐만 아니라 상당한 양의 정보를 표상하고 저장할 수 있게 해준다. 다시 말하면, 이미지는 학습될 수 있고, 그 기술이 교수될 수 있다. 수업과 성숙을 통하여 이미지의

기술을 향상시킬 수 있다는 말이다(김수동, 1997; 143~146).

이러한 이미지의 특징은 다음과 같이 정돈할 수 있다.

첫째, 마음속의 회화적 유사물이다.

둘째, 수정가능하다.

셋째, 사진보다는 비디오에 가깝다.

넷째, 자세히 탐색될 수 있는 부분으로 나누어질 수 있다.

다섯째, 학습의 결과물이다.

여섯째, 가르칠 수 있다.

■ **이미지 형성:** 학교 교육의 교수[수업] 설계에서 이미지를 활용하는 방법은 다양하지만, 전통적으로 '그림 전략(pictorial strategy)'과 '이미지 형성 지시 전략(Imagery instructions as a strategy)'으로 대별할 수 있다. 그림 전략의 경우는, 그림 자료 수업의 보조재로 활용하는 것이고, 이미지 형성 지시 전략은 아동[학습자]에게 심리적 이미지[심적 심상]를 형성하도록 만들어 개념을 시각화 하도록 지시하는 전략을 의미한다(김수동, 1997; 146~148).

■ **교육내용:** 전통적으로 교과목이 교육 과정의 중심에 자리하고 있었기 때문에 아동[학생]들은 교과목의 교육내용을 일방적으로 받아들이고 수용했다(박요한, 2012: 30). 그 과정에서 학교의 교육내용은 아동[학습자]의 경험과 논리적으로 구성된 교과목의 내용을 서로 구분시키고 대립되는 것으로 간주했다. 이에 대해 듀이는 '아동[학습자]이 배우는 교과목의 내용'을 아동의 일상생활과 관련 있고 아동의 경험을 성장시킬 수 있는

내용 중심으로 조직되어야 한다고 주장한다.

4-50/51/52

50

③ 나는 인간의 관심사들이 인간이 성장하는 능력의 신호이자 증상이라고 믿는다. 나는 그것들이 깨어나고 있는 능력을 보여준다고 믿는다. 따라서 관심사들에 대한 일관되고 세심한 관찰이 교육자에게는 가장 중요하다.

51

나는 이 관심사들이 아동이 도달한 발달 단계를 보여준다고 믿는다.

52

나는 그것들이 아동이 이제 들어가게 될 단계를 예시한다고 믿는다.

■ **관심사들**: 관심[흥미]은 듀이 교육 사상의 주요 개념 가운데 하나이다. '관심'이라는 용어는 어원적으로 볼 때, '사이에 있는 것(inter-esse)', 즉 거리가 있는 두 사물을 관련짓는 것을 뜻한다. 사이에 있는 중간 과정이 중요한 것은 현재의 활동이 결과로 도달하는지의 여부가 여기에 달렸기 때문이다. 현재의 경향을 완성시키기 위한 '수단'이 된다는 것, 활동을 하는 사람과 그의 목적 '사이에' 있다는 것, '관심[흥미]'가 있다는 것. 이 모두는 동일한 내용을 다른 이름으로 부르는 어법들이다.

이러한 관심의 집중이나 방향은 다양한 관심사들을 요청한다. 관심을 가지는 정도와 수준에 따라 관심사들을 향한 열정과 집념도 달라진다. 관람자의 입장에서는 '구경거리'에 지나지 않지만, 관심의 정도가 강할수록 참여자는 지금 일어나고 있는 일에 개입한다. 나아가 그 결과는 그에게 중요한 의미를 가진다. 그러므로 관심을 가지는 아동은 자기가 할 수 있는 범위 내에서 현재의 사건이 나아갈 방향에 영향을 미친다. 사태의 진전 과정에서 관심을 집중하는 참여자의 태도는 두 가지 요소가 복합된 양상을 드러낸다. 하나는 앞으로 다가올 결과에 대한 염려와 불안이고, 다른 하나는 보다 좋은 결과를 보장하고 나쁜 결과를 회피하는 방향으로 행동하는 경향이다. 이러한 태도를 지칭하는 용어가 관심이자 흥미이기도 하다. 흥미, 애착, 관심, 동기 등은 예견된 결과가 개인의 다가올 운명에 대해 가지는 의미, 그리고 그 예견된 결과를 얻기 위해 행동할 열의를 강조한 표현이다. 여기에는 의도하는 만큼, 변화가 전제되어 있다.

관심[흥미]이라는 용어는 일상적 의미로 다음과 같은 경우에 사용된다. 첫째, 능동적 발달의 전반적 상태이자 사람이 종사하는 일, 직업, 전문적 활동이다. 이는 객관적 대상을 마주한다. 둘째, 달성하고자 예견하는 객관적 결과로, 어떤 대상이 그 사람에게 영향을 주는 지점이 있다. 이는 이해관계와 결부된다. 셋째, 개인적 정서의 경향을 표현하는 말이다. 어떤 일에 대해 흥미를 느끼는 사람이 그 대상 속에 자아가 몰입되어 있는 상태이다. 이는 주관적 태도로 객관적 대상인 흥미 거리를 찾거나 주관적으로 흥미를 느끼는 사람의 태도를 지칭할 때 모두 사용될 수 있다.

외부적이고 인위적인 유인에 의해 관심이 생기게 하는 것은, 전통적 교육에서 관심의 원리가 받아온 모든 비난과 조롱을 받아 마땅하다. 아동의 마음이 관심을 갖지 않으면, '들으려고 하지도, 이해하려고 하지도 않는' 상황이 벌어진다. 이는 아동의 마음이 교과목이나 그 내용에 있지 않고, 아동에게 와 닿지 않기 때문이다. 이를 극복하기 위해서는 그것이 자신과 관련된다는 것을 느끼도록 해야 한다. 관심은 일을 끈질기게 지속적으로 추진하는 데 필수적 조건이 된다. 관심은 아동 자신이 예견하는 결과를 실현하기 위해 나아갈 때, 그것이 얼마나 그 사람을 강하게 사로잡는지의 정도를 재는 기준이다. 아니 그 정도 자체라고 말해도 좋다(Dewey, 1916/2007: 205~225).

진정한 관심은 사람[아동]이 일정 행위 과정에 참여하고 바라는 목적을 성취하는데 필요한 사물이나 기술과 관계되어 있을 때 나타난다(이지영, 1993: 32). 이 과정에서 진행되는 노력은 관심과 반대되는 개념이 아니다. 희망하는 목적 또는 이상과 현재 상황과의 간극이 있고 이를 인식하고 있을 때, 그 목적을 이루기 위해서는 관심과 더불어 노력이 발생한다. 아동이 자신을 실현하는 과정에 자발적으로 참여하고 몰두할 때, 진정한 관심이 생기고 흥미를 느끼게 된다. 관심이나 흥미는 일시적 기분이 아니다. 관심이나 흥미의 중요성은 그것이 어디로 이끌어지는가에 있다. 관심이나 흥미는 최종적이며 표준적인 것이 아니라, 관심을 발생시키는 새로운 경험과 능력들로 이끌어져야 한다. 학습이 이루어지는 곳에서 관심과 흥미는 교과목의 내용에 담겨진 인간의 이상과 목적을 향해 이끌어지는 아동 내부에 존재하는 가능성이다. 훌륭한 교사는 아동이 가지는 관심을 유동적이고 성장하는 것이며 보다 풍부하고 심화된 능력으로 이끌어지는 것으로 이해한다. 따라서 지식을 습득할 때 아동의 관심이 어디에 있는지 적극적으로 활용한다.

또한 관심은 주체나 객체의 안정화된 실체적 속성이 아니다. 자아와 대상 세계가 하나로 되고, '활동-지성-정서'적 차원이 통합되면서 발달해 가는 활동을 가리킨다. 아동의 능력과 경험이 성장해 감에 따라 점점 복잡하고 다양한 요소를 포함하는 활동을 추구하는 방식으로 관심은 발달한다. 듀이에 따르면, 교육적으로 주목해야 하는 것은 현재 아동의 자발적 관심이나 흥미 자체가 아니라, 그것이 '발달해 가는 방향'이다. 그는 직접적 관심[흥미]와 간접적 관심[흥미]의 개념 구분을 통해, 관심의 계속적 발달 양상을 설명한다.

직접적 관심은 그 순간 그 자체로 좋은, 즉각적으로 그렇게 행함 자체가 순전한 목적이 되는 활동이다. 현재 행하는 것 자체 너머에 무언가 다른 목적을 갖지 않는다. 때문에 온전히 몰입하는 즉각적 행위에서 나타난다. 이를 자발적 관심이라고도 한다. 자발적 관심은 자신이 좋아서 즐기며 전심을 다하는 활동을 가리킨다. 그때는 추구하는 목적과 수단적 과정이 분리되지 않는다.

한편, 간접적 관심은 그 자체로 좋은 것은 아니지만 직접적 관심의 대상을 위해 필요한 수단이 되는 활동이다. 어떤 사물이 그 자체로는 가치가 없지만, 직접적 관심 대상과의 관련성을 인지하게 될 때, 후자의 가치가 전이될 수 있다. 때문에 간접적 관심을 전이된 관심이라고도 한다. 간접적 관심은 그 너머의 목적을 위해 활동하므로, 목적하는 결과와 수단적 과정이 구분되며, 목적에 대한 관심이 수단에 대한 관심으로 전이된다(양은주, 2003: 187~188).

53

나는 아동기의 관심사에 대한 계속적이고 진심 어린 관찰을 통해서만, 성인이 아동의 삶에 들어갈 수 있고, 아동이 무엇에 준비가 되어 있는지, 그리고 어떤 자료를 아동이 가장 쉽고 건설적으로 다룰 수 있는지를 볼 수 있다고 믿는다.

54

나는 이 관심사들이 겉으로만 존중되거나 억눌려져서는 안 된다고 믿는다. 관심사를 억누르는 것은 아동을 성인으로 대체하는 것이고, 지적 호기심과 민감성을 약화시키며, 진취성을 억압하고, 관심사들을 죽이는 일이다. 관심사를 겉으로만 존중하는 것은 항구적인 사안을 일시적인 사안으로 대체하는 일이다. 관심사는 항상 어떤 이면에 있는 능력이다. 중요한 것은 능력을 발견하는 일이다. 그런 관심사를 겉으로만 존중하는 것은 표면의 이면으로 침투하는 데 실패하며, 그에 따른 필연적 결과는 진정한 관심사를 변덕과 충동으로 대체한다.

■ **진심 어린 관찰**: 듀이는 『경험으로서의 예술(Art as Experience)』(1934b)에서 '인간의 마음은 기본적으로 동사(verb)'라고 말한다. 이 언표의 의미는, 인간은 어떠한 실체로서의 마음을 가지고 태어나는 것이 아니라, 인간의 마음은 우리 삶의 과정을 통해 형성된다는 뜻이다. 듀이의 사유에서 인간의 마음이 관찰, 회상, 예측, 그리고 판단을 수행하는 고정된 실체라는 생각은 신화이다(권영민, 2018b: 27). 이런 점에서 듀이의 교육 신조에서 언급하는 문장의 주어를 '자아(自我)'로 바꾸어도 무방하다. '자

아', 또한 기본적으로 '명사(名詞)' 형태로 우리 안에 주어져 있는 어떠한 실체가 아니라, '동사(動詞)'의 양상으로 우리 삶의 과정을 통해 형성된다.

■ **아동이 다룰 수 있는 자료:** 전통적 교육에서는 아동[학생]들이 수업을 한 후, 학습 내용을 이해했는지 파악하기 위해, 그 연습의 기회로 문제가 주어진다. 이와 대조적으로 문제 해결 학습에서는 아동[학생]들이 문제를 접한 후에 학습이 시작된다. 이때 제시되는 문제는 실제 활동을 위한 자극으로서의 문제이다. 이에 문제는 내용 영역과 관련된 개념과 원리를 다루어야 하며 의도하려는 지식과 기능을 개발할 수 있도록 포괄적이어야 한다. 또한 아동[학습자]들의 관심과 흥미, 동기 부여 등 학습을 촉진하기 위한 실제적 상황과 연결된 것이어야 한다(최정임, 2004: 42~43).

■ **관심과 자아 형성:** 인간의 자아 형성 과정에서 개인의 역동성을 설명하기 위한 듀이 사상의 핵심 용어가 바로 '관심(interest)'이다. 그런 만큼 듀이의 주요 저술인 『민주주의와 교육』(10장)에는 「관심과 도야」라는 제목이 붙어 있다. 앞에서도 설명했듯이, 관심은 '사이에 있는 것', 즉 거리가 있는 두 사물을 관련짓는 일을 의미한다. 이런 인식은 즉각적으로 다음과 같은 질문을 제기하게 만든다.

'관심은 무엇과 무엇 사이에 존재하는가?'

다시 말해, '관심에 의해 연결되는 두 사물은 무엇인가?'라는 물음이다. 마크 조나스(Mark Jonas, 2011: 115)는 이 물음에 대해 다음과 같이 고민한다. 듀이는 학생들이 특정한 대상-사실, 개념, 표현 등등-에 관심을 갖게 되는 경우는 그 대상이 학생들에게 너무나 중요하게 여겨져, 학생 자신이 그 대상을 이해하지 못하게 될 경우–다시 말해, 물리적 또는 심리적 상호작용을 통해 그 대상을 흡수하지 못하게 될 경우-그들이 바라는 존재가 될 수 없을 것이라 생각할 때라고 믿는다. 아동[개인]들은 불완전한 자신의 존재가 그 대상 또는 관념과 연결되기를 갈구한다. 왜냐하면 그 연결이 자신의 부족함을 채워줄 것이라고 생각하기 때문이다. 이러한 일체화가 가능하지 않을 경우, 아동[개인]은 좌절감과 불완전함을 느끼게 되며, 심지어 로미오의 사례에서처럼 자기 파괴적이 되기도 한다.

아동을 비롯한 모든 인간은 자신의 불완전함을 채우려는 욕망과 열망을 가지고 있다. 이러한 열망을 역동적으로 외부에 표출할 때, 우리는 그것을 '관심'이라 부른다. 어떠한 대상이 자신의 불완전함을 치유할 수 있을 것이라고 느끼면, 주체[자아]는 그 대상에 대해 관심을 갖게 된다. 그러므로 앞에서 제시된 질문, '관심은 무엇과 무엇 사이에 존재하는가?'에 답변을 하려면, 주체와 대상을 고려해야 한다. 관심에 의해 연결되는 두 사물은 주체와 대상이기 때문이다. 다시 말해, 주체와 대상은 관심을 통해 연결된다.

그렇다면, 주체는 어떻게 자신의 불완전함을 채우는가? 어떻게 관심에 통해 객체가 주체와 연결되어 그 일부분이 되는가? 이 질문에 답하기 위해 우리는 듀이의 '상황(situation)' 개념을 이해해야 한다. 상황은 관심의 상태, 즉 주체와 대상 사이의 연결 상태를 일컫는 용어이다. 관심에 의해 연결된 주체와 대상은 상황 속에서 변형을 겪게 된다. 이러한 화학적 결합 과정을 거쳐 '분석 불가능한 총체(an unanalyzed totality)'를 형성한다(Dewey, 1925: 18). 그러므로 상황 속에서 주체와 대상은 구분 불가능하다. 상황에 의해 나와 연결된 대상은 나의 새로운 자아의 일부가 되며, 상황 속에서 자아는 옛 정체성을 버리고 새로운 정체성을 획득한다(Hansen,

2006: 175; 권영민, 2018b: 33~36). 요약하면, '관심'이라는 움직이는 정체성으로 대표되는 자아는, 자신이 관심을 갖게 된 대상과 상황을 창조함으로써 새롭게 형성되어 간다.

■ **이면에 있는 능력:** 듀이에 의하면, 아동의 미성숙은 모자라거나 미흡한 상태가 아니라, '적극적으로 현재 어떤 능력이 있다는 것, 즉 '발달할 능력'이 있다는 것이다(Dewey, 1916: 46). 그 근거는 아동의 '미성숙'이 '가소성(plasticity)'과 '의존성(dependence)'의 특징을 지닌 다는 데 있다. 아동에게 '가소성'이 있다는 것은, 이전의 경험을 바탕으로 현재의 문제를 해결하거나, 현재의 문제에 맞게 기존의 경험을 적절히 변형하는 유연한 대처 능력이 내재해 있음을 의미한다. 아동에게 '의존성'이 있다는 것은, 문자 그대로 소극적 의존 관계를 말하는 것이 아니라, 주위 환경에 대한 '민감한 주의력'과 주위 사람들이 하는 일에 관한 '사회적 관심'이 있음을 의미한다(Dewey, 1916: 47~49).

여기서 주의할 부분은, 미성숙의 힘이 표면상 아동의 '안'에서 '밖'으로 이끌어지는 것처럼 보이지만, 실상 그것은 이미 외부와의 교호작용을 전제로 하기에 작용 가능하다는 점이다. 다시 말해, '미성숙'의 힘은 그 발현에서 말하듯이, 순전히 아동 내부로부터 이끌어 내야 할 잠재된 에너지가 아니라, 아동과 주위 환경과의 교호작용을 반영하는 것이다. 그런 만큼 미성숙의 힘 자체는 주위 환경과의 교호작용 속에서 발달해가는 것으로 보아야 한다(김무길, 2016: 36~37).

듀이는 「아동과 교육과정」(Dewey, 2001a: 147~152)에서, 아동이 현재 가지는 관심이 교육 과정과의 관련에서 어떻게 다루어져야 하는지에 관해 여러모로 설명하고 있다. 아동의 현재 경험은 결코 자명한 것이 아니다. 그것은 최종적인 것이 아니라, 다른 것을 향하여 이행하는 과정에 있다. 우리의 시선을 아동이 여기 이때 보여주고 있는 것에 국한시키면, 우리는 혼란에 빠지게 되고 방향 감각을 상실한다. 아동의 행동 가운데 어떤 것들은 차츰 소멸되어 가고 있는 성향을 나타내기도 한다. 그러한 특질들에 적극적 주의를 기울이는 일은 발달을 낮은 수준에 묶어두는 결과를 낳는다. 그것은 과거에 이루어졌던 성장의 흔적에 불과한 것을 체계적으로 옹호하는 일이 될 뿐이다. 특정한 연령에서 발견되는 아동의 목적이나 관심 같은 것을 자명하고 자족적인 것으로 받아들이는 것은, 필연적으로 아동을 방종이나 버릇없는 상태에 빠뜨리는 결과를 낳는다. 아동이 지닌 능력은 우리가 보다 높은 수준으로 나아갈 수 있도록 필요한 추진력을 제공한다는 데, 진정한 의의가 있다.

현재 아동이 지니고 있는 그 정도의 관심이나 흥미에 호소하는 것은, 아동을 무의미하게 자극할 뿐이다. 아동이 분명히 성취해야 할 바를 향해 나아가도록, 관심과 흥미를 지도하지도 않은 채, 단지 아동의 관심과 흥미를 계속적으로 자극하기 위해 능력을 낭비하는 일이다. 이는 아동의 입맛을 계속적으로 자극하기는 하지만, 결코 먹지는 못하게 하는 것과 같다. 아동은 정서적 측면에서는 언제나 미각을 자극 받지만, 음식물을 소화하고 이를 운동 에너지로 전환하는 가운데 생겨나는 유기체적 만족은 결코 얻지 못한다.

아동의 관심은 그 관심의 이면에 숨어 있는 능력의 징후이다. 교육에서 중요한 것은 이 능력을 찾아내는 일이다. 듀이는 아동의 관심이나 흥미, 충동 등을 해석하는 데 교과의 내용을 활용할 수 있다고 말한다. 이는 아동의 관심이나 흥미를 어떤 것으로 이해해야 하는지 시사한다. 듀이는 이러한 아동의 능력이 무엇인지 직접적으로 말하는 대신, 그것이 교과목을 통해 효율적으로 찾아질 수 있다고 이해한다. 과학이나 역사, 또는 예술 등과 같은 교과목들은 우리가 아동의 실제적 면모에 접할 수 있도록 도움을 준다. 우리는 아동이 지니고 있는 성향이나 그가 수행하는 활동의 의미가 무엇인지 모르고 있다. 아동의 천성 가운데 눈으로 볼 수 있는 것 모두를 합친다고 하더라도, 그것은 너무나 미미하기 때문에, 그것으로부터 아동의 본성이 지니는 의미와 관련된 해답을 구하기는 어렵다. 그러나 자연과학을 통하여 우리는 자신의 주의를 사로잡는 어떤 우연적 변화를 설명하려는 아동의 단순한 요구에 포함되어 있는 것들이 무엇인지를 적절히 해석할 수 있다. 또한 예술 작품에 힘입어 우리는 무엇인가를 그리고 채색하는 아동의 내부에 들어 있는 충동이 가치가 있는 것인지를 판단할 수 있다(Dewey, 2001a: 147~152).

이때 파악되는 아동의 관심과 흥미는 맹목적 충동이나 점차 소멸되어 가는 성향과는 다른 능력이다. 교과목을 통해 찾고 교육적으로 가치 있는 것으로 선정된 어떤 능력으로 볼 수 있다. 듀이는 이런 논리를 확장하여, 아동의 관심과 흥미, 충동 등을 지도하고 안내하는 데 교과의 내용을 활용할 수 있다고 보았다. 예컨대, 우리는 계산하고 측정하며 사물들을 규칙적으로 배열하는 아동의 조야한 충동 속에, 인류가 거쳐 온 수학의 시발점이 들어 있다는 것, 수학은 이러한 시작 단계에서 출발하여 여러 단계를 거쳐 발달해 온 지식의 체계라는 것을 이해함으로써, 아동이 현재 거칠 필요가 있는 단계가 무엇이며, 아동의 맹목적 충동이 명료해지고 힘을 얻으려면, 어떤 용도로 사용되어야 하는지 파악할 수 있다. 교과목을 통해 관심을 유도하고 흥미의 성장을 이해함으로써, 관심과 흥미를 안내하는 방법을 파악할 수 있다. 결국, 아동의 교육적 흥미가 해석되고 파악되며 선정되고 안내되는 것은 모두 교과목을 통해 이루어져야 한다.

때문에 듀이는 관심[흥미]이 교육의 원천적 능력이라고 본다. 헤르바르트 또한 관심과 흥미를 그의 교육적 사유의 핵심 영역으로 간주했다.

듀이는 아동이 관심을 갖지 않고 흥미를 느끼지 못하는 교육, 관심[흥미]이 없는 노력은 그 방향성이 흐려지거나 상실되어, 결국 무엇을 위한 관심[흥미]인지 알 수 없게 만든다고 주장한다. 엄밀하게 말하면, 관심과 흥미는 인간이라면 누구나 지니고 있다. 그것은 교육 방식과 상황에 따라, 사라지기도 하고 억눌러지기도 한다. 그러므로 관심 없이, 인간은 어떤 것도 제대로 처리할 수가 없다. 이런 점에서 관심은 인간의 삶에서 하나의 과정이며 동시에 의지를 필요로 한다. 보다 근본적으로, 아동[인간]에게는 호기심과 같은 관심과 흥미가 있으며, 그것이 사고에 큰 영향을 미친다. 나아가 인간의 삶 전체에 중요한 밑거름이 된다.

헤르바르트의 경우, 교육적 수업 이론에서 수업의 중요한 목적이 관심[흥미]이다. 이때 관심과 흥미는 다면적이어야 하고, 다면적 관심[흥미]를 통해야만, 궁극적으로 도덕적 인간을 길러내는 것이 가능하다. 다면적 관심과 흥미는 '명료-연합-체계-방법'이라는 사고권의 형성 과정을 통해 자라난다. 관심과 흥미가 수업의 목적이라는 말은 듀이가 관심과 흥미는 수업의 동인이며 과정이라는 측면에서 비판받고 있는 부분이다. 그러나 헤르바르트는 관심[흥미]이 단순히 수업의 목적으로서만이 아니라, 결국에는 사회와 삶 전체에서 다면적 관심[흥미]을 가진 도덕적 인간이 되어야 함을 주장하기 때문에, 듀이의 비판은 관점의 차이일 뿐이지 관심[흥미]이 삶의 중요한 요소임을 알 수 있다.

관점의 차이는 존재하지만, 듀이와 헤르바르트는 '관심[흥미]'이라는 공통분모를 통해, 아동의 개별성을 중요하게 생각하였다. 단순하게 정신과 신체를 이원론적으로 구분하는 철학에 반기를 들고, 교육은 인간 삶 전체의 중요한 요소라고 보았다. 듀이는 특히, 헤르바르트가 칸트 이전의 교육학에 대해 보다 진보적 관점을 가지고 있다는 데 찬사를 보낸다. 관심[흥미]은 단지 학교와 수업 공간에서만 적용되는 개념이 아니라, 인간의 일과 작업, 삶의 여러 활동과도 밀접한 관계를 가진다. 따라서 관심이나 흥미는 다시 질적 경험이 되어 삶을 승화해 나간다. 관심과 흥미는 즉흥적이거나 정체된 심리적 욕구가 아니라, 외부적 사태와 관계를 맺는 방식이 변화하면서 역동적으로 발달해 간다(마은종·박주희, 2014: 144~145).

4-55/56/57/58/59

55

④ 나는 감정이 행위의 반사라고 믿는다.

56

나는 감정을 그것과 상응하는 활동과 별도로 자극하거나 고무시키려는 시도는 건강하지 않은 병든 마음의 상태를 불러오는 것과 같다고 믿는다.

57

나는 선한 것, 진리인 것, 미적인 것과 관련하여, 행위와 사고의 올바른 습관을 확보할 수만 있다면, 감정은 자연스럽게 펼쳐질 것이라고 믿는다.

58

나는 삭막함과 둔함, 형식주의와 전례답습 다음으로 가장 큰 해악인 감상주의의 위협에 우리 교육이 놓여 있다고 믿는다.

59

나는 이 감상주의는 감각을 행위로부터 유리시키려는 시도의 필연적 결과라고 믿는다.

■ **감정:** 감정[정서, emotion]는 경험의 부분들을 단일한 전체로 묶어주는 역할을 한다. 때문에 완전한 경험을 이루기 위해 없어서는 안 될 요소이다. 듀이에 의하면, 경험은 그 시발 국면인 포착(seizure)과 완성 국면인 융합(fusion)으로 나누어지는데, 이 두 국면이 하나의 전체로 통일성 있게 엮어지도록 하는 역할의 중심에 감정이 자리한다. 감정의 에너지는 지속적으로 작용한다. 그것은 기억과 이미지와 관찰을 불러일으키고, 조합하며, 받아들이고 또한 거부하기도 한다. 그리고 기억, 이미지, 관찰을 전체 속에서 작용하도록 한다. 그러한 전체는 직접적이고 정서적 감정에 의해 철저하게 조화를 이룬다. 지성이 경험을 분석하고 반성하는 인식적 능력이라면, 감정은 경험의 요소들을 하나의 전체로 조화롭게 엮어가는 에너지로서 작용한다. 이러한 에너지는 세계 자체에 뿌리를 두고 있기 때문에, 일상적 관심이나 당면한 문제들에서 벗어난 삶과 초연한 상황에서, 감정은 올바르게 작용하지 못한다(허정임, 1998: 129~137).

듀이는 인간의 감정을 행위와의 관계 속에서, 행위가 이루지게 하는 요인으로 보았다. 이는 생득적인 것이 아니다. 삶에서 일어나는 일에 대한 애착, 관심, 동기, 흥미 등은 행동의 예견되는 결과가 개인에게 주는 의미의 표현이다. 그 예견되는 결과를 얻기 위해, 행동할 열의를 표현하는 것으로, 예견되는 결과에 대한 태도이다. 듀이의 관점에서 감정이나 정서는 그 자체로 의미를 지니고 있기보다 어떤 대상물이나 사건과 사태에서 이루어지는 행위 속에 의미가 있다. 따라서 자동적으로 발생하는 반사 작용에 의해 순간적으로 보인 놀람이나 수줍음은 감정이나 정서가 아니다. 감정적이고 정서적인 것이 되기 위해서는, 대상과 결과에 대한 관심을 포함하는 통합적이고 지속적인 상황의 일부가 되어야 한다. 듀이는 경험은 행위를 일어나게 만들고 통합하게 하는 감정적이고 정서적 특성을 가지고 있으며, 이는 지적 탐구를 성실한 자세로 행하는데, 중요한 동기로 작용할 뿐만 아니라, 반성적 사고를 촉진하여, 지적 경험이 교육적 경험이 되도록 돕는다고 보았다(나성식, 2005).

일반적으로 느낌으로 표현되는 감정은 행동, 인식, 소통이 본래적 통합을 구성하는 경험의 기본 형태를 뜻한다. 세계를 향한 아동의 신체적 움직임 안에서 감정이 발달할 때, 느낌은 활발해진다. 행동, 인식, 소통은 그 감정과 서로 얽혀 유기적 통합을 이룬다. 듀이에 따르면, 유기체와 환경 사이의 상호작용이 유기체를 붕괴시키려고 위협할 때, 유기체는 자신을 행동하게 만드는 감정과 함께 반응한다. 하지만 그러한 붕괴는 확인되어야 하고, 행동의 과정은 투사되어야 하므로, 인식에 대한 필요성도 생긴다.

예를 들면, 고양이가 생존하기 위해서는 배고픔을 느끼는 것으로 충분하지 않다. 먹이를 찾기 위해 필요한 지능도 가져야 한다. 따라서 느낌은 감각 운동적(sensori-motor)이고, 선(先)상징적 지능의 한 형태로 정의된다. 피아제(Piaget)가 지능의 각 형태는 스스로의 합리성을 갖는다고 지적한 것은 의미심장하다. 이런 점에서 느낌을 비합리적인 것과 동일시하는 태도는 타당하지 않다. 감정은 지식의 암묵적 기초와 차원을 나타낸다. 식물에 비유하면 느낌은 경험의 뿌리 체계를 나타낸다. 뿌리로부터 영양분과 재생(renewal)이 온다.

감정은 느낌의 한 측면이다. 듀이의 관점에서 감정은, 경험의 속성이자 경험의 유기체이고 필수적 요소이다. 감정은 생물학적 운명은 아니지만, 유기체와 환경 사이에 이루어지는 상호작용의 통합적 일부로 발전한다. 감정은 자아가 스스로를 확립하고 발전해 나가면서 세계와 관계를 이루는 한 속성이다.

이런 차원에서 경험의 형태로서 느낌은, 교육 분야에서 새롭게 주목받을 만하다. 전통적으로 우리는 동기(motivation)라는 표제 아래, 교육의 감정적 측면을 다루어왔다. 그러나 감정[느낌]은 단지 우리를 배우게 하는 도구가 아니다. 그것은 삶의 과정을 형성하는 기초이며, 자신의 능력을 통해 교육적 도전을 제기한다(Hohr, 2013: 29~37).

■ **건강**: 세계보건기구(WHO: World Health Oraganization)에서는 건강을 다음과 같이 정의한다. "단지 질병이 없거나 허약하지 않다는 것만이 아니라 신체적[육체적], 정신적, 그리고 사회적으로 완전하게 안녕상태(well-being)이다." 현대사회의 급변하는 환경 속에서 긴장된 생활을 유지해나가는 개인들의 안녕을 위해, 신체적 건강(physical health)뿐만 아니라 정신적 건강(mental health) 또한 절실히 요구된다.

정신 건강(mental health) 개념의 역사적 기원은 과거 고대 그리스로 거슬러 올라가 플라톤에 이른다. 플라톤은 부도덕(immorality)이 신체에 대한 질병처럼 영혼에 대한 질병이라고 강조한다. 그리고 도덕은 영혼의 건강이고 목적이며, 그 해악을 질병으로 본다. 정신적으로 건강한 사람은 자기 자신에 대한 자제심과 아름다운 질서를 소유한다. 영혼의 세 부분인 이성, 정서[감정; 고상한 영혼], 그리고 식욕의 조화[자기 조율]를 이룬다.

심리적 측면에서 메슬로우의 경우, 정신적으로 건강한 상태는 자아실현을 구현했을 때이다. 이는 재능의 충분한 사용과 계발, 그리고 한 개체가 가장 충만하고 성숙해 있는 상황을 말한다. 프롬의 경우에도 정신적으로 건강한 상태는 사랑하고 창조적이며, 실체를 객관적으로 파악하고 합리성과 이성을 발달시키며, 건전한 자아 정체성을 소유할 때라고 한다. 이러한 논의들을 종합해볼 때, 정신적으로 건강한 상태는 단지 정신적 질환이 부재해 있는 것만을 의미하는 것이 아니라, 인간의 이성 및 정서[감정] 기능이 원활하고 자유로우며 편안함을 유지하며 자기 실현을 할 수 있는 상태를 뜻한다(박형빈, 2016).

■ **올바른 습관**: 습관은 행동을 보다 용이하게 만들고 그 능률을 증진시킨다. 뿐만 아니라 정서적이며 지적 성향을 형성한다. 습관은 일종의 경향성(inclination)으로, 그것을 실천하는데 부여된 조건들 가운데 어느 것을 우선적으로 좋아하고 선택하는 경향이다. 사람[아동]을, 어떤 경우에는 건축사로, 또 어떤 경우에는 의사로 만드는 습관은, 그 개인의 욕망, 사고 및 관찰의 방식, 그리고 기술에 근거한다. 습관에 대해 갖게 되는 일반적 위험은 경향성이나 지성과 유리된 기계적 행동 방식으로서만 생각할 때 나

타난다. 일상적으로 상습적 습관(routine habits) 즉, 우리의 소유가 아니라 우리를 소유하는 습관은 가소성을 파괴한다. 학교가 외적 습관과 운동 기술을 발전시키기 위해, 기계적 상습 행동과 숙련에 의존할 때는 참된 성장의 기회가 파괴되고 만다(김성수, 1989).

듀이에 의하면, 교육은 경험 안에서, 경험에 의해서, 경험을 위하여 이루어지는 성향(disposition)의 발전이다(Dewet, 1933). 이때 '성향'은 아동[인간]의 행동을 가능하게 만드는 내적 조건으로, '뚜렷해지지 않은 습관'을 의미한다. 이는 환경과 상호작용 하는 과정에서 형성한 습관의 집합체이다. 즉 습관은 유사한 상황에서 실제로 작용하는 능동적이고 구체적인 행동방식이고, 성향은 여러 습관들의 전체 조직으로서, 자극이 주어지면 드러나는 경향성을 가진다(나성식, 2005).

■ **감상주의**: 듀이는 제임스가 그 프래그머티즘의 사상에다 감상주의 (感傷主義)를 마구 혼합하였다고 한탄하였다. 지적 경험에서 볼 때, 듀이는 제임스의 프래그머티즘(pragmatism)보다 퍼스의 프래그머티시즘(pragmaticism)에 훨씬 가까웠다. 때문에 듀이는 계속하여 '프래그머티즘적(pragmatic)'이란 형용사를 자주 썼지만, 무조건적으로 프래그머티스트라 불리기를 싫어했다. 그 대안으로 '도구주의(道具主義, instrumentalism)'와 '실험주의(實驗主義, experimentalism)'란 용어를 만들어, 제임스를 비롯한 감상적 측면에 속하는 프래그머티즘 학파와 구별하였다. 제임스는 객관적 종류의 선과 주관적 종류의 선을 이것저것 구별하는 데 머리를 쓰지 않았다. 퍼스는 이러한 제임스류의 프래그머티즘에 대해 항의하였다. 그는 감정적이고 정서적 만족들이 신념들의 가치를 평

가하는 사람들의 개성과 기질에 따라 차이가 있다고 비판하였다. 그리하여 사적(私的) 만족이 명증적(明證的) 가치를 조금이라도 가진다는 것을 부인하였다. 진리는 공적(公的)인 것이지 사적인 것이 아니라고 주장하였다(Lamprecht, 1992: 620~680).

■ **감각과 행위의 분리**: '경험으로부터 배운다!' 이 의미는 우리가 사물을 대하는 행동과 그 행동이 가져 오는 결과 사이의 상호관계, 즉, 인과 관계를 짓는 일이다. 무엇을 한다는 것은 일종의 시도가 된다. 세계란 어떤 것인가를 알아보기 위해, 세계에 대한 실험(experiment)이 된다. 그리고 '겪는다는 것(undergoing)'은 '교육(instruction)', 즉 사물 사이의 관계를 발견하는 일이 된다. 불행하게도 학교는 이러한 사실을 너무도 빈번하게 무시하고 있다. 학교에서 아동[학생]들은 어떤 경험을 '겪는 일'도 없이 단지 지식을 수동적으로 획득하는 방관자로 간주된다. 이들의 정신[마음]은 지적 능력의 직접적 에너지에 의해 가르쳐지는 지식을 흡수하는 것으로 인식되어, 신체적 활동 기관으로부터 분리되어 있다. 정신과 육체를 구분하는 이원론은 학교에서 다양한 교육적 해악의 원인으로 작용한다(김성수, 1989).

듀이는 인간의 경험을 지적 경험, 정서적 경험, 실제적 경험과 같이 분명하게 구분하는 것을 원하지 않았다. 경험은 정서적, 지적, 실제적인 것으로 분리시킬 수 없고, 어느 한 경험이 다른 경험보다 우위에 점하거나 낮은 수준에 있다고 할 수 없다. 하나의 경험은 유기체를 둘러싸고 있는 환경과 관련하여 유기체의 내부에서 생긴 통일체이며, 유기체는 의미의 차원에서 미적 향유를 누린다(천정미·오은혜, 2005).

제5장 학교와 사회 진보

듀이는 개인과 사회의 상호작용에 수반되는 일반적이고 영속적인 도덕적 변화만이 진정한 사회 진보를 이룰 수 있다고 보았다. 때문에 사회의 안정과 질서를 존중하면서 점진적으로 사회를 개조하려고 했다. 이는 그의 민주적 신념이나 민주적 절차의 존중과 관련이 깊다. 듀이의 사회 진보를 향한 열망과 이상은 민주주의를 지향하며 민주 사회의 생활로 귀결된다. 그는 자신이 추구하는 사회를 다음과 같이 염원하였다.

한 사회가 모든 구성원에게 동등한 자격으로 그 이익에 참여하도록 하고, 그 사회 내의 여러 가지 공동생활의 형식 사이에 상호작용을 통해 그 제도를 융통성 있게 재조정해 나가면, 그 사회는 그만큼 민주적이다. 그런 사회에서 교육은 개인에게 사회적 관계와 사회 통제에 직접 관심을 가지도록 하는 일과 무질서를 초래함이 없이 사회 변화를 도모하는 지적 습관을 가지도록 해야 한다(Dewey, 1980: 105).

이처럼 듀이는 민주주의의 보편적 가능성을 신뢰하면서, 모든 사람이 교육받고 민주주의에 참여할 수 있다고 믿었다. 그는 교육으로 인간이 지닌 가능성을 계발하는 작업이 바로 민주주의를 실현하는 구체적인 길이기 때문에, 교육을 사회 진보의 근본적 수단으로 본다. 앞에서도 여러 차례 언급하였듯이, 교육은 개인이 사회적 의식에 참여하면서 성장해나가는 과정이다. 따라서 사회적 의식을 기반으로 개인의 활동을 적응해 나가는 일이 가장 확실한 사회 진보의 방법이다.

민주 사회를 촉진하기 위해 요구되는 시민의 자질을 기르는 조건이 다름 아닌 교육이다. 그러기에 듀이는 민주주의를 존속하기 위한 사회 개조에 진실로 자유롭게 참여하는 지적 능력을 지닌 시민의 자질을 형성하기 위해, 교육이 절대적으로 필요하다고 강조했다(Dewey, 1956: 78). 교육을 통한 사회 진보와 개혁에서 가장 중요하고 효과적인 마당은 학교이다. 학교는 사회 구성원의 지적·도덕적 성향에 영향을 주려는 명백한 목적을 가지고 구성된 환경의 전형적 본보기이다(Dewey, 1980: 23). 때문에 사회 진보를 위해 학교가 할 수 있는 역할은 매우 중요하다.

그 학교의 핵심 구성원이 교수자[교사]와 학습자[아동]이다. 듀이는 교사가 아동을 성장하도록 돕고, 학습자인 아동을 이해함으로써 학교라는 공간을 상호간의 진심 어린 소통의 장으로 만들어야 한다고 강조했다. 교사는 학교 안에서 이루어지는 활동들이 아동의 바람직한 지적·도덕적 성장을 촉진하는 방향으로 학업이 수행될 수 있는 환경을 만들어야 한다. 그것이 교사의 진정한 역할이다. 교사는 아동[학생]의 현실과 이상이 적극적으로 연결되도록 도와주는, 신의 예언자이자 신의 왕국으로 인도하는 안내자이다. 이런 점에서 사회 진보에 대한 듀이의 사고와 교육, 학교와 교사의 역할을 진지하게 숙고하며, 이 시대의 교육정신에 어떤 차원에서 부합하는지 현실적으로 고려할 필요가 있다.

5-60/61/62

60

나는 교육이 사회 진보와 개혁의 근본적 방법이라고 믿는다.

61

나는 법[법률]의 제정, 불이익을 통한 위협, 기계적·표면적 현상의 변화에만 기대는 개혁은 모두 일시적이고 무의미하다고 믿는다.

62

나는 교육이 사회적 의식을 공유하는 과정의 통제 작업이라 믿는다. 그리고 사회적 의식에 기초한 개인적 활동의 조정 작업이야말로 사회 재건[개조]의 유일무이한 확실한 방법이라고 믿는다.

■ **진보와 진보주의:** 듀이의 철학을 바탕으로 하는 진보주의 교육 사조는 '아동 중심성(child-centeredness)'을 핵심 이념으로 진행된 교육 운동이다. 1890년대부터 1950년대까지 산업화 및 도시화와 같은 20세기 초의 사회적 변화에 발맞추어 미국의 학교를 근대화하기 위한 개혁적 성향을 띠었다. '아동 중심 교육(child-centered pedagogy)'은 18세기부터 19세기의 루소, 프뢰벨, 페스탈로치, 헤르바르트의 사상에서 배태된 교육 사조로, 몬테소리, 파커(Francis W. Parker), 그리고 듀이 등에 의해 발전되었다. 이 사조는 1890년대 나타난 '새 교육(the new education)' 운동과 결부되면서 진보주의 교육 사조로 발전하였다. 진보주의 교육 운동은 아

동의 개별성(individuality)를 형성하는 데 기여한 '실물 학습(hands-on learning)'을 통해 근대화로 나아가는 세상에 대비하고, 나아가 사회를 개혁한다는 '야심찬 운동(ambitious movement)'이었다. 아동 중심 교육에서 '개별성'은 교육 과정을 세울 때 아동의 자연 발생적인 창의적 관심을 기반으로 함을 의미한다(Fallace, 2015).

■ **사회 개혁**: 20세기 초반인 1935년 무렵, 미국 사회에서 자유는 '억압'으로부터의 자유가 아니라 '결핍'으로부터의 자유를 의미했다. 자유는 시민권의 확대 또는 재해석에 의해 보장되었다. 따라서 국가가 현존하는 불평등-특히, 경제적 불평등-을 개선하기 위해 개입하는 일은 자유주의에 합당한 것이었다. 물론, 당시에 국가나 정부의 간섭을 개인의 자유에 대한 억압으로 간주하는 시각도 팽배하고 있었으나, 듀이는 오히려 국가나 정부 간섭이 개인의 자유를 보장하는 수단임을 역설했다. 그 이유로 국가의 힘을 능가하는 수준에 이르게 된 조직화된 자본의 강압을 지적했다. 과거의 자유주의가 자유로운 경쟁적 경제 행위를 사회 복지의 수단으로 간주했다면, 20세기의 자유주의는 사회화된 경제가 곧 개인의 자유를 보장하기 위한 수단으로 이해될 시점에 이르게 되었다는 것이다.

듀이는 경제적 불평등과 불안정한 삶의 조건들, 그리고 금권적 가치의 팽배가 인간의 존엄성을 위협하고, 민주주의를 왜곡시키는 상황을 보면서, 그 대안으로 '자유주의의 부활'이라는 처방을 내렸다. 그가 부활시키려고 했던 자유주의는 자유방임주의적 자유주의나 사적 소유권을 강조하는 개인주의와 결합된 경제적 자유주의가 아니었다. 듀이는 자유방임주의적 자유주의가 민주적 참여 공동체의 형성을 방해하고 다수의 자유를 억압하는 유사 자유주의라고 비판했다. 그가 되살리려고 했던 자유주의는 사라져가는 자유주의의 가치와 이상이었다.

듀이는 급진주의적 변화를 주창했지만, 그것에 동반하기 쉬운 폭력에 의한 사회 변화에는 반대했다. 그 변화의 정당성을 미국의 민주주의와 자유주의 전통에서 찾았다. 따라서 그의 사회철학으로서의 자유주의와 행위로서의 급진주의에 원칙적 충돌은 없었다. 이때 급진주의는 부분이 아닌 전면적 사회 변화를 야기할 수 있는 정책의 적용을 의미한다.

듀이는 자유주의의 가치들을 보존하기 위해, '사회화된 경제'의 도입이 불가피할 수 있다고 역설했다. 그러나 사회화된 경제는 자유주의의 이상을 되살리기 위한 필요조건일 수는 있으나 충분조건은 아니다. 과학적 탐구와 민주주의적 과정의 형태를 결합시키지 못한 사회화된 경제는, 또 다른 전체주의를 가져올 위험성이 있기 때문이다. 듀이는 구조 변화를 중시했지만, 구조 변화 자체에 한정하거나 강압적이며 일방적 방식에 의해 추진되는 변화는 거부했다. 변화는 사회적 지성과 교육을 통해, 구성원의 의식을 새롭게 하고 민주주의적 소통을 이룩해 낼 때만 가능하다. 그는 사회적 지성을 통해, 객관적 상황과 조화를 이루는 새로운 개별성을 창조하는 작업이 그 시대의 중요한 과제라고 진단했다(김진희, 2010: 150~163).

■ **법[법률]**: 듀이는『공공성과 그 문제들』(Dewey, 2014: 55~56)에서 법률의 속성과 필요성에 대해 다음과 같이 설명하였다. "법규(rules of law)는 사실 개인들이 서로의 이해관계를 조절할 수 있게 하려고 설정한 기초 조건들이다. 그것은 행위의 흐름을 인도하는 구조들이다. 그것은 강물의 흐름을 제한하는 제방과 같은 의미에서만 활동적인 힘이며, 제방들이 흐

름을 명령한다는 의미에서만 명령이다. 만약 개인들이 서로 합의에 도달하는 데 필요한 조건들이 명확히 진술되어 있지 않다면, 어떤 합의도 흐릿한 어둠 속에서 끝나거나 아니면 도저히 실행할 수 없을 정도의 방대한 세부 사항을 포함해야 할 것이다."

하지만 『나의 교육 신조』 61항에서 듀이는 법률의 속성이나 필요성이 아닌, 법률이나 제도적 장치의 한계에 대해 언급하고 있다. 듀이는 단순히 법률제정이나 제도적 장치만으로는 근본적인 개혁을 가져올 수 없다고 말하고 있기 때문이다. 이와 비슷한 인식은 프랑스 학자 토크빌(Alexis de Tocqueville)이 19세기 초반 미국을 여행한 후 저술한 『미국의 민주주의(*Democracy in America*)』(1835)에도 드러난다. 토크빌은 미국, 영국, 프랑스의 상이한 민주주의 발달 과정과 정치 상황의 요인을 세 국가의 상이한 습속(moeurs, mores)의 비교 분석을 통해 밝힌 바 있다. 토크빌에게 습속은 인민들의 도덕적이고 지적인 상태의 총체적 표현으로서 원래는 "마음의 습관(habits of heart)"을 의미했다. 토크빌은 민주주의를 성취하는 데 이런 습속이 외관상의 정치 제도보다 중요하다고 보았기 때문에, 습속은 그대로 놔두고 단순히 제도와 법률을 고치는 것만으로는 자유를 확보할 수 없다고 믿었다. 왜냐하면 습속이야말로 한 국민의 정신이나 성격을 가장 잘 드러내는 것으로서 정치 제도나 헌정 질서를 구체적으로 운영하는 소프트웨어에 해당하기 때문이었다(강정인, 2007: 663). 듀이는 자신의 교육신조 60항에서 '교육'을 '사회 진보와 개혁의 근본적 방법'이라고 보았는데, 이는 인민들의 습속[도덕적이고 지적인 상태의 총체=마음의 습관]은 단순히 법률제정이나 제도개선을 통해서가 아니라 교육을 통해 근본적으로 바꿀 수 있음을 말해주는 대목이다.

■ **사회적 의식:** 사회적 의식은 사회적 지성을 통해 창출된다. 사회적 지성은 사회적 자산이며 구체적 사회적 협력 속에서 기능한다. 이 지성의 의무는 사회적 이행의 중재라는 의미에서 사회적 역할을 강조한 것이기도 하다. 사회적 지성의 의무는 옛 것과 새 것의 통합에 의해 사회를 재구성하는 일이다. 다시 말해, 사회적 의식을 형성하는 지성은 과거의 경험을 지식으로 전환하고, 그 지식을 생각과 목적에 투영하여, 미래에 무엇을 예견하고 또 어떻게 실현할지 지시한다.

■ **사회 재건[개조]:** 듀이는 『철학의 재건(*Reconstruction in Philosophy*)』 (1920)에서 재건[개조]의 의미를 분명하게 밝혔다. 재건은 과오를 발견하거나 불평을 일삼는 것으로 이루어질 수 있는 일은 아니다. 그것은 엄연히 지적 과업이며, 과거의 체제와 그 체제에 문제를 던진 문화적 조건과의 관계에 밝은, 가장 넓은 학식과 '대중적' 설명 이상의 현대 과학에 관한 지식을 요구하는 과업이다. 그리고 수행해야 할 지적 활동에서 소극적 측면의 활동은, 필연적으로 바로 직전의 과거 및 현대-과학 이전의, 과학 산업 이전의, 민주주의 이전 정치의, 현대에 형성된 습관이 늘어놓은 악몽에서 벗어난-의 과학·기술·정치의 운동에서 정말로 새로운 것에 속하는 가치들의 체계적 탐구를 포함한다. 이처럼 사회 재건[개조]은 인간과 도덕적 주제들에 대해 지성이 작용함을 의미한다.

듀이는 인간성의 요소와 환경과의 상호작용에 수반되는 일반적이고 영속적인 도덕적 변화만이 진정으로 사회 진보를 가져올 수 있다고 보았다. 때문에 사회의 안정과 질서를 존중하면서 점진적으로 사회를 재건하려고 했다. 점차적으로 하나하나 개조해 나가기를 갈망했다. 인간의 가능성은 교육을 통해 계발되어야 하고, 교육의 힘으로 인간이 지닌 가능성을 계발하는 일이 민주주의를 실현하는 구체적 길이다. 이런 이유로 듀이는 사회 재건과 개조, 개혁의 근본적 수단을 교육에 기대했다. 그리고 사회를 개혁하는 데 가장 힘이 적게 들면서도 질서 있는 방법으로 실천할 수 있는 작업이 아동[청소년] 교육이다(Dewey, 1957: 103; 송선희, 1995). 다시 강조하지만, 듀이에게서 교육은 개인이 사회적 의식에 참여하면서 성장해나가는 과정이다. 사회적 의식을 기반으로 개인 활동을 적응시키는 일이 가장 확실한 사회 재건, 사회 개조의 방법이다.

이러한 재건[개조]의 사유를 바탕으로 급진적 교육 운동을 전개한 재건주의는 인류가 심각한 문화의 위기 상태에 있음을 전제로 하였다. 그들은 교육의 일차적 목적이 사회가 직면한 위기를 해결하기 위해 사회를 재구성하는 데 있다고 주장한다. 20세기 초반 미국 교육계의 재건주의자들이 주장하던 사회의 위기는 대략 다음의 여덟 가지로 정리할 수 있다(신창호, 2005: 239). 첫째는 생활, 건강, 교육 수준의 불균형이다. 둘째는 인구의 폭발적 증가와 기아이고, 셋째는 대지, 수질, 식품, 공기의 오염이다. 넷째는 국가 간의 적대감과 증오심이고, 다섯째는 인간 사이의 긴장과 파괴 행위이다. 여섯째는 전체적 정치 체제, 즉 사이비 민주주의이고, 일곱째는 도덕 감각의 붕괴와 매춘화이며, 여덟째는 과학의 폭발적 발달이다.

5-63

63

나는 이런 인식이 개인적이고 사회적인 이념 모두를 존중한다고 믿는다. 그것이 개인적인 이유는 특정한 성격 형성이 인간이 올바르게 살아갈 수 있는 유일한 진정한 기초라는 점을 인정하기 때문이다. 그것이 사회적인 이유는 이 올바른 성격이 개인적 수칙, 모범, 장려에 의해서만 형성되어서는 안 되며, 개인에 대한 제도적 또는 공동체 삶의 특정 형식의 영향력에 의해 형성되어야하기 때문이다. 아울러 그것의 장기기관에 해당하는 학교를 통해 사회적 유기체가 윤리적 결과를 결정할 수 있다고 인정하기 때문이다.

■ **개인적·사회적 이념:** 듀이는 '개별성(individuality)'이 현재의 조건 속에서 형성되고, 또한 사회적 조건을 재형성하면서 내용을 획득한다고 생각했다. 개인이 되는 것은 자기실현을 통해 세상 밖으로 나아가는 과정이다. 그런 점에서 듀이는 통합적 개별성의 개념을 제시한다. 통합적 개별성을 얻기 위해 우리 각자는 자신의 정원을 가꿔야 한다. 그러나 이 정원에는 울타리가 없다. 정원은 바로 세계이다. 우리는 움직이는 현재의 일부이다. 그러기에 우리는 알 수 없는 미래를 창조하면서 우리 자신을 창조한다. 개인은 자신의 개별성을 발전시킴과 동시에 사회에 기여함으로써 타인의 개별성을 발전시킨다. 이와 같이 개별성은 개인적 역량의 결과를 바탕으로 타인이 형성한 환경과의 지속적인 상호작용을 통해 나온 결과물이다. 그러므로 개별성의 발현은 사회적 삶의 질이나 특성과 깊은 관계를 맺는다(김진희, 2010: 151).

한편, 사회적 환경은 개인들의 마음속에 행동의 지적·정서적 성향을 형성한다. 또한 사회적 환경이 그런 일을 하는 것은 개인들이 지니고 있는 특정한 충동을 일으키고 강화하는 활동, 즉 어떤 목적을 가지고 있고 어떤 결과를 초래하는 활동 속에 개인들을 참여시킴으로써 가능하다. 예를 들면, 음악가의 가정에 태어난 아동은 틀림없이 그가 지니고 있는 음악적 소질이 자극될 것이다. 다른 환경에서 자랐다면 다른 충동이 자극되었을 텐데, 음악가의 가정에서 자랐기에 그 아동은 다른 환경에서 자란 것보다 음악적 소질이 더 자극된다. 그 아동이 음악에 관심이 있을지라도, 어느 정도의 실력을 쌓지 않으면, 그 아동은 그가 속하고 있는 집단의 삶에 참여할 수 없다. 한 사회를 살아가면서 개인이 관련 맺고 있는 다른 사람들의 삶에 어떤 방식으로건 참여하지 않는다는 것은 불가능하다. 그들과의 관련에서 사회적 환경은 무의식적으로, 또 특별한 목적을 떠나서 교육적 또는 형성적 영향력을 행사한다(Dewey, 1916/2007: 59).

개인적·사회적 이념을 충족시키는데 기여하는 학교는 아동 개인이 제각기 속하고 있는 다양한 사회적 환경과 그것의 다양한 영향들을 개인의 성향 속에서 조정하는 기능을 가진다. 앞에서도 언급한 것처럼, 가정에서 통용되는 규범과 거리에서 통용되는 규범이 다르다. 이는 공장이나 가게, 종교 단체에서 통용되는 규범과도 다르다. 한 환경에서 다른 환경으로 넘어갈 때 사람은 상반되는 영향을 받는다. 따라서 서로 다른 상황이 요구하는 서로 다른 판단 기준과 정서를 가지는 존재로 분열의 위험이 있다. 이 위험을 방지하려면 학교가 그런 것들을 통합하고 조정하는 임무를 수행해야만 한다.

사회의 계속적이고 진보적 삶에 필요한 태도와 성향이 아동들의 마음속에 생기도록 하는 일은, 신념이나 정서, 지식을 직접 전달한다고 이루어질 수 있는 일이 아니다. 그것은 환경을 매개로 형성된다. 아동이라는 생명체의 특징은 활동에 있으며, 환경은 이 활동을 수행하는 데 필요한 조건의 총화이다. 사회적 환경은 아동 개인의 주위에 있는 모든 사람들의 활동 전체를 뜻한다. 이 사람들의 활동은 아동 개인이 활동하는 것과 불가분의 관계로 연결되어 있다. 환경의 교육적 효과는 아동 개인이 공동체의 활동에 어느 정도 참여하는가에 달려 있다. 공동체의 활동에서 자신의 몫을 실천함으로써 아동 개인은 그 활동을 추진시키는 목적을 자기 것으로 받아들이고, 그 방법과 내용에 익숙해지며, 필요한 기술을 익히고 그 정서적 기질에 젖어든다(Dewey, 1916/2007: 65~66).

이렇게 하여 형성한 지성은 개인과 공동사회에게 습관이나 관습, 제도, 신념과 새로운 조건들 간의 능동적 관계를 효과 있게 만들어 직면한 문제들을 해결할 수 있도록 조력한다(Ratner, 1975: 452). 다시 말해, 지성은 개인적 사회적 이념을 해결하기 위한 문제 상황을 해결하는 능력이다. 지성은 인간의 삶을 구성하고, 경험을 효과적으로 조직하고 변형시키며, 바람직한 인간으로서 성장을 도모할 수 있게 만들고, 사회를 민주화 하는 수단이다.

듀이는 개인과 사회를 유기체적 상호작용이 발생하는 관계로 보았다. 이에 사회 재건[개조]의 중재자로서 지성적 방법을 강조하고, '사회적 지성'이란 개념을 사용하여 사회 구성원들의 집단적 문제를 해결하는 지적 수단으로 삼았다. 이는 민주주의의 특징을 공동 관심의 범위가 확장되게 하고, 개인의 능력을 충분히 발휘하도록 배려하는 일로 본 것이다. 이런 점에서 개인의 능력 계발에는 지성의 힘이 필요하고, 사회적 지성은 도덕적 문제 해결에서 집단적·민주적 방법으로 자리매김 된다. 나아가 사회적 지성은 삶의 최고 이상인 민주주의로 안착한다. 사회적 지성은 낡은 습관을 개선하고 잘못된 사회 제도를 개혁함으로써, 민주주의 건설을 위한 궁극 목적이 되는 것이다(백인종, 2009: 113).

다시 강조하면, 이성은 이론적인데 비하여 지성은 실천적이다. 지성이라는 말은 일반적으로 지적 기능을 의미하는 것으로, 지각을 바탕으로 인식을 형성하는 여러 가지 정신적 기능이다. 정신적 기능의 측면에서 지성은 가치 판단, 추상 작용, 추리 작용, 분석 및 개념의 구성 작용 등을 총칭하는 말로 이해되고 있다. 그것은 탐구(inquiry)를 통하여 경험을 재구성하는 하나의 실험적 도구이다. 따라서 지성이 사회적 실천으로 의미를 갖는다는 말은, 지성이 개인에게 귀속된 것이 아니라 상호 주관적으로 공유된다는 의미이다. 또한 개인이 형성·소유한 것이 아니라 집단적 의사소통을 통해 형성·공유된다. 이러한 지성이 활성화될 때, 비로소 개인의 지적·도덕적 성장이 가능하다. 개인적·사회적 이념을 성숙하게 만드는 사회적 지성은 공동체 구성원들이 의사소통을 통해 전반적으로 공유하는 지성으로, 공동체 내에서 소통·공유되는 지성이다. 이는 활발하고 자유로운 의사소통을 통해 더욱 강화된다(김상현·김회용, 2014: 628).

5-64/65

64

나는 이상적 학교에서는 개인적 이념과 제도적 이념이 조화를 이룬다고 믿는다.

65

나는 그렇기 때문에 교육에 대한 공동체의 의무가 무엇보다도 중요한 도덕적 의무라고 믿는다. 법과 처벌로써, 사회적 소요와 토론으로써, 사회는 그 자신을 계획 없이 마음대로 형성할 수 있다. 그러나 교육을 통해 사회는 그 자신의 목적(purposes)을 세울 수 있고, 자신만의 수단과 자원을 조직할 수 있으며, 자신이 원하는 방향으로 명확하고 효율적으로 자신을 다듬어 갈 수 있다.

■ **이상적 학교**: 학교는 아동[학생]에게 일상적 삶의 가치 및 역량을 실질적으로 획득하도록 이끄는 하나의 생생한 삶의 현장이다. 아동[학생]이 학교에서 배우는 내용과 일상적 삶에 필요한 내용은 서로 다르지 않아야 한다. 학교는 사회적 삶의 내용을 단순화하고 계열화한 교육 과정을 통해 삶의 지혜와 힘을 실질적으로 갖추도록 아동[학생]들을 이끌어가는 곳이다. 학교는 결코 아동[학생]이 처한 실제의 사회적 삶과 거리가 먼 내용을, 그것도 문자적 차원에서 다루는 공간이 아니다. 이미 사회의 구성원으로서 긴요한 삶의 역량을 체험적으로 내실화하는 공간이다.

학교에서 교과목을 익히는 지식교육은 어디까지나 생생한 삶의 지혜와 힘을 획득하는, 체험적 자기 성장 과정의 일환이어야 한다. 모든 교과목은 삶의 역량을 실질적으로 구축하는 학교 교육의 목표를 구심점으로 그 존재 의미를 부여 받는다. 타인의 시선이 아닌 자신의 내면적 울림에 귀를 기울이며, 진정한 자기실현을 꾀한다. 진정한 자기실현은 주체가 내재한 본성을 일상적 삶의 맥락에서 펼치는 일이고, 자기 내면의 관심과 흥미, 충동을 깊게 반영하여 사회생활의 역량을 구축해 가는 작업이다.

동양의 유교 사회에서 추구했던 학교의 역할도 듀이가 고민하던 학교와 유사한 점이 있다. 성리학의 집대성자인 주자(朱子)의 경우, 학교는 아동[학생] 개인의 차원에서 본성을 펼쳐내는 곳이자 사회의 차원에서 공동체를 구축하는 중심 기관이었다. 특히, 학교는 사회를 이끌어갈 인재를 배출하는 마당이다. 그 인재의 기준은 본성 실현의 여부이다. 주자에게 본성의 실현은 추상적이고 관념적인 일이 아니라, 일상의 구체적 인간과 세계와의 관계 속에서 전개되었다. 그 자체가 관계적 삶의 지혜와 실천력을 기르는 사회적 의의를 지닌다. 사회적 관계성을 본질로 하는 본성을 구현한 인재들은 사회로 나가 각자가 처한 자리에서 이치에 맞게 일을 처리하고 사회를 끌어가는 역할을 한다. 때문에 학교는 국가 및 사회 운영의 근본으로 인식된다(황금중, 2014).

■ **학교 개념의 변화:** 듀이는 학교의 개념을 시기에 따라 각기 다르게 주장했다. 먼저, 전기 저작에서는 학교를 '공동체적 삶의 터전'이자 '사회 개혁의 토대'로 설명하였고, 중기 저작에서는 학교를 '사회적 센터'로 규정하였으며, 후기 저작에서는 학교를 '협동적 공동체'로 진술하였다. 전기와 중기 저작에서 주장한 학교의 개념, 즉 '공동체적 삶의 터전'이자 '사회 개혁의 토대'와 '사회적 센터'는 러시아를 방문하기 이전에 듀이의 초기 학교론을 형성한 개념들이다. 후기 저작에서 주장한 '협동적 공동체'는 러시아를 방문한 이후의 후기 학교론을 형성한 개념이다. 그의 교육적 사유와 교육철학이 담겨 있는 「나의 교육신조」(1897)는 초기 저작에 해당하고, 『민주주의와 교육』(1916)은 중기 저작으로 분류된다(최현주, 2018: 23~36).

첫째, 전기 저작을 중심으로 형성된 학교 개념, 이른 바 '공동체적 삶의 터전'이나 '사회 개혁의 토대'는 앞에서 언급한 「나의 교육 신조」(1897)나 「실험학교의 필요성」(1897) 등에 그 내용이 엿보인다. 학교를 고정된 내용을 전달하는 수업의 장소로 보지 않고, 아동[학습자] 개인의 삶을 지원하고 공동체적 활동에 참여하도록 하여, 개인과 공동체의 상호적 발전을 이끄는 가장 효과적인 기관으로 인식한 것이다.

둘째, 중기 저작을 중심으로 형성된 학교 개념, 이른 바 '사회적 센터'는 「삶 자체를 통해 배우는 곳」(1988)을 비롯한 여러 저술에서 드러나는데, 학교가 아동[학습자]의 삶과 단절되어 있음을 강하게 비판하면서 성립한 개념이다. 학교가 고립되어 있을 경우, 아동[학습자]들이 사회적 삶을 살아가는 데 적절한 도움을 줄 수 없다. 이는 일종의 '교육적 낭비'이다. 이런 사회적 현상을 막기 위해 학교는 사회적 상황과 상호 연계하는 가운데 교육을 실천해야 한다. 사회적 센터로서 사회 구성원들의 여가를 누릴 수 있는 삶의 장소로 제공되어야 하고, 개개인이 소유한 지성을 공유할 수 있는 공유의 마당[場, field]이 되어야 한다. 요컨대, 학교는 아동[학습자]들의 사회적 삶을 위해 필요한 사안을 지원하는 서비스 기능을 수행해야 하는 곳이다.

셋째, 후기 저작을 중심으로 형성된 학교 개념, 즉 '협동적 공동체'는 『유토피아 학교 개요』(1933)에서 그 내용이 구체적으로 드러난다. 이상적인 학교는 '학교가 전혀 없는 것'이다. 교육은 학교가 없어도 완비된 가정과 같은 공간에서 충분히 이루어진다. 이런 학교 안에서의 교육은 교사가 아닌 연장자와 아동의 연합에 의해 일어난다. 후기 저작에서 '협동적 공동체'의 개념으로 학교를 정의할 무렵, 듀이는 자본주의의 문제를 심각하게 고민하고 있었다. 자본주의적 가치가 학교에서 교육의 본질적 목적을 달성하는 데 심각한 장애가 될 수 있다고 인지하였다.

전기와 중기를 거쳐 후기에 정돈한 학교론 사이에는 몇 가지 관점의 변화가 있었다. 하지만 학교가 '공동체적 삶'을 위한 것이어야 한다는 신념은 변하지 않았다. 학교가 교육의 본질적 목적을 실현하기 위해서는 완전히 새로운 학교, 즉 하나의 '공동체'로 개혁될 때, 비로소 가능하다.

듀이는 러시아 방문을 통해, 사회주의 체제의 혁명 정신이 개인적 성공이나 부(富)가 아닌 공동체의 이익이라는 점을 깨달았다. 이에 따라 경쟁보다는 협동의 원리로, 그리고 사회 재건[개조]을 위한 실험 정신으로, 러시아의 사회 개혁이 가능하다고 생각했다. 1928년 사회주의[공산주의] 혁명이 이루어지고 있던 러시아를 방문한 후, 듀이는 당시에 그가 생각했던 학교관을 수정하고, 학교가 지닌 한계성을 인정하였다. 특히, 미국 자본주의 체제의 문제점을 비판하고, 그 대안으로 '사회화된 경제(socialized economy)'를 제도화할 필요가 있다고 제안하며, 학교에서 습득한 지성의 사회적 실천을 강조하였다. 나아가 학교가 본질적 기능을 수행하기 위해서는, 사회적 변화가 필요하다는 점을 깨닫고, 학교 교육만으로 사회를 개혁할 수 있을 것이라는 기존의 관점을 전환한다. 러시아 방문 후, 듀이는 학교와 사회적 삶의 연계와 교사의 역할을 성찰하며, 그것이 공동체적 삶을 형성하는데 중요한 기능이 있다고 보았다. 학교는 단순히 '사회적 센터'에 머무는 것이 아니라, 하나의 '협동적 공동체'로 기능함으로써, 사회의 문제를 해결하는 데 보다 적극적인 역할을 해야 한다고 주장하게 된다.

그러나 러시아 방문 시점으로부터 약 10년 후인 1937년, 소련[소비에트연방]의 대숙청 사건을 통해 사회주의와 공동체주의를 부르짖던 학교에 대한 그의 기대가 무너졌다. 1928년 러시아를 방문할 때만 해도 소비에트연방의 교육적 실험을 높이 평가하고, 러시아 방문의 교훈을 바탕으로 미국의 학교 개혁 방안의 노력을 기울였으나, 대숙청 사건 이후에는 학교에 대한 저술이 현저히 줄어들었고, 러시아에서 경험한 교육적 기대가 실망으로 바뀌었다.

듀이의 러시아 방문 체험은 두 가지 변화에 주목하게 만들었다. 하나는 정부에 의해 통제되는 협동적 경영으로 이루어진 전체 산업 구조의 변화이다. 당시 러시아에는 정부가 아니라 민간에 의해 자율적으로 운영되는 협동조합 운동이 여덟 배나 성장하고 있었다. 다른 하나는 대중문화의 집과 같이 노동조합의 자발적 협동으로 조성·운영되던 러시아 대중문화의 우수성을 발견한다. 듀이는 파괴적인 볼셰비키 체제하에서 이렇듯 자발적이고 협동적인 산업 체제가 안정적으로 발전할 수 있다는 점과 심미적으로 우수한 대중문화가 만들어진다는 측면이 대단히 모순적이라고 평가하였다.

러시아 방문에서 목격한 여러 체험은 듀이의 학교관 변화에 결정적 역할을 하였다(최현주·이병승, 2017; 최현주, 2018).

첫째, 학교와 사회 개혁에 관한 사고의 전환이다. 러시아를 방문하기 전에는 학교가 사회 개혁의 토대였으나, 방문 이후에는 사회 개혁의 준비 기관에 그치는 것이 아니라, 보다 적극적으로 사회 개혁을 이끄는 리더라고 생각을 바꾸었다.

둘째, '문제'에 대한 시각의 전환이다. 러시아를 방문하기 전에는 학교를 공동체적 삶의 센터로서, 아동의 사회적 삶에 지침을 주며, 공동의 일에 참여하여 스스로 개인의 문제를 해결할 수 있는 지성과 사회적 정신을 길러줘야 한다고 강조하였다. 그렇게 하여 아동이 장차 사회 구성원이 되었을 때, 사회 문제를 개혁할 수 있을 것으로 생각했다. 그러나 방문 후에는 학교가 아동 개인의 문제보다 사회 문제 또는 지역 문제를 직접 다뤄야하며, 이러한 사회 문제를 공동의 학교 일로 확장함으로써, 학교에 모이는 지성을 사회 문제 해결에 즉각적으로 활용해야 한다고 보았다. 즉 학교에서 습득한 지성이 사회 문제 해결에 유용하게 실천되기를 희망했다.

셋째, 교사의 역할에 대한 사고의 전환이다. 러시아 방문 전에는 교사의 역할을 아동 문제 해결의 안내자로 제한하였으나, 방문 이후 그 역할을 보다 확장되어야 한다고 보았다. 즉 교사는 안내자일 뿐만 아니라 학교 밖의 사회적 문제를 발견하고, 이를 학교의 일로 선정하고 조직하며 그 문제를 해결하는데 직접 참여하는 '선정자', '조직자', '참여자'가 되어야 한다고 강조하였다. 학교는 학생[아동]뿐만 아니라 교사까지도 사회 문제 해결을 위해 지성을 모으는 일에 함께 참여하는 협동적 공동체가 되어야 함을 주장하였다. 이는 러시아에서 보았던 교사들의 적극적 참여 활동으로부터 시사 받은 것으로 보인다.

넷째, 학교 제도의 원리에 대한 관점의 전환이다. 러시아 방문 전에는 사회적 센터에서의 공동체적 삶들이 서로 접촉을 통해 지식을 공유하고 협력하는 원리를 중심으로 학교를 바라보았다. 그리하여 학교가 그 지역의 삶의 센터로 기능하며, 학습자들의 여가와 지속적 교육을 담당하는 공동체적 삶의 터전이 되어야 한다고 인식했다. 하지만 러시아 방문 후에는 학교를 지식을 공유하고 협력하는데 그치지 않고, 교사와 학생 사이의 협동적 노력에 의해 사회 문제를 해결할 것을 요구한다. 학교에서 협동적 노력의 원리는 단순한 공유가 아니라, 공유된 지성을 이용하여 사회 문제를 협동적으로 연구하고, 적극적으로 해결할 수 있는 원리이다. 나아가 사회적으로 유용한 결과, 이른 바 공적 이익을 가져올 수 있게 하는 원동력이다.

다섯째, 학교 내에서 이루어지는 자본주의 체제의 폐해에 대한 인식의 전환이다. 방문 전에는 자본주의적 폐해들이 학교에 부정적 영향을 미칠 수는 있으나 그렇게 심각한 문제라고 생각하지 않았다. 기껏해야 학교에 영향을 주는 많은 요소들 중 하나라고 여겼다. 그러나 러시아 방문 이후,

자본주의의 부정적 영향을 심각하게 인식하면서 자본주의 체제를 유지하고 있는 미국의 학교를 개인의 사적 이익이 아닌 공동체의 이익을 위해 작동하도록 개혁하려고 하였다.

학교 제도에 관한 몇 가지 관점의 전환에도 불구하고, 학교관에 들어있는 신념적 기저는 크게 변하지 않았다. 학교는 사회와 동떨어질 수 없으며, 나아가 사회를 개혁하는 역할을 해야 한다는 것, 그리고 변화하는 사회 속에서 학교가 아동[학생]에게 길러줘야 할 내용은 단편적 지식이 아니라 변화에 적극적으로 대응할 수 있는 공동체적 지성과 태도여야 한다는 것이다. 전체적으로 요약하면, 러시아 방문을 전후하여 학교 제도에 대한 듀이의 관점은 교육 방법론에서는 큰 전환을 가져왔다. 그러나 학교가 개인의 사적 성취만을 위한 지식 교육의 기능이 아닌, 공동체를 위한 공적 목적을 취해야 한다는 신념은 변함없이 일관되게 이어졌다.

5-66/67

66

나는 사회가 일단 이런 방향으로의 가능성과 그 가능성에 따른 의무를 받아들일 때, 교육자를 희생하는 대가로 얻는 자원, 시간, 관심[예의주시], 예산에 대해 생각하는 일은 불가능할 것이라고 믿는다.

67

나는 학교가 그 자신의 존재 이유를, 그리고 교육자가 자신의 업무를 다할 수 있도록, 사회가 충분한 지원을 해야 한다는 필요성을 사회가 깨달을 수 있도록, 사회 진보와 개혁의 일차적이고 가장 효과적인 수단인 학교에 그 요구의 목소리를 내는 것이, 교육에 관심 있는 모든 이들의 과제라고 믿는다.

■ **관심[예의주시]**: 듀이의 경험(experience)을 이성적·감성적 경험, 즉 지식의 축적을 넘어선 질적 변화를 이뤄내는 탈바꿈(transformation)으로 이해하기 위해, 정동(情動, affection)이라는 촉매 개념에 대한 이해가 필요하다. 정동은 스피노자(Spinoza, Baruch De)의 주요한 철학 개념으로, 언어적 표현과 지각적 판단 이전에 존재하는 활동에 관한 것이다. 스피노자는 정동(affectus)을 신체의 활동 능력을 증가시키거나 감소시키고, 촉진하거나 저해하는 몸의 감화(感化, affectio)들과 이러한 감화들의 관념들(ideas)로 이해한다. 따라서 우리가 이러한 감화들 가운데 하나의 적절한 원인이 될 수 있다면, 정동은 능동(actio)으로 이해하거나, 아니면 수동(passio)이라고 이해할 수 있다. '정동'은 '열정(passion)'과 마찬가지로 외부적 자극 또는 내부적 충동에 의해 발생하는 신체적 변화를 포함한다. 기쁨과 슬픔과 같은 개인적이거나 집단적인 감정도 포괄하는 것이다. 동시에 '정동'은 개인적이고 인격적인 감정을 넘어, 사회적으로 빚어진 감성의 틀에 구속받지 않는, 또 다른 차원의 능력(potentia)을 지칭한다(곽준혁, 2016).

스피노자의 정동에 주목해야 하는 이유는 듀이의 경험을 포함하는 교육에서 어떤 질적 탈바꿈을 촉매 하는 원인이 될 수 있기 때문이다. 최근 교육학을 비롯한 정치학 등 여러 학문 분야에서 관심을 끌고 있는 주제가 배려[돌봄]이다. 배려의 경우, 언어적 표현과 지각적 판단이 덜 발달한 영유아 아동들과 이들의 돌봄[배려] 필요를 제공하는 돌봄 제공자의 관계에서 다양한 양식으로 이루어진다. 특히, 비언어적 의사소통에 주목할 필요가 있다. 돌봄에는 '관심[예의주시]'이 요청되고, 비언어적 응답, 예컨대 손짓, 발짓, 눈 맞추기 등의 실행이나 이에 대한 돌봄 의존인, 즉 영유아의 반응들이 연속적으로 이루어진다. 이때 돌봄과 정동이 불가분의 상태에 있는 연쇄를 이루는지의 문제가 인격(persona)이라는 탈(mask), 이른바 정체성(identity)을 구성하는 원재료이다. 이는 아동의 뇌리와 심장에 박히는 자아정체성의 근거이자 경험이 된다. 돌봄 제공자의 입장에서도 이러한 응답적 경험은 질적으로 다른 인격의 탈로 바뀔 수 있는 경험이자 변형이 될 수 있다. 이러한 경험의 정동성(情動性)이 듀이가 말하는 경험을 지식 중심의 이성이나 감성으로 이해되는 것을 넘어, 서로를 감화시키는 인간 예술(Human Arts)로 이해하는데 가교 역할을 할 수 있다.

관심[예의주시]은 객관적 분석이 아닌 주관적·수용적 직관이 강조되며, 돌봄 대상자의 필요에 대한 이해는 이성적 인지보다 돌봄 대상자의 필요를 느끼고 알아채는 감정에 보다 많이 의존하는 태도다(Held, 2017: 69). 돌봄[배려] 윤리의 초점을 우리가 책임저야 할 특별한 누군가의 필요를 채워주거나 돌보아야 할 외면할 수 없는 도덕적 각성으로 정의할 때, 돌봄은 이성뿐만 아니라 감성을 포괄하고, 특정한 타인에게 관심을 보이며, 돌봄 제공자는 취약한 인간의 필요를 채워주기 위해 관심을 갖고 예의주시해야 한다. 이 돌봄은 네 단계의 도덕적 자질로 정의된다. 첫 번째, 관심[예의주시], 두 번째, 책임성, 세 번째, 수행성, 네 번째, 응답성이다. 이때 관심은 개인이나 집단에서 충족되지 못한 돌봄 필요를 파악하기가 일시적이라 할지라도, 자신의 관심사를 앞세우지 않고 진정으로 돌봄이 필요한 사람의 처지에서 바라보는 능력과 관심이라는 도덕적 자질이다. 관심은 돌봄이 필요한 사람의 처지에서 바라보는 덕성이다(Tronto, 2014).

■ **사회 진보와 개혁의 수단으로서 학교**: 학교는 사회적 기관의 하나이자 사회 개혁의 구심점이다. 학교 제도에 대한 강조는 사회의 거대한 변혁의 관심과 맞물려 있다. 듀이의 사유는 전통적으로 미국 사회가 지닌 사회 질서에 한계를 느끼고, 이를 돌파하려는 재건과 개조의 성격을 지녔다. 사회를 개혁해 나가는데 무엇보다 교육 영역에 큰 기대를 하였다. 교육을 핵심으로 다루는 제도가 학교이고 사회 개혁의 구심점으로서 주목되었다. 학교는 아동에게 하나의 사회이자 가장 중요한 사회이다. 때문에 아동은 학교생활을 통해 그의 사회적 삶의 지혜와 역량을 획득함으로써 사회 공동체를 유지하고 개혁해 가는 주체로 성장해야 한다.

5-68/69

68

나는 이러한 교육에 대한 인식이, 교육이 인간 경험에서 찾을 수 있는 과학과 예술의 가장 완벽하고 친밀한 통합체를 나타낸다고 믿는다.

69

나는 인간의 능력을 다듬고 그것을 사회적 필요에 맞게 적응시키는 예술이 궁극의 예술이라고 믿는다. 이 예술은 사회적 필요를 위해 예술가들이 할 수 있는 최선의 힘을 끌어 모은다. 그러한 필요를 충족하기 위해서는 어떠한 통찰이나 동정심, 솜씨나 추진력도 결코 과하지 않다.

■ **인간 경험:** 듀이는 경험을 '개인과 사물 또는 개인과 타자 사이에서 상호작용이 행해지는 것, 개인이 세계 가운데 살고 있음'을 보여주는 일로 파악한다. 여기에서 말하는 상호작용은 고정된 정적 '힘의 결합'이 아니다. 그것은 아동 개인과 환경 사이에 계속적으로 축적되며, 양자 사이에 '융화의 상실과 융합의 회복이라는 리듬'을 촉구한다. 뿐만 아니라 '소용돌이치며 유동하는 변화 가운데 안정과 질서'를 확립하는 작업이다. 그것은 오랜 경험과 새로운 경험을 통합하여 '재창조(re-creation)'를 불러일으키고, '완전한 경험(consummatory experience)'으로 높여가는 동적 과정이다(민주식, 2013: 186~193).

역동적인 과정은 이성과 경험, 이론과 실천, 사고와 활동을 통합하는 철학 체계를 낳았다. 그런 철학 체계를 바탕으로 듀이는 육체를 사용하는 실제적 삶이 아름다움의 원천임을 제시하는 새로운 삶의 철학을 확립하였다. '하나의 경험'이 일러 주듯이, 삶 속에서 작용하는 예술인 심미적 질성(質性)은 정신 작용 속에 존재하는 것이 아니라, 정신 작용을 포함하는 실천 활동 속에 내재한다. 진정한 아름다움의 원천은 아동[사람]들이 추구하는 활동 속에 존재한다. 그것은 모든 사람이 아름다움을 향유할 수 있다는 의미이다(Dewey, 2016a: 335~336).

'하나의 경험'은 시간적 간격을 가지고 있는 만큼 시작과 과정과 끝이 있다. 예를 들면 논문을 쓰는 하나의 경험은 논문을 쓰겠다는 생각을 하는 순간이 있으며, 실제 논문을 작성하는 과정이 있고, 나아가 논문작성을 마치고 났을 때의 기쁨과 만감의 교차함이 있는 것과 같다. 여기서 시작과 과정과 끝이 있다는 것은 하나의 경험이 긴밀한 관련 속에서 진행되고 발전해간다는 것을 의미한다. 또한 하나의 경험은 끝나는 순간에 어떤 형식으로든지 마무리가 되었다는 점에서 완결성을 띠고 있다(박철홍, 2011: 93).

■ **예술**: 듀이에게 예술은 인간의 경험과 삶, 교육과 밀접하다. 예술 (art)이란 라틴어 아르스(ars)에서 유래했고, 아르스는 그리스어 테크네 (techne)를 번역한 말이다. 테크네와 아르스는 일반적으로 기술(skill)과 같은 의미이다. 듀이가 말하는 예술의 기원은 인간의 경험에 기초한다. 우리가 일상에서 접하는 음악, 그림, 건축, 조각, 연극, 드라마 등 다양한 예술 활동은 과거에서 현재까지 각 시대 사람들의 삶의 일부분이었다. 한 시대를 살았던 사람들에게 모든 활동은 일상의 생활이었고, 일상의 경험이었으며, 그것이 기록되어 작품이라는 결과물로 남는다. 예술에 관한 듀이의 인식은 일상의 삶에 그 해답이 있다. 예술은 처음부터 예술가 집단만이 누릴 수 있는 특별하고 대단한 것이 아니다. 그것은 사람이라면 누구나 자신의 일을 하면서 살아가고 있듯이, 그저 평범한 일상에서 출발한다. 듀이가 의도하는 예술의 본질적 차원은 예술과 삶을 분리시키는 이분법에 대한 경계이다(신창호, 2016: 207~210).

듀이가 지향하는 예술은 철저하게 '일상 경험(ordinary experience)'과 결부되어 이해된다. 그는 예술을 '순수 예술'이라는 틀 가운데 가두어 닫아놓고 해석하는, 근대 사회에서 볼 수 있는 예술의 기본 전제를 비판하였다. 그리고 예술을 '경험'으로부터 정의했다. 예술의 개념을 문화적·사회적으로 개방하여 성숙시키고, '공적인 것'을 구축하려고 노력하였다. 듀이는 기존의 예술 개념이나 의미를 강력하게 비판한다. '구체적 경험의 사물'로부터 단절시켜 '영적(靈的)으로 하는(spiritualize)' 예술 이론은 정신과 세계의 이원론적 분리를 전제로 한다. 그로 인해 예술은 기존의 틀이 만들어 놓고 구획한 것에 억압되어 왔다. 그것에 대항하는 작업은 '작품의 비속화'나 '저열한 물상화(物象化)'가 아니다. 일상 경험 가운데 있는 성질을 예술이 이상화하는 것이다. 이러한 예술을 듀이는 커뮤니케이션의 양식이라고 생각하였다. 왜냐하면 그것은 사람과 사람 사이에 있는 '장벽'을 넘어서서, 경험을 공유하고 '공적인 것'을 수립하는 작용을 행하기 때문이다.

듀이는 '모든 사항 가운데 커뮤니케이션은 가장 경이롭다'라고 전제하고, '공정하고 이해 관심이 없는 사고, 음미되고 검증되며 관계지운 의미의 논의는 하나의 세련된 예술이다'라고 하였다. 일상에서 향유하는 문학이나 시, 노래나 드라마와 같은 것은 삶의 '상황 가운데서 공유'이고, 그것에 관계한 인간 자체가 변용해가는 '커뮤니케이션'의 형태이다. 듀이는 여기에서 예술의 가능성을 찾았다. 따라서 예술은 '경험'을 기초로 한 문화이고 커뮤니티와의 대화로 구성된다.

커뮤니케이션의 참가라고 하는 관점에서 예술을 다음과 같이 파악한다. 모든 예술은 표현이기 때문에, 소통(communicate)한다. 예술은 이전에 들을 수 없었던 것의 의미나 단지 외면적 행위로 옮기는 것만으로 듣고 흘려 버리는 것과 같은 의미를, 분명히 그리고 통절히 느끼게 한다. 커뮤니케이션은 참가하는 과정이며, 이전의 고립되고 단독적이었던 것을 공유하게 만드는 작용이다. 공공의 차원에서 예술의 해방은 사회적 탐구의 해방과 마찬가지로, 공적인 문제의 적절한 견해를 창출하는 전제 조건이다. 의견이나 판단 같은 인간의 의식적 생활은 표면적이며 사소한 수준에서 진행될 때가 많다. 그러나 인간의 생활은 한층 깊은 수준에 도달할 수가 있다.

예술의 기능은 인습적인 형태처럼 그대로 있는 의식의 껍질을 부수는 일이다. 듀이는 예술이 경험을 한층 깊게 체험하고, 평소 친숙해 있었던 사항을 더욱 깊은 수준에서 의식화시켜준다고 생각하였다. 이러한 차원에서 다양한 사람들의 경험을 공유하는 일이 촉구되고, 커뮤니케이션에 대한 참가가 가능해진다. 미적 경험은 타자나 사물, 문화와의 접촉을 구성하고 경험을 심화해가는 과정에서, 그때까지의 고정된 관계를 타파하고, 새롭게 커뮤니티를 형성한다(민주식, 2013: 186~193).

교육은 인간을 능력 있는 민주 시민으로서의 습관과 능력을 만드는 일이다. 넓은 의미에서 과학적 차원의 교육은 다양한 종류의 경험 연구들로 채워져 있다. 하지만 교육 그 자체는 궁극적으로 인간에 대한 이해 및 사람들을 문화의 참여자로 형성하는 것과 관련되어 있다. 때문에 그것은 하나의 예술이다.

이러한 예술의 모형은 아테네 시민들과 대화했던 소크라테스에게서 찾아볼 수 있다. 그 대화는 비공식적이고 교조적이지 않은 탐구의 형태로, 모두가 대화의 참여자이다. 교육자를 포함하여 그 누구도 대화라는 싸움에서 우위에 설 수는 없었다. 이 예술은 교육자들이 아동[학생]들에게 주어진 일련의 관심으로부터, 보다 넓은 지평으로 나아가도록 능숙하게 탐구를 안내하도록 요구하고, 다양한 방법을 이용하도록 요청한다.

윌리엄 제임스는『심리학에 대해 교사들에게 하고 싶은 말』(1899)에서 이렇게 언급했다. '심리학은 과학이고 가르침은 예술이다. 그리고 과학은 절대로 그 자체로부터 직접 예술을 만들어내지 않는다. 중간에 창의적 정신이 자신의 독창성을 사용해 적용한다.' 그렇다고 예술이 과학적 심리학의 간접적 적용인 것도 아니다. 교육에서 교사는 과학 자체에 대해 모를 수 있지만, 깊이 있는 지식과 교과 내용에 대한 열정, 교육으로부터 아동

[학생]들이 얻는 것에 대한 관심에 대해 교육자들은 과학의 의미를 알고 있다. 알려줄 수 없는 경험과 전문적 판단을 가지고 가르치는 교육자들, 그들은 과학을 인지한다. 이런 교사들이야말로 아동을 고려하는 진정한 의미의 교육자이고 전문가이며, 예술을 구가한다(Fairfield, 2018: 67~69).

■ **예술 개념의 변천**: 오늘날 '예술 작품'이라고 하면 일상용품과 달리 신비롭고, 특별한 장소에 전시하여 관조적 태도로 감상하는 것이라는 상식이 지배적이다. 이러한 상식을 뒷받침하는 것이 르네상스시기에 생겨난 '순수 예술(fine art)'이라는 개념 덕분이다. 이로 인해 오늘날과 같은 예술의 독보적 지위가 형성되었으며, 예술과 공예, 예술과 일상의 구분이 생겨났다.

그러나 '아트(art)'의 어원을 따져보면, 그리스어 '테크네(techne)'와 로마어 '아르스(ars)'에서 볼 수 있듯이, 그것은 오늘날의 회화나 음악, 문학뿐만 아니라 조련술, 통치술, 제조 기술까지 포함하는, 제작과 관련된 넓은 개념이었다. 즉, 고대 사회에서는 예술과 공예, 예술가와 장인의 분리와 위계가 없었다는 말이다. 그것이 르네상스 이후 현실의 어떤 유용함이나 기능을 위한 기술과 대비되며, 그것을 거부하는 '순수 예술'의 개념이 등장하면서, 다른 무엇을 위한 것이 아닌 예술과 실용적 목적을 갖는 기술이 분리되었다(박연숙, 2011: 117~118; 2016: 249~250).

■ **경험으로서의 예술**: 듀이는 『민주주의와 교육』에서 예술 개념의 분리가 아리스토텔레스의 노동과 여가의 이분법에서 비롯되었다고 비판한다(Dewey, 1916/2007: 379). 아리스토텔레스는 '비천한 교육'과 '자유 교육'

을 처음부터 끝까지 일관성 있게 구분하여, 우리가 오늘날 '순수' 예술[기술]이라고 하는 음악, 그림, 조각 등도 실제적 활동이라 하여 비천한 기술과 같이 분류하고 있다. 이런 활동은 물리적 작용, 부지런한 실습, 그리고 외적 결과를 특징으로 한다. 예컨대, 음악 교육에 관하여 말하면서, 젊은 이들이 실제로 악기 연주를 어느 정도까지 해야 하는가라는 질문을 하고 있다. 여기에 대한 그의 대답은 실지 악기 연주[실제]는 감상[이론]을 하는 데 필요한 정도로 해야 하고, 또 그 수준에 그쳐야 한다. 다시 말하면, 실제 연주는 노예나 전문적 악사가 해야 하며, 자유민은 그것을 이해하고 즐기기만 하면 된다는 것이다. 악기 연주가 전문적 수준에 도달하는 것을 목적으로 하면, 음악은 자유 교육에서 직업 교육으로 타락한다는 말이다.

나아가, 듀이는 『경험으로서의 예술』 첫 장에서, 미학자들의 과제 또한 예술 작품이라는 경험의 세련되고 강화된 형식들과 경험을 구성하는 것으로 인식되는 일상의 사건, 행위, 고통 사이에 연속성을 회복하는 것이라고 말한다. 이 과제를 완성하기 위해서는, 예술 대상들에 대한 주목을 일시 중단하고, 경험의 일상적 힘과 조건으로 되돌아가 그것들을 조사하는 데서 시작해야 한다. 왜냐하면 인간에게 삶은 일차적으로 자신을 둘러싸고 있는 환경 내에서 발생한다. 경험은 인간이 그들의 환경과 상호작용하는 자연의 통로이므로, 삶은 단순히 환경 내에서만 발생하는 것이 아니라 환경과 생명체의 상호작용을 통해 발생하기 때문이다. 따라서 자연과 연속성을 가지는 경험은 언제나 상호작용을 통해 발생하므로 역동적이다. 이렇게 역동적으로 상호작용하는 경험은 완전한 상호 침투의 순간으로 상승할 때, 그 경험은 수렴적 완성에 이르며, 이는 곧 하나의 경험을 갖는 것이다. 이렇게 자아가 자신의 삶 속에서 세계의 사물이나 사건과 완전하게 상호 침투하는 경험이 바로 최상의 경험이므로, 모든 경험은 미적 성질의 맹아를 가진다(김연희, 2008: 65~66).

■ **과학과 예술의 통합체:** 듀이는 탐구와 탐구의 완성 단계로서 예술을 직접적으로 등식화하여 논의하지 않았다. 하지만 사실상 듀이의 이론에서 탐구와 예술은 분리될 수 없이 통합되고 연속되는 경험 과정이다. 듀이가 경험의 완성 단계로 간주하는 예술, 즉 하나의 경험은 탐구적 지성의 산물이다. 예술은 탐구의 종결 지점에 발생하는 기존의 의미, 다시 말하면, 이전 지식의 질적 변형(qualitative transformation)을 통해 형성된다. 탐구의 시작과 끝은 모두 정서적으로 깊이 침투된 질적 성질을 가진다. 그 시작은 충동이고 끝은 하나의 경험이다.

반성적 단계 이전, 탐구의 전제로서 불확정적 상황은 모호한 성질들이 혼란스럽게 뒤섞인 불안과 혼돈의 상태로, 안정을 향한 어떤 정서적 '충동'을 발생시키는 근원이다. 그리고 반성적 단계 이후, 탐구의 완성 단계인 '하나의 경험'은 혼란한 요소들로 이루어진 전체 상황 속에서 어떤 하나의 성질이 영역 상황의 지각을 통해 선명한 의미로 드러나는, 의미로 충만한 정서적 경험이다.

전통적 지식 개념이 근대적 이성이 만들어낸 추상적 지식, 절대적 지식, 객관적 지식으로 이른 바 과학적 지식이다. 이에 비해 듀이가 의미하는 지식은 지(知)·정(情)·의(意)가 통합된, 지성에 의한 삶의 문제 해결로서 '실천적' 지식, 다양성과 가변성을 인정하는 '상대적' 지식, 주체와 환경의 상호작용을 통한 의미 창출과정으로서의 '구성적' 지식이다(김연희, 2008: 136~138). 이는 곧 과학으로 대변되는 지식 교육과 예술 교육의 연속성이

자 통합성을 의미한다.

■ **예술과 의사소통:** 탐구의 결과가 제대로 읽히지 않는다면, 공적 영역 구성원들의 사고와 행위에 심각하게 영향을 미칠 수 없다. 그것은 소수의 지식인들만이 탐구하고 이해하면서 향유할 뿐이다. 탐구의 결과로 표현되는 것은 근본적으로 중요한데, 표현은 예술의 문제이다. 문학적 표현에서 예술가를 자유롭게 하는 것이 공적 문제에 관한 적합한 의견을 바람직하게 만들어내는 전제 조건이듯이, 사회적 탐구를 자유롭게 하는 것도 마찬가지이다.

예술의 기능은 언제나 관습화되고 틀에 박힌 의식의 외피를 뚫고 나가는 것이었다. 화려한 꽃, 어스름한 달빛, 새의 지저귐과 같이 희귀하지 않고 삶과 동떨어져 있는 않은 사람들에게 공통적인 것들은, 삶의 심층적 수준을 건드려 그것이 욕망과 사고로 튀어 오르도록 하는 수단이다. 이런 과정이 예술이다. 가장 수준 높고 가장 어려운 종류의 탐구와 미묘하고, 섬세하며, 생생하고, 감응하기 쉬운 의사소통의 예술은, 물리적 전송과 유포 기관을 가져야 하며, 거기에 생명을 불어 넣어야 한다. 그것은 전제적 주인이 아니라 삶의 수단이 된다. 그 과정에서 민주주의는 본래의 특성을 발휘할 것이다(Dewey, 2014: 179~181).

■ **예술가의 태도:** 예술가가 수단과 물질에 지나치게 몰두해 있으면 뛰어난 테크닉은 습득할 수 있을지 모르지만, 뛰어난 예술 정신을 구현하지 못할 수 있다. 목적에 대한 생각이 아주 적절하여 그것을 구현할 수단으로 옮길 때, 또는 수단에 대한 관심이 그 목적에 대한 인식에 의해 고취될 때,

우리는 전형적인 예술가의 태도를 가지게 된다, 이러한 태도는 예술 활동 뿐만 아니라 모든 활동에서 나타날 수 있다. 교육 상황에서 가르치는 일은 예술이고, 진정한 교사는 예술가이다(Dewey, 2011: 251).

5-70/71

70

나는 개인의 구조와 성장의 법칙에 관한 통찰을 확장시켜주는 심리과학의 심화와 개인들의 삶과 그 올바른 조직 방식에 대한 우리의 지식을 늘려주는 사회과학의 발달과 함께, 모든 과학적 자원이 교육의 목적을 위해 사용될 수 있다고 믿는다.

71

나는 인간 행위를 위한 가장 강력한 동기가 과학과 예술이 힘을 합칠 때 생길 것이라고 믿는다. 그럴 때, 인간 행동의 진정한 원천이 고취되고 인간 본성에서 가능한 최선의 기여[봉사]가 담보될 것이다.

■ **심리과학의 심화**: 듀이에 의하면, 듀이 당시의 현대 심리학은 다음과 같은 점에서 그 이전의 심리학과 대비된다(Dewey, 2016b: 123~130).

첫 번째, 과거 심리학에서는 정신을 외부 세계와 접촉하는 순전히 개인적인 것으로 간주하였다. 반면, 현대 심리학은 개인의 정신을 사회생활의 한 작용으로 간주한다. 유전 이론과 진화 사상의 영향으로 정신은 개인적 독점물이 아니라, 인류의 노력과 사고의 결과물이라는 생각에 익숙하게 되었다.

두 번째, 과거의 심리학은 지식이나 지능에 관련된 이론이었다. 지식 습득에서 각각 감각적 요소에 비중을 두는 사람들과 추상적 관념을 비롯하여 이성을 강조하는 사람들 사이에 논쟁이 벌어졌다. 그러나 현대 심리학은 감각 작용과 관념의 영역에 해당하는 이 지능은 행위의 필요로부터 기원하는 '중간 영역'에 불과하다는 것을 알려주었다. 이 중간 영역은 최종적인 것이 아니라 다양하고 복잡한 인지들 사이에서 우리의 활동이 나아갈 방향을 결정해주는 기능을 한다.

세 번째, 현대 심리학에서는 정신 개념을 하나의 성장 과정으로 본다. 정신은 본질적으로 변화하는 것이며, 성장 시기에 따라 고유의 능력과 관심[흥미]이 드러난다. 이런 점에서 교육과 심리학은 서로 부합해야 한다. 성장이라는 것은 각 단계에 따라 확연한 특징을 나타내기 때문에, 교육적으로 변혁이 일어나야 한다. 교육 과정에서 교재를 선택하고 편성할 때 참고할 사항은, 특정한 시기에 나타나는 지배적 활동 방향에 도움이 될 적당한 영양분이 무엇인가에 관한 것이 되어야 한다. 정말 어려운 것은 어떤 특정 시기에 어떤 재료와 방법을 어떤 비율과 배열로 설정해야 하는지를 알아내는 일이다. 여기서 우리는 실험실이라는 개념으로 돌아가야 한다. 결국 그런 사항들은 실행해야만 밝혀낼 수 있다.

■ **과학적 자원의 활용**: 듀이는 5년 동안 실험학교를 운영하면서 진지하게 연구하였다. 아동의 성장 단계에 대한 심리적 가설을 탐구한 결과, 다음과 같은 교육학적 해답을 얻었다(Dewey, 2016b: 131~141.)

제1단계(4~8세)의 특징은 사회적·개인적 관심사가 직접적이며, 표현을 바로 표출하려는 요구도 절실하고 즉각적이다. 따라서 이 연령기의 교재

[교과목 내용]은 아동 자신의 생활환경으로 들어오는 생활 방면에서 선택해야 한다. 예컨대 놀이·게임·노작·이야기책·대화 등에서 아동이 재현할 수 있는 것이어야 한다. 이 시기의 교육 목적은 아동이 학교를 격리된 장소로서 다니는 것이 아니라, 학교 밖에서 얻은 경험의 대표적 단면들을 학교에서 재현하고, 그것을 확대하고 심화하여 점차 그 경험의 형식을 체계화하도록 만드는 데 있다.

제2단계(8~11,12세)에서는 자신이 무엇인가를 성취하고 있다는 느낌, 확실하고 지속적인 결과를 향해 나아가고 있다는 느낌이 들어야 한다. 그리하여 영구적 결과에 도달하는 데 효과적인 일련의 수단들을 찾아내고, 그 수단을 능숙하게 사용하기 위해 특수한 과정에 정통하는 것이 요구된다. 교재로는 아메리카의 역사-특히, 식민지 시대의 역사-를 선택하게 되는데, 큰 위험과 장애에 직면하는 경우, 인내심·용기·발명 능력에 대한 본보기를 제공하기 때문이다. 여기서는 아동과 사회생활과의 지적 동일화가 일어난다. 또한 아동들에게는 실제적인 것에 대한 관심이 지배적이기 때문에 표백하기·염색하기·양은 접시 제작·사이다와 식초 제조와 같은 응용과학의 차원과 초보적 야금술과 같은 화학적 기술에 대해 탐구하게 된다. 물레와 베틀의 에너지 사용과 전달에 관해 탐구하고, 자물쇠·저울 등의 기계 원리에 관한 탐구를 진행하며, 벨소리·전신과 같은 전기를 이용한 기구와 장치에 대한 탐구로 나아가게 된다. 미술에서는 원근법·면적과 용적의 비율·색상의 조합과 대비의 균형과 효과 등에 관한 실제적 문제에 주의를 기울인다. 요리·바느질도 이 시기의 중요한 교과 내용이다. 3R[읽기·쓰기·셈하기]로 된 전통적 교육 과정도 보통 학교보다 적은 시간으로 배정되어 있다. 이 외에도 노작활동·표현활동·대화·구성활동·실험 등 충분한 양의 체험 활동을 제공해야 한다.

초등 교육의 제3단계는 중등 교육과 접경지대에 있다. 아동이 다양한 형식의 실제와 활동 양식에 관한 직접 경험을 충분히 가졌을 때 시작된다. 이 시기는 아동이 각종 경험에 대처할 수 있는 방법들, 즉 사고하고 탐구하고 활동하는 수단들을 충분히 숙달하여 기술적·지적 목적을 위해 명확한 학습 내용과 기능을 유익하게 전문화할 수 있는 시기이다. 이 시기를 통해 아동은 그들의 삶을 적극적으로 확장하고, 보다 넓고 자유롭게 개방하여, 잘 조망하도록 하면서 수행하게 된다.

5-72/73/74

72

마지막으로 나는 교사가 단순히 개인의 훈련이 아니라 사회적 삶의 완전한 형성에 착수한다고 믿는다.

73

나는 모든 교사가 자기 소명(召命)의 존엄함을 깨달아야 한다고 믿는다. 교사는 올바른 사회적 질서와 사회적 성장을 보존하기 위해 특별히 존재하는 사회적 하인(下人; 고용인, 공무원) 이라고 믿는다.

74

나는 이런 식으로 교사가 항상 진정한 신(神)의 예언자이자 진정한 신의 왕국으로 안내하는 사람이라고 믿는다.

■ **교사:** 듀이가 기대하는 바람직한 교사는 한마디로 표현한다면 '지성적 교사'이다. '지성적 교사(intelligent teacher)'는 '지성적 교육자(intelligent educator)'와 같은 표현이기도 하다. 그러나 이런 표현이 구체적으로 어떤 의미를 지니고 있는지에 대한 자세한 설명은 보이지 않는다. 따라서 '지성적 교사'의 의미는 지성의 개념적 특성에 비추어 해석될 수밖에 없는데, 그것은 크게 네 가지 특징으로 정돈할 수 있다.

첫째, 탐구자·학습자로서의 교사이다. 듀이 철학에서 지성은 과학적·실험적 사고, 또는 반성적 사고를 의미한다. 이러한 지성의 개념에서 볼 때, 교사는 지식의 전달자가 아닌 탐구자(inquirer)여야 한다. 탐구자로서의 교사는 다른 말로 학습자(learner)로서의 교사라고 할 수 있다. 교사는 아동[학생]들과 함께 공동의 활동에 참여하는 학습자이다. 교사는 학교가 놓여 있는 보다 큰 사회의 다양한 관계들과 그 관계에서 발생하는 실제적 문제들, 그리고 그 문제에 대한 적절한 해결책에 대한 지속적 관심을 갖고 학습해야 한다. 또한 학교 내에서 벌어지는 문제들에 대해 교사는 반성적이고 지성적 태도를 견지하면서 계속 연구해야 한다. 학생들 개개인의 심리적 발달 과정과 상태에 대해서도 지속적으로 학습해야 한다. 교사는 우선적으로 '아동의 발달에 대해 공부하는 학생'이어야 한다(Dewey & Watson, 1937: 541; 이주한, 2003).

둘째, 민주주의의 담지자로서의 교사이다. 듀이는 인간 지성이 협동적·사회적 교섭을 통해 형성되고 발달해 왔다고 보았다. 이런 문제의식에 의하면, 지성적 교사는 교내외에서 발생하는 문제를 권위와 강제의 방법으로 해결하는 사람이 아니라, 개방적이며 민주적 절차에 근거하여 해결해 나가는 사람이다. 또한 민주주의에 대한 실천을 통해 아동[학생]들에게 민주적 삶을 영위해 나갈 수 있는 능력과 태도를 기르도록 지도하는 사람이다. 교사를 이른 바 '동반자(partner)'라거나 '안내자(guide)'라고 하는 경우가 많다. 듀이가 동반자 또는 안내자로서 교사의 역할을 강조하는 이유는 민주적 공동체 사회 건설과 유지에 그것이 가장 자연스럽고 장기적이며 지속적 영향력을 발휘할 수 있기 때문이다. 교사는 학생들과 관련된 일상적 학교 활동에 대한 책임뿐만 아니라, 일반 대중에 대한 책임도 져야한다. 교사는 명백히 공동체의 중요한 구성원이고, 보다 근본적으로 교사의 책무인 교육 자체가 학교 외의 정치·경제적 상황으로부터 밀접하게 영향을 받고 있어서이다. 교사는 교육 및 교사 자신과 공동체 사회와의 밀접한 관계를 인식하고, 공동의 사회 문제 해결에 적극적으로 참여해야 한다. 그리고 그 과정에서 교사에게 주어진 중요한 역할이 바로 보다 높은 수준의 민주적 지성(democratic intelligence)을 생산하고, 그 민주적 지성에 기초하여 공동체 사회를 보다 민주적으로 개혁하는 일이다. 이런 의미에서 교사는 학교를 둘러싸고 있는 공동체 사회의 민주적인 개혁을 주도하는 지성적 지도자이다(Dewey, 1913a: 109~110; 이주한, 2003).

셋째, 지성적 비판가로서의 교사이다. 듀이의 지성 개념이 비판적 성격을 지니고 있다는 점에서, 교사는 지성적 비판가이다. 지성적 비판가로서의 교사는 문제 해결 과정에서 무엇보다도 감성적 차원에서 제시된 제안을 성급하게 수용해서는 안 된다. 이러한 태도를 견지하기 위해 무엇보다도 오랫동안 우리의 사고와 삶의 방식을 지배하고 통제해 왔던 비과학적이고 불합리한 고정 관념으로부터 벗어날 수 있어야 한다. 예컨대, 교사들에게 장학이나 감독이라는 미명하에 교육 목적, 교육 내용 그리고 교육 방법 등에 관련된 규정을 제시하고, 그 규정에 따라 교사들의 교육 활동을 통제하려는 시도는, 교사의 지성을 의도적으로 제한하고, 그의 정신을 감옥에 가두어버리는 짓에 지나지 않는다(Dewey, 1903: 232; 이주한, 2003).

넷째, 창조적 개척자·예술가로서의 교사이다. 듀이의 지성 개념을 적용하면, 교사는 창조적 개척자(pioneer)이자 예술가(artist)이다. 교사들은 상상력이 풍부하고, 과감하며, 전통과 관습에서 벗어나 사고 할 줄 아는 용기를 지녀야 한다. 그리고 창의성과 지적 진취성을 지닌 교사가 될 것을 요구한다. 새로운 시대가 필요로 하는 교사는 위에서 주어진 사고방식과 지식을 수동적으로 수용하여 그대로 답습하는 존재가 아니라, 스스로 사고하고 스스로 지식을 구성하는 존재이다. 특히, 사회적 측면과 관련하여 교사에게는 영원한 개척 과제가 남아있다. 그것은 민주주의적 이상을 실현하는 작업이다. 가르치는 일은 앞으로도 계속 사회적 미개척지를 모험하는 일이 될 것이기 때문에, 교사는 보다 이상적이고 개인의 지성적 잠재력을 최대한 발현하게 해주는 민주주의를 개척해 나가는 선구자인 것이다(Dewey, 1903: 232; Dewey & Watson, 1937: 547; 이주한, 2003).

■ **교사의 소명(召命)**: 소명(calling)은 본래 종교적 개념이다. 신(神, God)으로부터 종교적 활동과 관련하여 특별한 부름을 받은 일이라는 의미로 사용되었다. 16세기 당시 팽배했던 금욕적 이상과 세속적 직업에 대한 비판에 의문을 제기한, 종교 개혁자 마르틴 루터(Martin Luther)와 존 칼뱅(John Calvin)은 세속적 직업들 또한 종교적 직업과 같이 영적(靈的) 중요성을 지닐 수 있다고 주장했다. 루터의 경우, 특정한 일만이 아니라 생산적인 어떤 일에도 소명은 적용될 수 있고, 열심히 일함으로써 인류 복지에 기여하고 신을 기쁘게 하는 것은 소명이 될 수 있다고 보았다. 그에

따르면, 구두 수선공의 경우, 인간의 발을 보호하는 신발을 만듦으로써 인류의 복지에 기여하고, 신의 말씀을 전하는 성직자만큼이나 그의 일을 통해 신의 영광을 드높일 수 있다는 것이다. 루터는 성직자에게만 소명이 적용되는 것이 아니라, 신의 눈에는 개인들이 행하는 모든 일은 동일한 위치와 동일한 가치를 지니며, 신성한 일로서 규정될 수 있다고 보았다.

■ 신(神): 듀이가 강조하는 신(神)은 종교적 차원에서 말하는 신과 의미나 맥락이 다르다. 듀이에 의하면 신이란 인간의 세계를 '초월하여 독립적으로 존재하는 실재'라기보다 인간의 삶 속에서 상상력이나 신앙을 통해 발현된 '최고의 이상이나 목적들의 투사'로 이해하였다. 이러한 측면에서 듀이의 신관은 프로이트의 견해와 매우 비슷하다. 그러나 상상력을 통해 투사된 신을 현실과 유리된 환상이나 망상으로서 현실 도피적 수단으로 본 것이 아니라, 현실을 변형시켜 보다 긍정적인 삶을 이끌어 갈 수 있는 '추진력'으로 인식하였다.

인간은 일상적 삶의 과정에서 상상력을 통해 자아를 외부적 조건들과 통합적으로 묶어내는 경험을 갖게 되는 순간, 종교적 경험을 갖는 것으로 여긴다. 제도적 틀 안에서 뿐만 아니라 모든 삶의 과정 속에는 이미 종교적 경험을 일으킬 수 있는 가능성이 무수히 존재한다. 인간은 상상력을 통해 삶의 조건들 가운데 이상과 목적을 구체적으로 발견하고, 이에 근거하여 세속적 이익이나 욕망을 조절함과 동시에 공동체를 지향하는 삶을 추구한다.

듀이는 크게 세 가지 삶의 태도 유형을 제시하며 '종교적인 질'의 의미를 밝혀낸다(Dewey, 1934).

첫 번째는 적응형의 태도이다. 이는 인간이 삶의 조건들을 스스로 극복할 수 있는 힘을 지니고 있지 못하므로, 그것을 극복하기 위해 창조적으로 노력하기보다 환경에 수동적으로 적응해 나아가려는 태도이다.

두 번째는 개작형이다. 이는 적응형처럼 환경에 수동적으로 반응하는 삶의 태도가 아니라, 인간의 욕구와 필요에 따라 환경을 통해 창조적이고 능동적으로 변화해 나가려는 삶의 태도이다.

세 번째는 적응형과 개작형의 두 가지 삶의 태도를 조합시키는 조정형이다. 이는 삶의 특별한 조건에 순응하거나 극복하려는데 궁극적 목적이 있지 않고, 그 조건의 변화를 넘어서서 개인의 전존재까지도 변화시킬 수 있는 삶의 태도를 뜻한다.

듀이는 적응형과 개작형의 태도보다 조정형의 태도가 '종교적인 질'의 의미를 심층적으로 잘 드러내주고 있다고 생각했다. 조정형의 삶의 태도를 바탕으로 인간은 사회와 자연 속에서 새로운 의미와 가능성을 발견함과 동시에 고양된 이상적인 질을 삶 속에서 구체적으로 이루려고 노력한다(김재영, 1998).

■ **신의 예언자**: 신이나 예언자는 기본적으로 종교적인 개념이다. 예언자에 대한 『성경(Bible)』에서의 이해를 보면 의미를 분명하게 파악할 수 있다. 예언자는 우리말 『성경』에서는 주로 '선지자(先知者)'로 번역하였다. 예언자는 히브리어 단어 '나비(נָבִיא)'이다(William, 2003: 297). 이 단어의 수동적 의미는 '부름을 받은 자'이며 능동적 의미는 '알리는 자'이다.

예언자들의 사역 방법은 대체로 두 가지로 나누어 볼 수 있다. 하나는, 하나님으로부터 육성을 통해, 또는 환상과 꿈을 통해 받은 메시지를 백성들에게 대언(代言)하는 사역이다. 이 용례는 「출애굽기」(7:1; 4:14~16)에서 잘 드러난다. 출애굽의 지도자이자 이스라엘 예언자들의 전형(典型)으로 불리는 모세에게 하나님은 소명(calling)을 주면서, '볼지어다. 내가 너를 바로에게 신같이 되게 하였은즉 네 형 아론은 네 대언자가 되리니 ······ 그가 너를 대신하여 백성에게 말할 것이니 그는 네 입을 대신할 것이요 너는 그에게 하나님 같이 되리라'고 하였다. 다른 하나는 예언자들이 자신의 행동을 통해 메시지를 선포하는 방법이다. 호세아는 창녀 고멜과의 결혼을 통해 하나님과 이스라엘의 관계에 대해 메시지를 선포했다(cf. 호세아 1~3장). 미가는 사마리아가 멸망할 것이라며 옷을 벗고 다녔다(cf. 미가 1:8). 에스겔은 북 왕국 이스라엘의 죄를 상징하며 꽁꽁 묶인 채로 왼쪽으로 누워 390일을, 남 왕국 유다의 죄를 상징하며 오른쪽으로 40일을 보냈다(cf. 에스겔 4장)(송병현, 2015: 55~59).

대부분의 사람들은 '예언(豫言, prophecy)'이라는 개념에 대해, '장차 일어날 일에 대한 예고 또는 예견'으로 생각한다. 그러나 이스라엘의 예언자는 미래에 대해 말하는 예견자들이 아니었다. 그들의 주요 임무는 미래에 대한 예고에 있는 것이 아니라, 당대의 사람들을 대상으로 하나님의 말씀을 선언하는 것이었다. 하나님의 말씀을 여기-이때에서 밝히는 것이며, 앞으로 일어날 일은 현재에 달려 있다는 점을 예언으로 강조하였다(김지찬, 2004: 171~173).

예언에 대한 잘못된 시각은 우선 '예언자(豫言者, prophet)'에서 사용된 한자 영어에 대한 선입견 때문으로 보인다. 예언자(豫言者)에서 '예(豫)'라는 한자는 시간적 개념으로 '미리 내다보는 예견 행위'를 생각하게 한다. '예언자'는 '미리 예(豫)'자를 쓴 '예언자(豫言者)'와 '맡길 예(預)'자를 쓴 '예언자(預言者)' 두 가지로 표기할 수 있는데, 구약의 '나비(נָבִיא)'를 '예언자(豫言者)'로 이해하느냐, '예언자(預言者)'로 이해하느냐에 따라 예언자에 대한 이해가 달라질 수 있다(박준서, 1992: 173).

또한 영어에서 '예언자(prophet)'를 나타내는 단어에서 앞에 붙어 있는 '프로(pro)'는 공간적 의미, 장소로서 '앞에'라는 뜻도 있지만, 상당 부분은 시간적 개념으로의 '앞', '미리'라는 의미를 생각하게 한다. 사실, 영어 '예언자(prophet)'는 희랍어 '프로페테스(προφητης)'에서 온 말로 전치사 '프로(προ)' 또한 시간적 개념의 '앞'이나 '미리', '전에'라는 의미를 갖고 있다. 그러나 '프로(προ)'에는 공간적 개념인 장소로서의 '앞(in front of)' 이라는 의미도 지니고 있는데, 이는 예언자를 이해하는 데 매우 중요하다. 즉 예언자는 본래 '시간적 의미의 앞을 내다보고 말하는 자'라기보다 오히려 '신(神) 앞에서 말하는 자'라는 의미에 가깝다는 말이다. 더욱이, '프로페테스(προφητης)'를 보다 자세히 설명을 하고 있는 사전에서는 '다른 사람을 위해 말하는 사람(one who speaks for another)'으로 되어 있다. 이는 누군가를 대신한다는 의미를 가진 '프로(προ)'와 말하는 사람이라는 '페테스(φητης)'가 합쳐진, 대신 말하는 사람, 곧 다른 사람을 위하여 말하는 사람이라는 뜻이다(Baugh, 1995; 김경진, 2003: 185/336; 박준서, 1992: 173).

이런 점에서 보면, 예언자는 '하나님 앞에서 하나님의 말씀을 위탁(委託)받아 하나님을 대신하여 말하는 자들'이었다. 『성경』의 예언자를 이해할 때, 미리 말하는 자로서의 '예언자(豫言者)'라기보다 맡겨진 말을 하는 자로서의 '예언자(預言者)'라는 의미가 성경적 개념에 부합한다. 결과적으로, '대언자(代言者)' 즉, 예언자의 예언에 대한 권위는 그 자신에게 있는 것이 아니라 그 예언자를 부른 자, 그 예언의 말을 위임한 하나님에게 있다. 예언자는 단지 말과 행동으로 그것을 현재의 사회와 인간의 삶에 '하나님을 대신하여 말로써 전하고, 행동으로 보여주는' 역할을 할 뿐이다.

듀이는 기독교와 같은 '종교(religion)'와 '종교적인 것(the religion)'을 구분하였다. 그리고 '종교적인 것'의 화신으로서 '민주주의(Democracy)'와 '지능(intelligence)'을 상정한다(Rosenow, 1997: 432).

듀이는 이미 당시에 존재하던 '민주적 제도나 기관'을 '신의 왕국이 체화된 형태'라고 말하고 있다. 듀이의 이러한 생각은 1893년 에세이인 「기독교와 민주주의」에서도 나타났다. 민주주의는 단순한 정치적 기제가 아니라 '영성적 실제(spiritual fact)'이고, '계시(revelation)'이다. 또 '민주주의는 자유'이기 때문에, 이는 '인간 안에 신이 성육신 했음'을 상징한다. 이러한 민주주의 개념은 '교육 안의 민주주의, 그리고 민주주의 안의 교육에 대한 종교적 의의와 관련하여 명시적이고 명확한 의식을 가져야 한다'는 의식으로 발전한다(Dewey, 1908: 175, Rosenow, 1997: 432).

동시에 지능과 관련해서도 듀이는 다음과 같이 말한다. '계시는 지능 안에서만 나타나며, 나타날 수 있다'(Dewey, 1893: 7; Rosenow, 1997: 432). 듀이에게 지능은 본질적으로 행위(action)이다. 그것은 과학적 방법과 수단을 이용하여 당면한 사회 문제를 해결하는 일과 관련된다. 때문에 듀이는 '이성'이라는 개념보다 '자연적 지능(natural intelligence)' 또는 '사회적 지능(social intelligence)'이라는 용어를 선호했다. 그런데 자연적 지능에 천착하면 사회 문제를 인간의 원죄와 같이 일반적 문제로만 취급하게 되고, 이는 결과적으로 사회적 지능이 기여할 여지를 남기지 않기 때문에, 듀이는 자연적 지능에 대한 강조를 지양했다. 그리고 듀이는 지능

(intelligence)과 감정(emotion)을 한데 모아, '정열적 지능'을 생성하여 '적극적인 사회적 힘(an active social force)'으로서의 지능에 대해 '종교적일 정도로 강렬하게 헌신할 수 있게 될 것'이라 생각했다(Dewey, 1934: 52; Rosenow, 1997: 432).

이러한 듀이의 '종교적인 것'의 관점에 인격신으로서의 신(God) 개념이 들어올 자리는 없다. 실지로 듀이는 그러한 신의 자리에 '인간의 이상과 목적(human ideals and ends)'를 두었다. 그리하여 신(God)은 우리에게 욕구를 갖게 하고 행위 하게 만드는 모든 이상적 목적들의 통합체이다(Dewey, 1934: 29; Rosenow, 1997: 433).

듀이의 '종교적인 것'과 종교에서 말하는 '신'에 대한 관점은 초기[1880~1890년대 「나의 교육 신조」]와 후기[1930년대 『공통 신앙』]에 이르기까지 동일하다(Rosenow, 1997: 434). 이렇게 볼 때, 듀이에게서 '예언자(prophet)', 즉 교사란 결국 이상적인 인간의 목적과 그것을 위한 시도의 통합체와 다름 아니며, 진정한 의미의 신의 왕국이란 이러한 이상적 통합체를 실현하는 사회적 공동체이다.

이와 다른 관점도 있다. 듀이가 '신(God)'이라는 용어를 활용하여, 「나의 교육 신조」를 마무리 지을 때, 그가 전통적 신관(traditional conception of God)을 염두에 둔 것인지 아닌지는 분명치 않다. 『공통신앙(A Common Faith)』에서 듀이는 전통적 신관과는 다른, 신에 관한 정의를 제시한다. '신'이라는 호칭이 부여되어야 하는지에 대해 회의적이기는 하지만, 듀이는 신을 '이상과 현실 사이의 역동적 관련(active relation between ideal and actual)'으로 정의한다. 신에게 인격을 부여하고 있지 않다는 측면에서 듀이의 신관은 전통적 신관과는 명백히 구별된다.

하지만, 듀이의 「나의 교육 신조」는 『공통 신앙』보다 40여년이나 일찍 출간되었다. 따라서 듀이가 어떤 신관을 염두에 두고 그의 교육 신조의 결론을 작성했는지는 확실하지 않다. '신의 예언자(the prophet of God)'나 '신의 왕국(kingdom of God)'과 같은 표현은 『공통 신앙』에 나오는 신의 정의에는 결여되어 있는, 신의 인격을 가정하고 있는 표현들로 보인다(권영민, 2018a: 2~3).

일반적인 듀이의 교육관과 「나의 교육 신조」 마지막 문장의 의미를 연결해 보려고 할 때, 두 가지 가능성이 있다. 교사의 역할에 관한 듀이의 선언을 해석하기 위해, 전통적인 신관을 토대로 하거나, 앞에서 언급한 『공통 신앙』의 내용에 근거한 신관을 토대로 하든 관계없이, 교사는 신의 예언자라고 불릴 수 있다(권영민, 2018a: 18~19).

첫째, 전통적인 신 개념의 측면에서 다음과 같이 설명할 수 있다. 아동 개인이 스스로 자신의 적성을 발견한다는 것은 거의 불가능하다. 개인의 내부로부터 흘러나오는 초보적 형태의 에너지는 교사에 의해 포착되고 지도되어야 한다. 아동[학생]들에게 그들의 고유한 능력들을 발견하고 삶 속에서 실현하도록 도와주는 것이 교사의 역할이다. 교육을 통해 교사는, 종교적 용어를 사용하면, 개별 아동[학생] 안에 들어 있는 고유한 소명, 즉 신의 뜻을 학생에게 전달해 준다. 그러므로 아동[학생] 자신에게 주어진 신의 선물을 수행하도록 도와주는 교사는, '신의 예언자'라는 칭호를 받기에 충분하다.

둘째, 『공통 신앙』에 나오는 신관을 바탕으로 설명하면 다음과 같다. 듀이 사상 후반기에 저술한 『공통 신앙』에서 신은 '이상과 현실 사이의 역동적 관련'을 의미한다. 신은 어떠한 인격을 소유한 존재라기보다 일종의 에너지를 의미하는 것으로 보인다. 교사는 아동[학생]들의 초보적 형태의 에너지가 발달하여 그 종착점에 도착할 수 있도록 도와준다. 교사는 학생이 관심을 가질 만한, 즉 학생이 자신의 결핍을 해소해 줄 수 있을 것이라고 느낄만한 대상을 학생에게 제공함으로써 학생의 에너지가 그 종착점을 향해 발달하도록 도와주는 것이다. 이러한 방식으로 교사는 학생의 현재 에너지와 미래의 결과물이 연결되도록 도와준다. 즉, 학생 안에서 현실과 이상이 적극적으로 연결되도록 도와주는 것이다. 이러한 측면에서 교사는 '신의 예언자'라는 호칭을 부여받을 수 있다.

III. 에필로그

반이성주의적인 실존주의와 과학주의를 적극 수용한 분석철학이 영향력을 발휘하면서, 듀이의 프래그머티즘은 시대에 뒤떨어진 이론으로 여겨져 왔다. 듀이에 대한 비난은 그가 명료하고 체계적인 방식으로 자신의 핵심 개념을 정합적 이론으로 발전시키지 못했기 때문이다. 듀이 철학이 치밀한 논증적 체계를 갖추지 못한 것은 사실이다. 그러나 그것이 듀이의 풍부한 철학적 통찰력을 무력화하거나 무효화시키는 것은 결코 아니다. 듀이는 진리를 '의미'로, 보편적 이성을 '자연적 지성'으로, 협소한 경험을 '포괄적 경험'으로, 사변적 방법을 '경험적 방법'으로 대체하는 자연주의적 해명을 시도했기 때문이다.

듀이의 철학적 상상력은 과학에 의해 확인된 사실들을 논리적으로 체계화시켜야만 하는 책임을 가지고 있다. 듀이가 20세기 후반까지 생존했다면, 오늘날의 경험 과학이 제공하는 경험적 자료들을 수용하여 자신의 철학적 입장을 보다 설득력 있는 방식으로 수행했을 수도 있다. 아마 제2세대 인지과학의 탐구 성과를 수용한 체험주의의 시각에서 듀이의 '경험'을 '신체화된 경험'으로, 그리고 '상상력'을 '신체화된 상상력'으로 구체화시킬 수 있었을 것이다. 이러한 작업은 듀이에 대한 비난과 무시를 해소할 뿐 아니라, 그가 전개한 철학의 현재성과 가능성, 중요성을 보여줄 수도 있었으리라.

서구의 전통철학에서 순수한 이성적 사유는 사고의 전형으로 간주되어 왔다. 때문에 경험은 속성상 '순수한' 것이 아닌 불순한 무엇이 섞여 있는 것이며, 순수한 것은 정신과 같은 것에서만 발견된다고 여겨왔다. 그들에게 경험은 가변성 때문에 철학적 탐구의 대상도, 철학적 도구도 될 수 없었다. 근세 경험주의자들에게 경험이 철학적 대상으로 다루어진 것은 사실이지만, 듀이에게 그들의 탐구는 경험에 대한 구체적 해명이라기보다는 경험의 일반적 성격에 대한 협소하고 개괄적인 설명에 불과했다. 이에 듀이는 영국의 경험주의자들의 탐구 성과에 만족하지 않고, 경험의 의미를 해명하기 위해 천착한다. 듀이에게 경험은 철학의 출발점이자 종착점이다.

전통 철학자들의 경험에 대한 그릇된 생각을 해소하기 위해, 듀이는 상호작용과 연속성의 원리, 일차적 경험과 이차적 또는 반성적 경험으로 경험의 개념을 새롭게 해명한다. 경험에서는 경험을 구성하는 다양한 요소들이 경험의 최종 결과 속으로 통합되어 하나의 통일된 전체를 이룬다. 이때 경험은 지금까지 있었던 다른 경험과는 구별되는 하나의 단락을 이룬다. 이것을 듀이는 '완결적 경험(consummatory experience)', 또는 '하나의 경험(an experience)'라고 부른다. 이 둘은 동일한 의미이자 동의어이다.

하나의 경험은 정자체로 된 '하나의 경험(an experience)'과 이탤릭체로

된 '하나의 경험(an experience)'이 구별된다. 전자는 시작과 과정, 그리고 끝이 있는 경험을 사실적으로 지시할 때 사용된다. 반면, 후자인 이탤릭체 [an experience]는 사실적 의미와 더불어 인간의 경험으로서 바람직한 조건을 갖춘 가치 있는 경험, 즉 규범적 의미의 경험을 지칭할 때 사용된다. '이상적 경험'으로서 '하나의 경험'은 경험에 작용하는 모든 부분과 구성요소가 조화를 이루어 하나의 통합된 완결 상태에 이르게 된 경험을 의미한다(송광일, 2017: 2~4).

교육에서 내용이 중요한가? 방법이 중요한가? 이에 대해서는 오랫동안 논란이 이어져 왔다. 전통적 입장에서는 가치 있는 내용으로 구성된 교과 자체가 중요하다고 보았고, 진보적 입장에서는 학습자의 심리나 관심[흥미]에 가치를 두어, 그 관심 있는 활동을 흥미 있어 하는 방법으로 가르치는 것이 중요하다고 보았다. 듀이는 이러한 두 입장 모두에 비판적이었고, 내용과 방법의 불가분리성, 즉 통합을 꾀하였다.

지식을 안다는 것의 의미는 적어도 논리적으로 명료하게 인식할 수 있을 뿐 아니라, 경험적으로 관찰할 수 있는 능력까지 포괄한다. 듀이의 핵심적 관점인 '성장은 경험의 재구성'이라는 차원에서 보면, 교육의 내용과 방법은 지식 자체나 심리적 만족이 아니라, 경험이나 활동 자체의 성격이 어떠한가에 따라 달라진다. 내용과 방법은 구분되지 않으며, 지식 또한 삶의 한 양식으로서 그 형성은 불완전하고 우연적이며 가변적 성격을 갖는다.

전통적 세계관에서는 주체와 대상, 세계와 마음이 뚜렷이 구분되지만, 듀이 철학에서 세계는 구분할 수 없는, '상호작용'하는 그 자체이다. 특히, 듀이는 칸트의 상호작용과 자신의 상호작용을 구분한다. 칸트의 인식론에서는 서로 독립된 두 요소, 즉 외부의 감각적 성질과 내부의 선험적 이성이 마음의 활동에 의해 상호작용하거나 결합된다고 보았다. 반면, 듀이는 '환경과 유기체의 원초적 통합성' 또는 '주체와 객체의 불가분리성'으로 인식한다. 경험 주체가 만나는 자연 또는 세상은, 주체와 객체를 구분하기 이전에 통합된 상황이 우선이고, 우리는 그것을 인식하게 된다. 이런 관점에서 보면, 지식은 순전히 주관의 산물이라든가, 전적으로 객관적 환경에 의존한다는 관점은 비판된다. 교과 내용이 학습자의 인식이나 활동이 개입하지 않을 때, 단순한 지식에 그치거나 우리와 무관한 상호작용이기 때문에 실제 삶에 아무런 의미를 가지지 않는다. 하지만 우리가 학습 활동을 통해 참여하는 순간, 그 상호작용들은 수많은 가능성으로 열려 있는 새로운 상호작용을 형성하게 된다.

듀이는 총체적 지식이 활동 중심의 탐구 과정, 즉 경험에서 획득되고 재구성된다고 보고 그를 중심으로 교육의 내용과 방법이 분리될 수 없다는 통합적 관점을 보여준다. 활동 중심 탐구 과정은 학습 활동에 앞서 원초적으로 존재하는 교과의 내용이나 지식을 주어진 목적을 위해 식별하고, 그것을 자료로 활용하기 위해 목적 지향적 활동을 완성하는 과정이다. 그러므로 학습 내용과 방법은 이러한 탐구 활동을 통해 유기체적으로 관계된다. 이때 학습자의 성장 가능성도 모색될 수 있다. 듀이에게서 이러한 탐구 활동의 방식을 잘 보여주는 것이 다름 아닌 '하나의 경험(an experience: *an experience*)'이다. 그렇다고 모든 활동이 경험으로서 가치 있는 활동은 아니다. 유기체의 활동 모두가 듀이가 말하는 '하나의 경험'이 될 수는 없다. 하지만 그 의미를 뒤집어 모든 경험은 잠재적인 '하나의 경험'이 될 수 있고, 또는 그렇게 되도록 하는 것이 교육의 몫이다. 특히, 반성적 사고를 거친 이차적 경험이 완료되었을 때, 경험은 보다 안정성 있고, 그 결과로 경험의 전과 후가 달라진다. 즉 사태를 경험하게 되면 의미를 지각하게 된다는 말이다.

이러한 경험의 결과가 '성장'이 되기 때문에, 경험은 바로 교육이 된다. 최고의 경험은 자아와 대상과 사건의 세계 사이가 완전히 상호 침투하여 완벽히 조화를 이루어낸 상태이다(Dewey, 1934). 이러한 경험은 '예술적 경험'이다. 어떤 경험이 첫 단계부터 완결 단계에 이르기까지 모든 요소들이 치밀하게 '조화'를 이룬다면, 그 경험은 바로 예술적 경험이 되는 것이다. 학습으로 볼 때, 활동 중심 탐구 과정을 통해 자신만의 삶의 의미를 체득하는 상황이다. 아동 개인의 질서 있는 삶의 방식은 어떤 식으로든 교과 내용과 방법이 탐구 학습을 통해 변화되고 구성되며, 경험이 하나의 통일된 의미로 삶을 표현하는 고유 양식이 된다. 다시 말해, 학습은 오로지 내용에 마음을 둠으로써 얻게 되는 결과이자 보상이다(Dewey, 1916). 어떠한 문제 상황에 마음을 기울이는 것, 즉 탐구하는 과정이 경험의 방법을 만들어내고 새로운 의미로서의 지식을 형성하게 된다(권정선·허경섭·김회용, 2014: 91~98).

메를로-퐁티(Merleau-Ponty, 2008: 38)는 내 움직임은 스스로 펼친다. 내 몸은 자기를 모르지 않는다. 내 몸은 자기를 못 보지 않는다. 내 몸은 자기로부터 퍼져 나온다고 하였다. 이곳에서 퐁티가 언급하는 '내 몸'은 하나의 자아이다. 우리는 어떠한 것도 자유롭게 볼 수 있지만, 지각은 몸에 닥친 일을 '계기'로 생겨나며, 몸에 의해 사유하도록 '자극'받는다. 내가 보는 모든 것은 '내가 닿을 수 있는 곳'의 지도 위에 표시되며, 보이는 세계와 나의 움직임이 투사되는 세계는 둘 다 동일한 큰 존재의 부분이자 총체이다. 사물들 사이에 잡혀있는 자아는 과거와 미래가 있는 자아이다. 듀이의 경험을 통한 사유, 자신의 경험이 온 몸을 통해 새겨지고 기억되는 자아이다. 때문에 듀이는 교육에서 '단순한' 경험이 아닌 '질 좋은' 경험을 강조하였고, 그것은 삶의 과정 속에서 변화하고 발전된다.

진정한 시민으로 거듭남을 민주주의 교육의 핵심으로 보았던 듀이가 오늘날 한국에서 일어났던 큰 사건들을 보았다면 어떤 생각을 했을까? 듀이는 고립된 개인이 아니라, 공동체적 삶에서 진정한 시민으로 거듭나, 자기 삶의 주인이 되는 작업을 진정한 민주주의 교육으로 명명한다.

참고문헌

강영혜(2004). **현대사회와 교육의 이해-교육철학의 최근동향**. 서울: 교육과학사.

강인애(1997). **왜 구성주의인가?: 정보화시대와 학습자중심의 교육환경**. 서울 : 문음사.

강정인(2007). 알렉시스 드 토크빌-자유민주주의의 결함과 그 보완의 모색. **서양근대정치사상사**. 서울: 책세상.

강준모(1993).『에밀』에 나타난 가정교육론. **한국초등교육** 6, 153-174

권대훈(2007). **교육심리학의 이론과 실제**. 서울: 학지사.

권영민(2018a). 교사는 왜 참된 신의 예언자인가: 듀이의 적성이론을 중심으로. **교육철학** 66, 1-24.

권영민(2018b). 인간의 자아는 어떻게 형성되는가: 듀이의 자아개념과 질성적 사고 개념을 중심으로. **교육학연구** 56(1), 25-45.

권정선(2014). 듀이의 교육목적관에 비추어 본 활동중심 교육과 교사의 역할. 석사학위논문, 부산대학교.

권정선·김회용(2015). 듀이 경험철학에 나타난 교육목적으로서 성장의 의미 재탐구. **교육철학연구** 37(3), 1-25.

권정선·김회용(2016). 듀이 지식론의 재고찰. **교육철학연구** 38(2), 1-27.

권정선·허경섭·김회용(2014). 듀이의 활동중심 탐구과정에 담긴 교육의 내용과 방법의 통합. **교육철학** 52, 81-108.

고미숙(2006). **교육철학**. 서울: 문음사.

곽준혁(2016). **정치철학** (2권). 서울: 민음사.

구리나(2015). 루소의 '소극적 교육' 재해석:『메논』과『에밀』. **도덕교육연구** 27(2).

김무길(2016). 듀이의 교육목적관에 대한 일고찰: 발현과 성장의 관계를 중심으로. **교육철학연구** 38(3), 27-47.

김상현(2012). 듀이의 교육이론에 나타난 교사중심성에 대한 연구: 권위개념을 중심으로. **교육철학연구** 34(3), 23-43.

김상현·김회용(2014). 상상력과 공감으로서의 공공성- 존 듀이(John Dewey)의 사
　　회적 지성과 민주주의론을 중심으로. **교양교육연구** 8(6), 615-646.

김성수(1989). 듀이의 '민주주의와 교육'에 대한 연구. **고신대학 논문집** 17, 117-
　　145.

김성원(2011). 진보교육의 아버지 존 듀이. **새가정** (58), 54-57.

김수동(1997). 수업설계에서 심상전략의 활용. **교육문제연구** 9, 137-153.

김신일(2003). **교육사회학.** 서울: 교육과학사.

김연희(2008). John Dewey의 질적 사유와 예술교육; 예술교육과 지식교육의 통합
　　적 접근을 위하여. 박사학위논문, 홍익대학교.

김지찬(2004). **구약개론.** 서울: 대한예수교장로회총회.

김재만(1981). 듀이 교육사상의 현대적 음미. 제3회 '아카데미'조찬 세미나, 67-71.

김재영(1998). 존 듀이의 종교경험이론. **대동철학** 2, 147-165.

김정환, 강선보(1997). **교육학개론.** 서울: 박영사.

김진희(2010). 자유주의, 사회적 실천, 사회적 지성. **미국사연구** 32, 143-173.

김홍수(2015). 학교 인성교육에 대한 존 듀이 교육사상의 함의. **도덕윤리과교육**
　　(49), 165-184.

나성식(2005). John Dewey 의 교육적 경험론에 나타난 통합적 유아교육과정의 의
　　미. **열린유아교육연구** 10(3), 413-442.

노희정(2015). Dewey의 도덕관과 도덕교육론에 대한 고찰. 한국초등도덕교육학회.
　　초등도덕교육 49, 119-141.

두산백과. 아동. 사회복지용어사전. https://terms.naver.com/entry.nhn?docId=11204
　　49&cid=40942&categoryId=31630

류호섭(2016). 존 듀이의 교육철학에 따른 학교와 공간구성 개념 고찰. **한국교육시
　　설학회논문집** 23(4), 21-30.

마은종·박주희(2104). 듀이의 헤르바르트 흥미 개념 비판의 정당성. **教育問題研究**
　　27(4), 144-145.

문성학(1995). 칸트 인식론에 있어서 사유와 직관. **철학연구** 103-133.

문성학(1996). 결정론과 의지자유론은 양립 가능한가. 새한철학회. **철학논총** 12.
　　379-419.

민주식(2013). 예술의 뿌리로서의 공공성(公共性) : 존 듀이 예술론의 새로운 해석. **인문연구** 68, 186-193.

박균섭·김병희(2003). 듀이의 교사론: 교직의 전문성을 중심으로. **교육철학** 23, 65-87.

박승배(2009). 질적연구와 양적연구의 혼합 논리로서 프래그머티즘과 교육학 연구 방법에 대한 듀이의 입장 고찰. **교육과정연구** 27(2), 63-81.

박연숙(2011). 예술의 탈신비화와 창조적 일상. **생명연구** 19, 115-155.

박연숙(2016). 철학함으로서 인문학: 총체적 학문으로서의 인문학을 위한 단초. **인문연구** (76), 241-266.

박요한(2012). 허스트와 듀이의 교육과정관 비교. 석사학위논문, 영남대학교.

박준서(1992). 구약 예언자 연구. 연세대학교 연신원 목회자 하기신학세미나 강의집 12, 173-199.

박철홍(2011). 듀이의 경험 개념에 비추어 본 사고의 성격: 이성적 사고와 질성적 사고의 통합적 작용. **교육철학연구** 33(1), 79-104.

박철홍(2013). 듀이 자연관에 함의 된 탐구의 성격과 교과의 의미. **도덕교육연구** 25(3), 19-45.

박철홍(2016). 듀이의 자연관에 비추어 본 '성장으로서 교육'의 의미와 교육사적 의의. **교육사상연구** 30(4), 45-68.

박철홍·최재목(2006). 良知와 總知에서 본 지행합일 : 양명과 듀이의 만남. 도덕교육연구 18(1), 205-239.

박형빈(2016). 의학적 관점에서 본 도덕성의 정신건강 측면과 마음치유로서의 도덕교육. **윤리교육연구** 39, 1-39.

백경선(2010). 교육과정 개발에서 사회적 요구의 교육과정적 정당성 준거 탐색에 대한 시론. **학습자중심교과교육연구** 10(1), 195-218.

백인종(2009). Dewey 교육사상에 있어서 지성과 사회. **교육사상연구** 23(1), 1-14.

박준영(1995). **John Dewey의 지성중심 교육철학**. 부산: 경성대학교 출판부.

서용선(2010). 존 듀이 철학에 나타난 시민성 개념의 교육적 재해석. 박사학위논문, 한국교원대학교.

서용선(2013). 듀이 사상에 나타난 민주주의의 흐름과 교육적 변화 양상. **교육철학**

연구 35(2), 49-73.

소경희(2007). 학교교육의 맥락에서 본 '역량(competency)'의 의미와 교육과정적 함의. **교육과정연구** 25(3), 1-21.

송광일(2010). 듀이와 경험으로서의 언어. **범한철학** 56, 165-186.

송광일(2017). 듀이와 신체화된 상상력. **인문학연구** 108, 1-24.

송도선(2004a). Dewey에 있어 경험과 교육의 관계. **교육철학** 25, 61-77.

송도선(2004b). **존 듀이의 경험교육론.** 서울: 문음사.

송도선(2005a). 듀이의 아동 중심 교육의 진의. **교육사상연구** 16, 147-167.

송도선(2005b). 듀이에 있어 체험과 이론 교육의 균형 문제. **교육철학** 33, 211-226.

송도선(2009). **존 듀이의 경험교육론.** 서울: 문음사.

송도선(2014). 듀이의 성장이론에 담긴 평생교육 이념. **교육사상연구** 28(1), 187-206.

송병현(2015). **엑스포지멘터리: 선지서개론.** 서울: Exposimentary.

송선희 (1995). John Dewey: 학교교육은 사회개조를 분담할 수 있는가? **교육철학** 13(단일호), 141-159.

신원동(2016). 듀이의 교육이론과 도덕과 교육에의 함의. **도덕윤리과교육** (50), 223-243.

신은균(2018). 듀이 지식론의 교육적 실천에 관한 연구. 박사학위논문, 강릉원주대학교.

신창호(2006). '교육(敎育)'과 '학(學)'의 근원에 관한 탐구—문자적 의미와 현대 교육학적 독해—. **동양고전연구** 24, 315-344.

신창호(2005). **교육학개설.** 경기 고양: 서현사.

신창호(2016). **민주적 삶을 위한 교육철학.** 서울: 우물이 있는 집.

신창호(2003). **인간 왜 가르치고 배우는가-동양의 교학론 이해를 위한 시론.** 서울: 서현사.

양은주(2003). 듀이의 흥미 개념과 학생중심 교육과정. **교육과정연구** 21(1), 179-202.

양은주(2007). 듀이의 진보주의 교육사상과 실험학교. **교사를 일깨우는 사유** 서울: 문음사.

양은주(2008). 듀이의 프래그머티즘에 기초한 교육철학의 성격. **교육철학** (43), 31-63.

양은주(2017). 사회적 삶과 교육에서 목적의 문제. **교육의 이론과 실천** 22(2), 101-123.

양은주(2018). 교육방법으로서 흥미· 체험· 사고. **교육사상연구** 32, 87-114.

오인탁(2001). **파이데이아: 고대 그리스의 교육사상.** 서울: 학지사.

오인탁·김창환·윤재흥(2001). **한국현대교육철학과 교육사학의 전개 - 1945년부터 2000년까지 -.** 서울: 학지사.

우정길(2011). 학회지를 통해 본 교육철학 연구 동향: JPE, ET, KJEP를 중심으로. **교육철학연구** 55(2), 79-100.

예철해(2004). 듀이 교육사상이 한국 교육과정에 끼친 영향. 박사학위논문, 동국대학교.

이성호(2003). 존 듀이(John Dewey)의 사회 철학: 민주주의, 학교, 그리고 자본주의. **아시아교육연구** 4(2), 215-236

이승은(2010). 듀이 실험학교의 과학적 기초 분석. **초등교육연구** 23(4), 307-330.

이승은(2011). 듀이 실험학교의 도덕교육적 함의: 과학과 도덕. **도덕교육연구** 23(2), 165-187.

이승은(2017). 듀이 경험 이론과 교과 심리화의 세 수준. **교사교육연구** 56(2). 155-169.

이유선(2009). 듀이의 프래그머티즘. **지식의 지평** (6), 232-243.

이지영(1993). 듀이의 교육과정에 나타난 사회와 아동의 통합. 석사학위논문, 이화여자대학교.

이태영·양은주(2015). 듀이의 철학적 아동 이해와 '아동중심'의 교육적 의미. **교육사상연구** 29(1), 107-135.

이주한(2000). 듀이철학에서 사회적 민주주의 실현을 위한 교육적 방안. **교육철학** (23), 73-100.

이주한(2003). 듀이의 습관개념과 교육. **교육철학** 30, 189-208.

이주한(2005). 존 듀이의 교육적 사회개혁사상의 발전과정에 나타난 특징에 관한 고찰. 춘천교육대학교 초등교육연구소. **교육연구** 22, 59-87.

이준수(2008). 듀이의 교양교육 개조론에 대한 연구. **교육철학** 43, 105-129.

이준수(2009). 듀이의 학생의 본성에 대한 이해와 교육. **교육철학** 39, 243-265.

이홍열(2007). 듀이 실험학교에서의 사회과교육 : - 성격과 교육과정을 중심으로 -. **사회교육연구** 14(4), 27-45.

이효현(2010). Dewey의 경험과 Whitehead의 리듬의 특성 고찰. **교육과정연구** 28(1), 21-46.

임현식(1996). 자연주의 교육론에 나타난 이상적인 인간상. **루소의 자연주의 교육 사상**. 서울: 이화여자대학교출판부.

임현식(1998). 실용주의에 나타난 행위와 사고의 상관성. **교육과학연구** 28, 61-76.

장혜진(2017a). 존 듀이 철학에서 '경험'의 도덕교육적 함의. **대동철학** 78, 145-168.

장혜진(2017b). 존 듀이의 윤리학에서 "도덕적 자아" 개념. **철학논총** 88, 275-294.

정현철(2011). 진화 윤리적 상호주관성 이론 연구 – 듀이의 정치철학을 중심으로. **헤겔연구** 30, 331-355.

조경민(2011). 듀이의 다원주의 수용과 그 의의. **사회와 철학** (22), 247-278.

조경원(2014). 듀이의 '행함에 의한 학습(learning by doing)'의 의미 탐구. **교과교육학연구** 18(4), 1163-1182.

조연순(2013). 학생 창의성 발현을 돕기 위한 교수-학습 모형 탐색. **사고개발** 9(2), 1-22.

천정미·오은혜(2005). Dewey의 미적 경험이 예술교육에 주는 시사. **교육사상연구** 16, 99-115.

최석민(2005). 듀이의 성장원리와 교사. **교육학논총** 26(1), 103-122.

최정임(2004). 사례분석을 통한 PBL의 문제설계원리에 대한 연구. **교육공학연구** 20(1), 37-61.

최원형(2008). 폴 허스트의 '사회적 실제와' 존 듀이의 '기본적 삶의 활동'개념 비교. **교육과정연구** 26(4), 103-119.

최한수(2000). **아동중심교육과 존 듀이**. 서울: 문음사.

최현주(2018). 존 듀이 학교론 연구. 박사학위논문, 공주대학교.

최현주·이병승(2015). 존 듀이 학교개혁론의 현대적 의의. **교육철학** 57, 151-176.

최현주·이병승(2017). 존 듀이의 러시아 방문과 학교관 형성의 변화. **교육사상연구**

31(3), 133-154.

편경희(2008). 존 듀이 습관 개념의 재조명. **교육철학** 42, 221-237.

한국심리학회(2014). 심리학용어사전. http://www.koreanpsychology.or.kr

허정임(1998). 존 듀이의 예술교육관에 입각한 교사의 지성과 정서의 역할. **學生指導研究** 18, 129-137.

황금중(2014). 학교교육의 본질에 대한 두 시선: 주희(朱熹)와 듀이(J. Dewey)의 학교론. **교육철학연구** 36(3), 175-201.

황윤한 외(1999). **구성주의와 교과교육**. 서울: 문음사.

황옥자(1993).『에밀』에 나타난 Rousseau의 자연주의 사상과 유아기 교육에 관한 고찰. **교육철학** 11, 297-325.

Baugh, S. M. (2003). **신약성경 헬라어 문법** (김경진 역). 고양: 크리스챤출판사.

Berkhof, L. (2005). **벌콥 조직신학** (상), (고영민 역). 서울: 기독교문사.

Bernstein, R. J. (1995). **존 듀이 철학 입문** (정순복 역). 서울: 예전사. (원서출판 1966).

Calvin, J. (2003). **기독교강요** (상), (원광연 역). 고양: 크리스챤다이제스트.

Cutis, S., & Boultwood, M. (1975). *A Short History of Educational Ideas* (4th ed.). London, England: University Tutorial Press.

Dalton, T. (2002). *Becoming John Dewey: Dilemmas of a philosopher and naturalist. Bloomington,* IN: Indiana University Press.

Dewey, J. (1972a). *My pedagogic creed.* In Jo Ann Boydston (Ed.), John Dewey: The middle works (Vol. 5, pp. 84-95). Carbondale, IL: Southern Illinois University Press. (Original work published 1897)

Dewey, J. (1972b). *Interpretation of the culture-epoch theory.* In Jo Ann Boydston (Ed.) *John Dewey The Early Works, 1882-1898* (vol. 5, pp. 247-253). Carbondale, IL: Southern University Press.

Dewey, J. (1976). *The School and Society.* In Jo Ann Boydston (Ed.), John Dewey: *The Middle Works* (Vol. 1). Carbondale, IL: Southern Illinois University Press. (Original work published 1899)

Dewey, J. (2001a). **존 듀이의 경험과 교육** (엄태동 편역). 서울: 원미사.

Dewey, J. (2001b). **교육의 도덕적 원리** (조용기 역). 대구: 교우사.

Dewey, J. (2002). **아동과 교육과정/경험과 교육** (박철홍 역). 서울: 문음사.

Dewey, J. (2007) **민주주의와 교육** (이홍우 역). 경기 파주: 교육과학사.

Dewey, J. (2008a). **민주주의와 교육** (김성숙·이귀학 공역). 서울: 동서문화사.

Dewey, J. (2008b). **아동과 교육과정 경험과 교육** (박철홍 역). 서울: 문음사.

Dewey, J. (2010). **철학의 재구성** (이유선 역). 서울: 아카넷.

Dewey, J. (2011a). **자유주의와 사회적 실천** (김진희 역). 서울: 책세상.

Dewey, J. (2011b). **하우 위 싱크-과학적 사고의 방법과 교육** (정회욱 역). 서울: 학 이시습.

Dewey, J. (2014). **공공성과 그 문제들** (이유선 역). 서울: 한국문화사.

Dewey, J. (2016a). **경험으로서 예술** (박철홍 역). 경기 파주: 나남.

Dewey, J. (2016b). **학교와 사회** (송도선 역). 경기 파주: 교육과학사.

Dworkin, M. S. (2013). **존 듀이 교육론 : 존 듀이가 쓴 교육에 관한 기록들** (황정숙 역). 서울: 씨아이알.

Egan, K. (1998, January). Conceptions of development in education (featured essay). *Philosophy of education,* 53-61.

Egan, K. (2002). *Getting it wrong from the beginning: Our progressivist inheritance from Herbert Spencer, John Dewey, and Jean Piaget.* New Haven, CT: Yale University Press.

Fallace, T. (2011). *Dewey and the dilemma of the race: An intellectual history, 1895-1922.* New York, NY: Teachers College Press.

Fallace, T. (2015). *Race and the origins of progressive education, 1880-1929.* New York, NY: Teachers College Press.

Fallace, T. (2017). The paradox of race and culture in Dewey's Democracy and education. T*he Journal of the Gilded Age and Progressive Era* 16, 473-487.

Fairfield: (2018). **듀이와 인문학교육** (김찬미 역). 서울: 씨아이알.

Held, V. (2017). **돌봄: 돌봄윤리: 개인적, 정치적, 지구적** (김희강·나상원 공역). 서울: 박영사.

Hohr, H. (2013). The Concept of Experience by John Dewey Revisited: Conceiving,

Feeling and "Enliving". *Studies in Philosophy and Education* 32(1), 25-38.

Holladay, W. L. (2003). **구약성경의 간추린 히브리어, 아람어 사전** (손석태·이병덕 공역). 서울: 도서출판 솔로몬.

Ingold, T. (1986). *Evolution and social life.* New York, NY: Cambridge University Press.

Ingold, T. (2011). **사회는 진화한다. 모든 것은 진화한다: 진화, 사회, 과학, 그리고 우주** (김혜원 역). 서울: 에코리브르.

Kant, I. (2001). **칸트의 교육학 강의** (조관성 역). 서울: 철학과 현실사.

Lamprecht, S. P. (1992). **서양철학사** (김태길·윤명로·최명관 공역). 서울: 을유문화사.

Menand, L. (2001). **프래그머티즘 길잡이** (김동식·박우석·이유선 공역). 서울: 철학과현실사.

Merleau-Ponty, M. (2008). **눈과 마음: 메를로-퐁티의 회화론** (김정아 역). 서울: 마음산책.

Nussbaum, M. (2011). **공부를 넘어 교육으로** (우석영 역). 서울: 궁리.

Popp, J. A. (2015). John Dewey's theory of growth and the ontological view of society. *Stud Philos Educ*, 34. 45-62. doi: 10.1007/s11217-014-9425-4

Read, H. (2007). **예술의 의미** (박용숙 역). 서울: 문예출판사.

Rosenow, E. (1997). The teacher as prophet of the true God: Dewey's religious faith and its problems. *Journal of Philosophy of Education* 31(3), 427-437.

Sandel, M. (2005). *Public philosophy: Essays on morality in politics* Cambridge, MA: Harvard University Press.

Saussure, F. (2007). **일반언어학 강의** (최승언 역). 서울: 민음사.

Tronto, J. C. (2014). **돌봄 민주주의: 시장, 평등, 정의** (김희강·나상원 공역). 서울: 아포리아.

Whitehead, A. N. (2004). **교육의 목적** (오영환 역). 경기 파주: 궁리.

Zebrowski, R. L. (2008). Mind is primarily a verb: An examination of mistaken similarities between John Dewey and Herbert Spencer. *Educational Theory 58(3), 305-320. doi: 10.1111/j.1741-5446.2008.00290.x*

부록

J. Dewey My Pedagogic Creed(1897)

Article One. What Education Is

1. I believe that all education proceeds by the participation of the individual in the social consciousness of the race. This process begins unconsciously almost at birth, and is continually shaping the individual's powers, saturating his consciousness, forming his habits, training his ideas, and arousing his feelings and emotions. Through this unconscious education the individual gradually comes to share in the intellectual and moral resources which humanity has succeeded in getting together. He becomes an inheritor of the funded capital of civilization. The most formal and technical education in the world cannot safely depart from this general process. It can only organize it; or differentiate it in some particular direction.

2. I believe that the only true education comes through the stimulation of the child's powers by the demands of the social situations in which he finds himself. Through these demands he is stimulated to act as a member of a unity, to emerge from his original narrowness of action and feeling, and to conceive of himself from the standpoint of the welfare of the group to which he belongs. Through the responses which others make to his own activities he comes to

know what these mean in social terms. The value which they have is reflected back into them. For instance, through the response which is made to the child's instinctive babblings the child comes to know what those babblings mean; they are transformed into articulate language, and thus the child is introduced into the consolidated wealth of ideas and emotions which are now summed up in language

3. I believe that this educational process has two sides-one psychological and one sociological; and that neither can be subordinated to the other or neglected without evil results following. Of these two sides, the psychological is the basis. The child's own instincts and powers furnish the material and give the starting point for all education. Save as the efforts of the educator connect with some activity which the child is carrying on of his own initiative independent of the educator, education becomes reduced to a pressure from without. It may, indeed, give certain external results, but cannot truly be called educative. Without insight into the psychological structure and activities of the individual, the educative process will, therefore, be haphazard and arbitrary. If it chances to coincide with the child's activity it will get a leverage; if it does not , it will result in friction, or disintegration, or arrest of the child nature.

4. I believe that knowledge of socal conditions, of the present state of civilization, is necessary in order properly to interpret the child's powers. The child has his own instincts and tendencies, but we do not know what these mean until we can translate them into their social equivalents. We must be able to carry them back into a social past

and see them as the inheritance of previous race activities. We must also be able to project them into the future to see what their outcome and end will be. In the illustration just used, it is the ability to see in the child's babblings the promise and potency of a future social intercourse and conversation which enables one to deal in the proper way with that instinct.

5. I believe that the psychological and social sides are organically related, and that education cannot be regarded as a compromise between the two, or a superimposition of one upon the other. We are told that the psychological definition of education is barren and formal- that it gives us only the idea of a development of all the mental powers without giving us any idea of the use to which these powers are put. On the other hand, it is urged that the social definition of education, as getting adjusted to civilization, makes of it a forced and external process, and results in subordinating the freedom of the individual to a preconceived social and political status.

6. I believe each of these objections is true when urged against one side isolated from the other. In order to know what a power really is we must know what its end, use, or function is; and this we cannot know save as we conceive of the individual as active in social relationships. But, on the other hand, the only possible adjustment which we can give to the child under existing conditions, is that which arises through putting him in complete possession of all his powers. With the advent of democracy and modern industrial conditions, it is impossible to foretell definitely just what civilization will be twenty

years from now. Hence it is impossible to prepare the child for any precise set of conditions. To prepare him for the future life means to give him command of himself; it means so to train him that he will have the full and ready use of all his capacities; that his eye and ear and hand may be capable of grasping the conditions under which it has to work, and the executive forces be trained to act economically and efficiently. It is impossible to reach this sort of adjustment save as constant regard is had to the individual's own powers, tastes, and interests-say, that is, as education is continually converted into psychological terms.

7. In sum, I believe that the individual who is to be educated is a social individual and that society is an organic union of individuals. If we eliminate the social factor from the child we are left only with an abstraction ; if we eliminate the individual factor from society, we are left only with an inert and lifeless mass. Education, therefore, must begin with a psychological insight into the child's capacities, interests and habits. It must be controlled at every point by reference to these same considerations. These powers, interests, and habits must be continually interpreted- we must know what they mean. They must be translated into terms of their social equivalents- into terms of what they are capable of in the way of social service.

Article Two. What the School Is

8. I believe that the school is primarily a social institution. education

being a social process, the school is simply that form of community life in which all those agencies are concentrated that will be most effective in bringing the child to share in the inherited resources of the race, and to use his own powers for social ends.

9. I believe that education, therefore, is a process of living and not a preparation for future living.

10. I believe that the school must represent present life- life as real and vital to the child as that which he carries on in the home, in the neighborhood, or on the playground.

11. I believe that education which does not occur through forms of life, forms that are worth living for their own sake, is always a poor substitute for the genuine reality and tends to cramp and to deaden.

12. I believe that the school, as an institution, should simplify existing social life; should reduce it, as it were, to an embryonic form. Existing life is so complex that the child cannot be brought into contact with it without either confusion or distraction; he is either overwhelmed by the multiplicity of activities which are going on, so that he loses his own power of orderly reaction, or he is so stimulated by these various activities that his powers are prematurely called into play and he becomes either unduly specialized or else disintegrated.

13. I believe that. as such simplified social life, the school life should grow gradually out of the home life; that it should take up and

continue the activities with which the child is already familiar in the home.

14. I believe that it should exhibit these activities to the child, and reproduce them in such ways that the child will gradually learn the meaning of them, and be capable of playing his own part in relation to them.

15. I believe that this is a psychological necessity, because it is the only way of securing continuity in the child's growth, the only way of giving a background of past experience to the new ideas given in school.

16. I believe it is also a social necessity because the home is the form of social life in which the child has been nurtured and in connection with which he has had his moral training. It is the business of the school to deepen and extend his sense of the values bound up in his home life.

17. I believe that much of present education fails because it neglects this fundamental principle of the school as a form of community life. It conceives the school as a place where certain information is to be given, where certain lessons are to be learned, or where certain habits are to be formed. The value of these is conceived as lying largely in the remote future; the child must do these things for the sake of something else he is to do; they are mere preparations. As a result they do not become a part of the life experience of the child and so

are not truly educative.

18. I believe that moral education centers upon this conception of the school as a mode of social life, that the best and deepest moral training is precisely that which one gets through having to enter into proper relations with others in a unity of work and thought. The present educational systems, so far as they destroy or neglect this unity, render it difficult or impossible to get any genuine, regular moral training.

19. I believe that the child should be stimulated and controlled in his work through the life of the community.

20. I believe that under existing conditions far too much of the stimulus and control proceeds from teacher, because of neglect of the idea of the school as a form of social life.

21. I believe that the teacher's place and work in the school is to be interpreted from this same basis. The teacher is not in the school to impose certain ideas or to form certain habits in the child, but is there as a member of the community to select the influences which shall affect the child and to assist him in properly responding to these influences.

22. I believe that the discipline of the school should proceed from life of the school as a whole and not directly from the teacher.

23. I believe that the teacher's business is simply to determine, on the basis of larger experience and riper wisdom, how the discipline of life shall come to the child.

24. I believe that all questions of the grading of the child and his promotion should be determined by reference to the same standard. Examinations are of use only so far as they test the child's fitness for social life and reveal the place in which he can be of the most service and where he can receive the most help.

Article Three. The Subject-Matter of Education

25. I believe that the social life of the child is the basis of concentration, or correlation, in all his training or growth. The social life gives the unconscious unity and the background of all his efforts and of all his attainments.

26. I believe that the subject-matter of the school curriculum should mark a gradual differentiation out of the primitive unconscious unity of social life.

27. I believe that we violate the child's nature and render difficult the best ethical results by introducing the child too abruptly to a number of special studies, of reading, writing, geography, etc., out of relation to this social life.

28. I believe, therefore, that the true centre on correlation of the school subjects is not science, nor literature, nor history, nor

geography, but the child's own social activities.

29. I believe that education cannot be unified in the study of science, or so-called nature study, because apart from human activity, nature itself is not a unity; nature in itself is a number of diverse objects in space and time, and to attempt to make it the centre of work by itself is to introduce a principle of radiation rather than one of concentration.

30. I believe that literature is the reflex expression and interpretation of social experience; that hence it must follow upon and not precede such experience. It, therefore, cannot be made the basis, although it may be made the summary of unification.

31. I believe once more that history is of educative value in so far as it presents phases of social life and growth. It must be controlled by reference to social life. When taken simply as history it is thrown into the distant past and becomes dead and inert. Taken as the record of man's social life and progress it becomes full of meaning. I believe, however, that it cannot be so taken excepting as the child is also introduced directly into social life.

32. I believe accordingly that the primary basis of education is in the child's powers at work along the same general constructive lines as those which have brought civilization into being.

33. I believe that the only way to make the child conscious of his

social heritage is to enable him to perform those fundamental types of activity which make civilization what it is.

34. I believe, therefore, in the so-called expressive or constructive activities as the centre of correlation.

35. I believe that this gives the standard for the place of cooking, sewing, manual training, etc., in the school.

36. I believe that they are not special studies which are to be introduced over and above a lot of others in the way of relaxation or relief, or as additional accomplishments. I believe rather that they represent, as types, fundamental forms of social activity; and that it is possible and desirable that the child's introduction into the more formal subjects of the curriculum be through the medium of these activities.

37. I believe that the study of science is educational in so far as it brings out the materials and processes which make social life what it is.

38. I believe that one of the greatest difficulties in the present teaching of science is that the material is presented in purely objective form, or is treated as a new peculiar kind of experience which the child can add to that which he has already had. In reality, science is of value because it gives the ability to interpret and control the experience already had. It should be introduced, not as so much

new subject-matter, but as showing the factors already involved in previous experience and as furnishing tools by which that experience can be more easily and effectively regulated.

39. I believe that at present we lose much of the value of literature and language studies because of our elimination of the social element. Language is almost always treated in the books of pedagogy simply as the expression of thought. It is true that language is a logical instrument, but it is fundamentally and primarily a social instrument. Language is the device for communication; it is the tool through which one individual comes to share the ideas and feelings of others. When treated simply as a way of getting individual information, or as a means of showing off what one has learned, it loses its social motive and end.

40. I believe that there is , therefore, no succession of studies in the ideal school curriculum. If education is life, all life has, from the outset, a scientific aspect; an aspect of art and culture and an aspect of communication. It cannot, therefore, be true that the proper studies for one grade are mere reading and writing, and that at a later grad, reading, or literature, or science, may be introduced. The progress is not in the succession of studies, but in the development of new attitudes towards, and new interests in, experience.

41. I believe finally, that education must be conceived as a continuing reconstruction of experience; that the process and the goal of education are one and the same thing.

42. I believe that to set up any end outside of education, as furnishing its goal and standard, is to deprive the educational process of much of its meaning and tends to make us rely upon false and external stimuli in dealing with the child.

Article Four. The Nature of Method.

43. I believe that the question of method is ultimately reducible to the question of the order of development of the child's powers and interests. The law for presenting and treating material is the law implicit within the child's own nature. Because this is so I believe the following statements are of supreme importance as determining the spirit in which education is carried on:

44. I believe that the active side precedes the passive in the development of the child-nature; that expression comes before conscious impression; that the muscular development precedes the sensory; that movements come before conscious sensations; I believe that consciousness is essentially motor or impulsive; that conscious states tend to project themselves in action.

45. I believe that the neglect of this principle is the cause of a large part of the waste of time and strength in school work. The child is thrown into a passive, receptive or absorbing attitude. The conditions are such that he is not permitted to follow the law of his nature; the result is friction and waste.

46. I believe that ideas (intellectual and rational processes) also result from action and devolve for the sake of the better control of action. What we term reason is primarily the law of orderly or effective action. To attempt to develop the reasoning powers, the powers of judgment, without reference to the selection and arrangement of means in action, is the fundamental fallacy in our present methods of dealing with this matter. As a result we present the child with arbitrary symbols. Symbols are a necessity in mental development, but they have their place as tools for economizing effort; presented by themselves they are a mass of meaningless and arbitrary ideas imposed from without.

47. I believe that the image is the great instrument of instruction. What a child gets out of any subject presented to him is simply the images which he himself forms with regard to it.

48. I believe that if nine-tenths of the energy at present directed towards making the child learn certain things were spent in seeing to it that the child was forming proper images, the work of instruction would be indefinitely facilitated.

49. I believe that much of the time and attention now given to the preparation and presentation of lessons might be more wisely and profitably expended in training the child's power of imagery and in seeing to it that he was continually forming definite, vivid, and growing images of the various subjects with which he comes in contact in his experience.

50. I believe that interests are the signs and symptoms of growing power. I believe that they represent dawning capacities. Accordingly the constant and careful observation of interests is of the utmost importance for the educator.

51. I believe that these interests are to be observed as showing the state of development which the child has reached.

52. I believe that they prophesy the stage upon which he is about to enter.

53. I believe that only through the continual and sympathetic observation of childhood's interests can the adult enter into the child's life and see what it is ready for, and upon what material it could work most readily and fruitfully.

54. I believe that these interests are neither to be humored nor repressed. To repress interest is to substitute the adult for the child, and so to weaken intellectual curiosity and alertness, to suppress initiative, and to deaden interest. To humor the interests is to substitute the transient for the permanent. The interest is always the sign of some power below; the important thing is to discover this power. To humor the interest is to fail to penetrate below the surface, and its sure result is to substitute caprice and whim for genuine interest.

55. I believe that the emotions are the reflex of actions.

56. I believe that to endeavor to stimulate or arouse the emotions apart from their corresponding activities is to introduce an unhealthy and morbid state of mind.

57. I believe that if we can only secure right habits of action and thought, with reference to the good, the true, and the beautiful, the emotions will for the most part take care of themselves.

58. I believe that next to deadness and dullness, formalism and routine, our education is threatened with no greater evil than sentimentalism.

59. I believe that this sentimentalism is the necessary result of the attempt to divorce feeling from action.

Article Five. The School and Social Progress

60. I believe that education is the fundamental method of social progress and reform.

61. I believe that all reforms which rest simply upon the enactment of law, or the threatening of certain penalties, or upon changes in mechanical or outward arrangements are transitory and futile.

62. I believe that education is a regulation of the process of coming to share in the social consciousness; and that the adjustment of

individual activity on the basis of this social consciousness is the only sure method of social reconstruction.

63. I believe that this conception has due regard for both the individualistic and socialistic ideals. It is duly individual because it recognizes the formation of a certain character as the only genuine basis of right living. It is socialistic because it recognizes that this right character is not to be formed by merely individual precept, example, or exhortation, but rather by the influence of a certain form of institutional or community life upon the individual, and that the social organism through the school, as its organ, may determine ethical results.

64. I believe that in the ideal school we have the reconciliation of the individualistic and the institutional ideals.

65. I believe that the community's duty to education is, therefore, its paramount moral duty. By law and punishment, by social agitation and discussion, society can regulate and form itself in a more or less haphazard and chance way. But through education society can formulate its own purposes, can organize its own means and resources, and thus shape itself with definiteness and economy in the direction in which it wishes to move

66. I believe that when society once recognizes the possibilities in this direction, and the obligations which these possibilities impose, it is impossible to conceive of the resources of time, attention, and

money which will be put at the disposal of the educator.

67. I believe it is the business of every one interested in education to insist upon the school as the primary and most effective interest of social progress and reform in order that society may be awakened to realize what the school stands for, and aroused to the necessity of endowing the educator with sufficient equipment properly to perform his task.

68. I believe that education thus conceived marks the most perfect and intimate union of science and art conceivable in human experience.

69. I believe that the art of thus giving shape to human powers and adapting them to social service is the supreme art; one calling into its service the best of artists; that no insight, sympathy, tact, executive power is too great for such service.

70. I believe that with the growth of psychological science, giving added insight into individual structure and laws of growth; and with growth of social science, adding to our knowledge of the right organization of individuals, all scientific resources can be utilized for the purposes of education.

71. I believe that when science and art thus join hands the most commanding motive for human action will be reached; the most genuine springs of human conduct aroused, and the best service that

human nature is capable of guaranteed.

72. I believe, finally, that the teacher is engaged, not simply in the training of individuals, but in the formation of the proper social life.

73. I believe that every teacher should realize the dignity of his calling; that he is a social servant set apart for the maintenance of proper social order and the secureing of the right social growth.

74. I believe that in this way the teacher always is the prophet of the true God and the usherer in of the true kingdom of God.

찾아보기

표현적 또는 구성적 활동 136

국립중앙도서관 출판예정도서목록(CIP)

존 듀이 교육학의 원류를 찾아서 : 「나의 교육 신조」 독해
/ 지은이 : 신창호. − 서울 : 우물이 있는 집 : 써네스트,
2018
272 p. ; 15.2X22.5 cm

우물이 있는 집은 써네스트의 인문브랜드임
권말에 원문수록
참고문헌 수록
ISBN 979-11-86430-78-1 93370 : ₩15000

교육 철학[敎育哲學]
교육학[敎育學]

370.1-KDC6
370.1-DDC23   CIP2018028204

존 듀이 교육학의 원류를 찾아서
-「나의 교육 신조」 독해-

초 판 1쇄 인쇄 2018년 9월 10일

지은이 신창호 **편 집** 강완구 **펴낸이** 강완구 **펴낸곳** 써네스트 **브랜드** 우물이 있는 집 **디자인** 임나탈리야
출판등록 | 2005년 7월 13일 제 2017-000293호 **주 소** | 서울시 마포구 망원로 94, 2층
전 화 | 02-332-9384 **팩 스** | 0303-0006-9384 **이메일** | sunestbooks@yahoo.co.kr
ISBN | 979-11-86430-78-1 (93370)   값 15,000원

우물이 있는 집은 써네스트의 인문브랜드입니다.
ⓒ신창호 2018